下卷

十三经导读

姜海军◎著

华夏出版社
HUAXIA PUBLISHING HOUSE

图书在版编目（CIP）数据

十三经导读.下卷/姜海军著.--北京：华夏出版社有限公司，2023.1

ISBN 978-7-5222-0268-6

I.①十… II.①姜… III.①经学 ②《十三经》—研究 IV.①Z126.27

中国版本图书馆 CIP 数据核字（2022）第 008275 号

十三经导读·下卷

著　　者	姜海军	
责任编辑	董秀娟	
封面设计	殷丽云	
责任印制	周　然	

出版发行　华夏出版社有限公司

经　　销　新华书店

印　　装　三河市少明印务有限公司

版　　次　2023 年 1 月北京第 1 版　　2023 年 1 月北京第 1 次印刷

开　　本　880×1230　1/32

印　　张　12.125

字　　数　310 千字

定　　价　80.00 元

华夏出版社有限公司　地址：北京市东直门外香河园北里 4 号　邮编：100028
网址：www.hxph.com.cn　电话：(010) 64663331（转）
若发现本版图书有印装质量问题，请与我社营销中心联系调换。

目　录

左 传

《左传》，也叫《春秋左氏传》，是儒家十三经之一。《左传》是鲁国史官左丘明所作，这部书与流传于世的《春秋公羊传》《春秋谷梁传》一样，都是解释孔子《春秋》的，合称为《春秋》三传。

一、孔子作《春秋》及《春秋》笔法

《春秋》本来是鲁国的宫廷史书①，后来经过孔子的删改、修订，同时也吸收春秋各国历史，编成了新的史书《春秋》。由于这部书融入了孔子自己的政治理念与编纂思想，所以后世把《春秋》看成是儒家经典之一，作为研究孔子思想的重要经典依据。

《春秋》这部书非常有特色，那就是"简而有法"，即非常简洁，但是有自己的叙事规则，史称"《春秋》笔法"，或曰"《春秋》书法"。《春秋》笔法对中国古代的史学编纂及史学思想都产生了深远的影响。

（一）孔子作《春秋》

孔子为什么要编撰《春秋》呢？传说鲁哀公十四年，鲁国有个猎户捕捉到了一只独角兽，不知道是什么，就把它给杀了。孔子知道后，就去看，认出了这个独角兽就是传说中的麒麟。麒麟在上古

---

① 《左传》昭公二年记载，晋大夫韩起访问鲁国，"观书于太史氏，见《易·象》与《鲁春秋》"。

时期一直被视为祥瑞（吉祥之物），只有在盛世才出现。而麒麟出现在春秋乱世，这并不说明当时就是盛世，反而表明盛世很难出现了。孔子由此非常感慨，认为自己所向往的周代礼乐文明很难实现了。于是他就以鲁国的宫廷史书为基础，吸收各国历史，编撰了《春秋》这部书，融入了自己所信仰的周代仁义礼乐之精神。所以这部书后来也被称为"麟经"，或"麟史"。

《春秋》这部书记载了从鲁隐公元年（前722）到鲁哀公十四年（前481）"获麟为止"，一共二百四十二年的历史，是中国现存最早的一部编年体史书。全书使用的是鲁国的纪年，主要记载了鲁国的历史，同时也有当时春秋各国的历史，所以《春秋》也可以说是我国第一部中国通史。由于孔子《春秋》所记载的时间跨度与当时社会政治发展基本吻合，所以历史学家用"春秋"来作为这一历史时期的名称。后来为了历史叙事方便，春秋时期的起止时间开始于周平王东迁那一年（前770），截止到周敬王四十四年（前476）。

孔子编撰《春秋》的目的，就是以周代礼乐制度为价值判断依据，通过历史叙述的形式（即采用蕴含"微言大义"的《春秋》笔法，以一字褒贬的形式，对春秋人物与事件进行评价，看人物的言语、行为是否合乎周礼，如果是合礼的，就是对的、善的；不合礼的，就是错的、恶的），让人们从《春秋》记载中，看到什么是善，什么是恶，什么是好，什么是坏，以此来规范各个阶层尤其是统治阶层君臣的行为规范，从而最终实现王道政治秩序的重建。

（二）《春秋》笔法

孔子《春秋》一书，虽然记载了与鲁国十二位国君相关的、长达二百四十二年的历史，但全文最初只有一万八千多个字（现在的版本是一万六千多个字），行文非常简洁。如《春秋》记载说，"夏五月，郑伯克段于鄢"，"九月，及宋人盟于宿"，"公子益师卒"，等等。有的甚至只有一个字，如《春秋》隐公八年载"螟"，以至于我们都无法知道，什么时间、什么地点发生了螟虫灾害，更不知道螟虫灾害的规模有多大，是怎么处理的，最后结果怎么样，等等。其实，孔子《春秋》正是通过这些简洁的词语来表达自己政治思想的，即我们常说的"春秋笔法"。

所谓"春秋笔法"，也叫"春秋书法"或"微言大义"，它是指孔子叙述历史、解释历史的方法。当然，它不是孔子首创，而是孔子对以往历史叙事方法的继承和发展。"春秋笔法"，简单一点讲，就是一字定褒贬。比如描述一个人去世，其等级不同就用不同的词语，天子称崩，诸侯称薨，大夫称卒，士称不禄，庶人称死。又比如周代统治阶层一般分为四个等级：公、侯、伯、子男（子男为一个等级）。在孔子时代，这些称谓开始变得比较混乱。但孔子在《春秋》一书中却对它们作了明确的区分，即宋一定称为公，齐一定称为侯，郑一定称为伯，楚称为子，许称为男，等等。又比如春秋时别的史书，一般不分上下等级，只要是杀人都用"杀"，《国语·周语上》"鲁人杀懿公"，《国语·晋语》"武公伐翼，杀哀侯"，"晋人杀怀公"；《竹书纪年》"（周）携王为晋文公所杀"，"郑杀其君某"，"（越王）不寿立十年见杀"；《左传》"自其厩射而杀之"，"郑人杀缯立髡顽"，等等。以上这几个例子都是臣子杀掉君主，在用词上都用的是"杀"。在孔子看来，臣子杀君主，儿子杀父亲，这是违背礼制、伦理的事情，非常大逆不道，于是他在《春秋》一书中，记载臣子杀君主、儿子杀父亲的时候都用"弑"，这无疑有了强烈的情感色彩与礼教内涵。在今天流传的《春秋》文本中，记载臣子杀死君主的情况一共是二十六次①，这二十六次都无一例外地用"弑"而不用"杀"。孔子这样做无非想要表明，臣子杀君主、儿子杀父亲，以下犯上，是违背等级礼制与人伦道德的卑鄙行为。

尽管《春秋》叙事非常简洁，但是它对当时各国的政治、外交、战争、会盟、祭祀、仪礼、灾异、王权争夺等等都有记载，所记载的史实经过后人研究认为基本可信。所以，它是研究先秦时期历史文化的重要经典依据。

二、《左传》的成书及其对《春秋》的解释

由于《春秋》文字过于简洁，所以从孔子时代开始，便有很多学者为它作传，其中在后世影响最大的就是《春秋》三传，即《左传》《公羊传》《穀梁传》。《春秋》三传作为注解孔子《春秋》的著作，它们虽然都是传承孔子《春秋》大义，但是彼此侧重点有所不同。《左传》侧重《春秋》中的史实，其方法就是后人常说的"以事（史）解经"；而《公羊传》《穀梁传》侧重《春秋》中的微言大义、春秋笔法，其方法就是后人常说的"以义解经"。

（一）《左传》的编撰成书

《左传》原名为《左氏春秋》，汉代改称为《春秋左氏传》，简称

---

① 赵生群：《〈春秋〉经传研究》，上海古籍出版社，2000年，第31页。

《左传》。《左传》在中国古代一般都被认为是孔子同时代的左丘明①
所作，是用来解释孔子《春秋》的。最早记载左丘明作《左传》的
是司马迁《史记》：

> 孔子明王道，干七十余君，莫能用，故西观周室，论史记旧
> 闻，兴于鲁而次《春秋》，上记隐，下至哀之获麟，约其辞文，去
> 其烦重，以制义法，王道备，人事浃。七十子之徒口受其传指，为
> 有所刺讥褒讳挹损之文辞不可以书见也。鲁君子左丘明惧弟子人人
> 异端，各安其意，失其真，故因孔子史记具论其语，成《左氏春
> 秋》。（《史记·十二诸侯年表》）

司马迁《史记》认为，孔子作完《春秋》之后，由于这部书对
孔子时代以及之前的历史人物、历史事件多有褒贬，为了减少不必
要的争端，于是这部书一直没有书写在简帛上，而是由孔子弟子们
通过口耳相传的形式传承。左丘明担心孔子弟子们每个人的观点、
见解不同，从而造成对孔子《春秋》大义的误解，于是作《左传》

---

①   关于左丘明的身世问题，学者一直都有争论。根据西汉孔安国注《论语》、东汉
班固《汉书·艺文志》记载，左丘明是鲁国太史，和孔子是同时代人，但他不是孔子弟
子，因为在《史记·仲尼弟子列传》中没有提到他。左丘明是一位博学多识、性格耿直、
品德高尚的鲁国宫廷史官，孔子对他的人品很欣赏，曾经表扬说："巧言、令色、足恭，
左丘明耻之，丘亦耻之；匿怨而友其人，左丘明耻之，丘亦耻之。"（《论语·公冶长》）意
思是说，左丘明鄙视巧言令色、阿谀奉承、卑躬屈膝之徒，我孔子也非常鄙视这样的人。
正因为如此，孔子将他引为同道中人，两个人应当是经常论学切磋，互有启发。根据汉宣
帝时期的博士严彭祖在其《严氏春秋》中引用古本《孔子家语·观周篇》的说法："孔子
将修《春秋》，与左丘明乘如周，观书于周史，归而修《春秋》之经，丘明为之传。"（此
古本《孔子家语》是先秦书籍，并非王肃伪造的今本《孔子家语》）意思是说，孔子打算
作《春秋》，左丘明就曾与他一起坐车到了东周宫廷藏书处看书，回来后孔子作《春秋》，
左丘明为之作传，即《左传》。后来，孔子先作完了《春秋》，并且去世。左丘明继续为
《春秋》作传，作完《左传》之后，他在晚年将这部书传给了孔子弟子曾子的次子曾申。
根据《史记·太史公自序》的记载（"左丘失明，厥有《国语》"），左丘明晚年双眼失明，
成了一名瞽史，但依旧撰写了《国语》一书，传于后世。

为《春秋》作注解，以免孔子《春秋》"微言大义"被人错解。之后班固《汉书·艺文志》也继承了《史记》的说法：

> 古之王者世有史官，君举必书，所以慎言行，昭法式也。左史记言，右史记事，事为《春秋》，言为《尚书》，帝王靡不同之。周室既微，载籍残缺，仲尼思存前圣之业，乃称曰："夏礼吾能言之，杞不足徵也；殷礼吾能言之，宋不足徵也。文献不足故也，足则吾能徵之矣。"以鲁周公之国，礼文备物，史官有法，故与左丘明观其史记，据行事，仍人道，因兴以立功，就败以成罚，假日月以定历数，借朝聘以正礼乐。有所褒讳贬损，不可书见，口授弟子，弟子退而异言。丘明恐弟子各安其意，以失其真，故论本事而作传，明夫子不以空言说经也。《春秋》所贬损大人当世君臣，有威权势力，其事实皆形于传，是以隐其书而不宣，所以免时难也。及末世口说流行，故有《公羊》《穀梁》《邹》《夹》之《传》。四家之中，《公羊》《穀梁》立于学官，邹氏无师，夹氏未有书。

班固在《史记》的基础上，对左丘明编纂《左传》做了更加系统的说明，并认为左丘明与孔子为同时代的人，并一起观看周代史书，孔子作了《春秋》，左丘明则在孔子《春秋》的基础上编纂了《左传》，以此来解释《春秋》。另外，像贾逵、郑玄、何休、桓谭、王充、许慎、范宁、杜预等大儒也都认为左丘明作《左传》，这在中国古代是最基本的观点。当然，从古代开始也有很多学者怀疑这个观点，并提出了新的说法，比如中唐啖助就认为《左传》的作者是左氏，是战国时人，而不是春秋的左丘明；清代今文经学家刘逢禄和康有为等人认为，《左传》是刘歆伪造的；钱穆则认为，《左传》是吴起所作，等等。

关于《左传》的成书过程，以前一般都采用司马迁《史记》的

"一次成书说"，即认为《左传》是左丘明一次性完成的。但后来学者研究发现，《左传》并不是左丘明一次性完成，而是经过很多学者多次传播、多次修订、完善后，才成为今天这个样子的。如清代姚鼐就说：

> 左氏之书，非出一人所成，自左氏丘明作传，以授曾申，申传吴起，起传其子期，期传楚人铎椒，椒传赵人虞卿，虞卿传荀卿，盖后人屡有附益。其为丘明说经之旧，及为后所益者，今不知孰为多寡矣？
>
> 余考其书，于魏氏事，造饰尤甚，窃以为吴起为之者，盖尤多。①

在姚鼐看来，《左传》并不是左丘明一人所作。左丘明只是完成了《左传》最初的原本，之后便将此书传给了曾子的儿子曾申，曾申又传给了吴起，吴起传给了自己的儿子吴期，吴期传给了铎椒，铎椒传给了虞卿，虞卿传给了荀子。后来，秦博士张苍又从荀子那里继续传承了《左传》，并成为汉代《左传》学的宗师。姚鼐认为，在《左传》的历史传承过程中，它不断地被修订、完善（其中增删、修订以吴起为最多），经过多人、多次的增删、修补，最终成为今天我们所看到的《左传》文本。

不只是姚鼐否定司马迁"一次成书说"，清代今文经学家刘逢禄也持类似的观点，即"二次成书说"。他在《左氏春秋考证》一书中认为，《左传》成书经历了两个阶段：第一个阶段，由左丘明根据春秋时期各国流传的史书编撰而成了《左氏春秋》，这部书还不是完全用来解释孔子《春秋》的；第二阶段，刘歆根据《春秋》的编年体

---

① ［清］姚鼐：《惜抱轩文集·左传补注序》，山东画报出版社，2004年，第23页。

例和所记载的历史事实，对《左传》进行改造和丰富，从而使得《左传》内容与《春秋》经文彼此对应，这就是我们今天看到的《左传》文本。这种观点对后来很多学者产生了深远的影响，如康有为、胡念贻①、顾颉刚②、赵光贤③等人，他们都认为《左传》本是与《春秋》无关的史书，经过刘歆等人的增删、改造，最终成为解释《春秋》的著作。

以上几家的说法，都表明今本《左传》不是一次性成书，这有一定的道理。不过，刘逢禄、康有为等人认为刘歆伪造、篡改《左传》，有些言过其实，这可能与今古文经学门户之见有直接的关系。相比较而言，姚鼐的说法比较公允，也更符合《左传》传承、成书的实情。其实，不只是《左传》在流传过程中有增删、修订，其他很多经典比如《周易》《老子》《诗经》《周礼》《仪礼》《论语》《孝经》等，也都被不断地编辑、整理过，我们今天将出土的简帛古文与今本相对比，就会发现的确有增删、修改的部分。比如，先秦《周易》卦爻辞的内容与今本就有很大差别。老子《道德经》以前是《德经》在前，《道经》在后，而我们今天看到的顺序正好相反，这就表明它经过了后代的修订。今天《左传》文本，也的确是经过增删、修订后成书的。姚鼐之所以认为吴起增删最多，这和《左传》记载的史实以晋国为最多有直接的关系（《左传》全书共十九万多字，其中晋国最多，占四万多字）。我们即使从《左传》文本本身出发，也能找到一些增删、修订的例子。比如《左传》中鲁哀公十五

---

① 胡念贻：《〈左传〉的真伪和写作时代问题考辨》，《文史》第十一辑，中华书局，1981年。

② 顾颉刚：《春秋三传及国语之综合研究》，巴蜀书社，1988年。

③ 赵光贤：《〈左传〉编撰考》，《古史考辨》，北京师范大学出版社，1987年。

年、十六年的历史，不成体系，也不完整，就应当是后人所增加。还有，《左传》与《春秋》经文并不是一一对应的，而是有很多无传之经与无经之传。另外，还有一些"以义解经"的部分，如"君子曰""五十凡"之类内容，并不是传文的有机的构成，更像是后人加入。所以，就今本《左传》而言，姚鼐的说法有一定的道理。

另外，需要关注的是，《左传》最初的原本应是一次性成书，对此我们认为司马迁《史记》的记载是正确的。纵观全文，全书在写作风格、用词规范、叙述内容等方面基本上是一个有机的整体，并不是后人篡改而成（即使有一些增删，但并不影响全书的整体性），这就说明《左传》原本肯定是左丘明最初一次性完成的，司马迁的说法没错。何况，作为史官的司马迁，能够接触到比后人更丰富的、更原始的史料，而且他离左丘明的时代更近，所以他对史实的把握应该比姚鼐、刘逢禄、康有为等人更加符合历史的本来面目。加上《史记》作为一部信史，它的记载基本符合历史事实，它的真实性已经得到了学界的基本认可。总之，就原本而言，《左传》是一次性成书，司马迁的说法可靠无误。但就最终的定本即今本而言，《左传》的确是多次修订、完善后成书，这种传承、完善本身也是一种研究与创造。当然，《左传》在传承中所出现的增删、修订、丰富等情况，在中国古代尤其是先秦时期是很常见的，况且这种修订并没有对《左传》所要表达的本意产生根本性的影响。

（二）以事（史）解《春秋》

《左传》主要是以历史叙述的形式，对《春秋》经文作最为详细的分析，它是记录春秋时期社会历史最重要的经典。这部书基本以《春秋》鲁国十二公为次序，内容主要记录了周王室的衰微和诸侯争霸的历史，对各类礼仪规范、典章制度、社会风俗、民族关系、战争胜败、道德观念、天文地理、历法时令、古代文献、神话传说、歌谣言语等等均有记述和评论。《左传》之所以记载这么丰富，和左丘明是鲁国史官有直接的关系，因为作为太史，他掌握着比别人更丰富、更珍贵的资料。

左丘明为什么这样详细地编撰《左传》？这和他的创作目的有直接的关系，即他担心孔子弟子误解孔子《春秋》中的"微言大义"，所以为《春秋》这部书撰写更加丰富、翔实的历史事实来为孔子思想作佐证。比如《春秋》隐公元年经文"夏五月，郑伯克段于鄢"只有九个字，但是《左传》却花了将近一千字进行解释：

初，郑武公娶于申，曰武姜。生庄公及共叔段。庄公寤生，惊姜氏，故名曰"寤生"，遂恶之。爱共叔段，欲立之。亟请于武公，公弗许。

及庄公即位，为之请制。公曰："制，岩邑也，虢叔死焉。佗邑唯命。"请京，使居之，谓之京城大叔。祭仲曰："都城过百雉，国之害也。先王之制，大都不过参国之一，中五之一，小九之一。今京不度，非制也，君将不堪。"公曰："姜氏欲之，焉辟害？"对曰："姜氏何厌之有？不如早为之所，无使滋蔓！蔓，难图也。蔓草犹不可除，况君之宠弟乎？"公曰："多行不义，必自毙，子姑待之。"

既而大叔命西鄙、北鄙贰于己。公子吕曰："国不堪贰，君将若之何？欲与大叔，臣请事之；若弗与，则请除之。无生民心。"公曰："无庸，将自及。"大叔又收贰以为己邑，至于廪延。子封曰："可矣，厚将得众。"公曰："不义不暱，厚将崩。"

大叔完聚，缮甲兵，具卒乘，将袭郑。夫人将启之。公闻其期，曰："可矣！"命子封帅车二百乘以伐京。京叛大叔段，段入于鄢，公伐诸鄢。五月，辛丑，大叔出奔共。

书曰："郑伯克段于鄢。"段不弟，故不言弟；如二君，故曰克；称郑伯，讥失教也；谓之郑志，不言出奔，难之也。

遂寘姜氏于城颍，而誓之曰："不及黄泉，无相见也！"既而悔之。颍考叔为颍谷封人，闻之，有献于公。公赐之食。食舍肉。公问之，对曰："小人有母，皆尝小人之食矣，未尝君之羹，请以遗之。"公曰："尔有母遗，繄我独无！"颍考叔曰："敢问何谓也？"公语之故，且告之悔。对曰："君何患焉？若阙地及泉，隧而相见，其谁曰不然？"公从之。公入而赋："大隧之中，其乐也融融！"姜出而赋："大隧之外，其乐也洩洩。"遂为母子如初。

君子曰："颍考叔，纯孝也。爱其母，施及庄公。《诗》曰：'孝子不匮，永锡尔类。'其是之谓乎！"（《春秋左传正义·隐公元年》）

从上面的内容，我们可以看出，《左传》从郑庄公的出生说起，交代了母亲厌恶郑庄公，而偏爱他的弟弟公叔段，然后又分析了郑庄公如何听从母亲的要求分封了公叔段，而母亲却与公叔段合伙叛乱，想篡夺君位，另外又记载了郑庄公如何解决这次危机，以及他如何听取颍考叔的建议，最终实现母子和好如初，等等。

又如《春秋》宣公二年记载"晋赵盾弑其君夷皋"，对此《左传》作了详细的解释。春秋时期，晋灵公很小就做了国君，不仅荒于政事，而且非常任性、残忍。他经常在朝廷上拿弹弓打行人、大臣，以此取乐。有一次，因为他的厨子做的熊掌不合他的口味，一怒之下他就把厨子给杀了。面对晋灵公的荒唐行为，宰相赵盾曾多次劝谏，晋灵公不但不听，反而要杀掉赵盾。没有办法，赵盾只好选择逃避，到处躲避晋灵公的追杀。有一次晋灵公派一个叫钼麑的大力士去暗杀赵盾。钮麑发现，赵盾天还没亮就已经穿好了朝服准备上朝，他被赵盾勤于政事、为民请命的行为感动，认为杀了赵盾属于不义。但是他又认为，自己若不执行君主的刺杀命令，就是对君主不忠。钮麑认为这是两难选择，于是就选择了自杀，一头撞在槐树上死了。晋灵公多次追杀赵盾，以至于赵盾同族的赵穿终于看不下去了，就派兵杀死了晋灵公，同时把赵盾召回到了朝廷，让他继续担任宰相，主持国家政务。对于这件事，晋国的史官董狐认为，杀死晋灵公的真正凶手不是赵穿，而是赵盾，于是在史书上写下"赵盾弑其君"。赵盾看了以后，非常吃惊，说自己并没有杀害晋灵公，这样写是错误的。但董狐解释说："你身为宰相，逃避晋灵公的追杀，但没有离开晋国，赵穿杀晋灵公的时候，你却袖手旁观。现在晋灵公被杀，你继续当宰相，却也没有惩办凶手赵穿，这弑君的罪名，不归于你归于谁呢？"赵盾听了，也无可奈何，只能听任董狐记载。孔子听到这个事后，极力称赞董狐，说他："古之良史也，书法不隐。"即认为他是一位非常好的史官，能够秉笔直书，不畏强权。不仅如此，孔子作《春秋》也继承了董狐的做法，他也写下"晋赵盾弑其君夷皋"，而且他直书晋灵公之名"夷皋"，这表明晋灵公该杀，这样就比董狐更加公正、客观了。由此可见，孔子"春秋笔法"可以说是对"董狐之笔"的继承和发展。

又如关于晋文公重耳的事迹，《春秋》僖公二十四年只有经文"晋侯夷吾卒"五个字，但《左传》中就对晋文公重耳出逃、周游列国、与各国君臣周旋、历经千辛万苦回到晋国、登上君位等等，写得非常详细。

当然，《左传》并非对每一条经文都作非常细致的解释，绝大部分都是比较简洁的介绍，比如对《春秋》隐公元年"春，王正月"，《左传》解释为："春，王周正月。不书即位，摄也。"又如《春秋》僖公十九年，记载有"梁亡"两个字，《左传》对此作了简明的解释：

> 梁亡，不书其主，自取之也。初，梁伯好土功，亟城而弗处，民罢而弗堪，则曰："某寇将至。"乃沟公宫，曰："秦将袭我。"民惧而溃，秦遂取梁。

《左传》这段话翻译过来便是说，梁国灭亡了，《春秋》没有记载是谁灭了它，说明它是自取灭亡。起初，梁伯喜欢大兴土木工程，到处建筑城池，但是却不去居住，老百姓被折腾得非常疲惫，以至于难以承受，就谣传说："某国就要入侵梁国了。"于是就有人乘机在国君的宫殿外面挖沟，说："秦国将要攻打我们了。"老百姓都非常害怕，就逃跑了。秦国由此乘机占领了梁国。《左传》对"梁亡"的解释很简洁，但却非常形象，把老百姓的怨恨与统治者的无能表现得淋漓尽致。

从以上几个例子可以看出，《左传》对《春秋》简洁的经文作了细致的解释，使得很多历史事件的来龙去脉、因果关系，原原本本地呈现在了我们的面前，这样一来，我们对历史人物、历史事件的认识就会更加完整、全面，对它们的评价也会更加客观、公正。否则，根据《春秋》经文的片言只语，我们很难了解历史的真相，更难以下结论，甚至会做出错误的评判。比如《春秋》宣公二年记载的"晋赵盾弑其君夷皋"，如果单凭这句话我们就会断定赵盾是乱臣贼子，杀了自己的国君。但借助《左传》详细的记载，我们就会知道事情的真相，知道赵盾不是凶手，晋灵公也是该杀。

总之，《左传》对《春秋》中的军政大事、社会文化等各方面做了细致的解说，成为我们了解《春秋》的经典之作。《左传》虽然只记载了上起隐公元年（前 722），下至鲁哀公二十七年（前 468），前后二百五十多年的历史，但其中保存了大量的先秦历史文化，所以《左传》也是我们了解中华民族上古时期历史文化的重要经典。对此如明人黄洪宪所言："（《左传》）上自三代制度名物，下至列国讣告策书，与夫公卿大夫氏族谱传；大而天文地理，微而梦卜谣谶。凡史狐、史克、史苏、史黯之所识，《梼杌》《纪年》《郑书》《晋乘》之所载，靡不网罗摭拾，总为三十篇，括囊二百四十年之事。"① 就是说，《左传》从不同的角度，对当时的政治、军事、人文、社会、经济、礼仪习俗等各方面都做了记载，成为我们了解上古三代尤其是春秋时期最重要的经典依据。清人崔述也说道："无此传，则三代之遗制，东周之时事，与圣贤之事迹年月先后，皆无可考，则此书实孔子以后一大功臣也。"② 离开了《左传》，我们对先秦很多史实都无从了解。不能不说，《左传》是我们了解中华民族历史起源、先秦历史重要的经典依据。

三、《左传》与中华传统文化

孔子《春秋》通过新史学的形式来宣扬他的王道政治理想，《左传》则对孔子思想作了进一步的解说，使得孔子思想更加丰富、深刻，《左传》由此成为儒家的经典、十三经之一，它在经学、政治、史学、哲学、文学等多个方面对中华传统文化都产生了深远的影响。

---

① ［明］黄洪宪：《春秋左传释附自序》，载朱彝尊《经义考》，中华书局，1998 年，第 1047 页。

② ［清］崔述：《洙泗考信余录》卷三，载崔述撰，顾颉刚编订《崔东壁遗书》，上海古籍出版社，1983 年，第 395 页。

（一）宣扬尊卑有序的礼乐文化

孔子《春秋》以及《春秋》三传在价值体系上基本上都是以周代礼制为核心①，它们的基本目的都是维护尊卑有序的王权等级秩序。这里所说的周代礼制，不仅仅是以王权为中心的政治体制，也包括具体的日常礼仪规范，更包括礼制、礼仪背后的观念与意义，即等级、规范的观念与大一统的王道政治理念。

《公羊传》和《穀梁传》极力宣扬等级礼制与人伦道德，"以事（史）解经"的《左传》，更是以周代礼制为价值依据，记载了大量史实，以此来宣扬君臣等级礼仪。比如《左传》僖公十一年记载了周天子赐命晋惠公即位一事：

> 天王使召武公、内史过赐晋侯命。受玉惰。过归，告王曰："晋侯其无后乎。王赐之命而惰于受瑞，先自弃也已，其何继之有？礼，国之干也。敬，礼之舆也。不敬则礼不行，礼不行则上下昏，何以长世？"

按照周代礼制，诸侯国新国君即位，都要接受周天子的册封，同时周天子送新国君一个小礼物，一般都是玉器，作为信物，同时也表示祝贺。这个礼仪非常严肃、神圣。当时晋惠公新即位，周天子就派大臣召武公、内史过两个人去举行册封仪式，但是晋惠公很不重视，在整个礼仪过程中表现得漫不经心。内史过回去后，就报告周天子说："晋惠公恐怕要断子绝孙了，因为他在接受天子册封礼仪上，很不恭敬，这无疑是自我放纵、不遵守礼仪，怎么会有后代

---

① 当然，由于《公羊传》《穀梁传》在汉代初年写定，在一定程度上已经掺入了春秋以后的很多新观念。

呢?"不遵守礼仪和没有后代有什么关系呢? 内史过作了解释,他说,礼仪是国家存在的根本,恭敬是礼仪推行的基本保证。对礼仪不恭敬,那么礼仪就废弃了;礼仪废弃了,那么等级秩序也就打乱了,国家怎么能够长久呢? 言外之意,国家都不存在了,国君怎么能够得以善终呢? 内史过的预言果然应验了,后来公子重耳回国做了国君(即晋文公),杀了晋惠公的儿子晋怀公,晋惠公自然是断子绝孙了。

又如《左传》庄公十八年记载,虢公和晋侯一起朝见周天子,周天子赐给他们的礼品都是一样的"玉五瑴,马三匹",《左传》就批评说:"非礼也。王命诸侯,名位不同,礼亦异数,不以礼假人。"意思是说,虢公与晋侯爵位不同,赏赐也应该不一样,但是天子却赏赐一样,这是不合礼仪的。可以说,《左传》在历史叙述与价值判断时,基本上都是以周礼为标准,对不合礼仪的言行直接给予批判。后来杜预《春秋释例》就说《左传》"以周礼为本,诸称凡以发例者,皆周公之旧制也"[1],今人蔡尚思先生也说"《左传》以礼为衡量一切的标准"[2]。

在《春秋》及其三传之中,记载了大量僭越礼制的事情,来反映春秋时期社会政治乱象丛生以及礼坏乐崩的状况,其中叙述最多的是君臣事迹,尤其是臣子越礼的历史事实。这其实就是《春秋》以及三传通过"以史为鉴"的形式,来教育君主如何做一个合格的君主,臣子如何做一个合格的臣子。如在《左传》看来,作为一个臣子首先要遵守礼仪,忠于君主,才像一个臣子。有时候,臣子为

① [晋]杜预:《春秋释例》卷十五,文渊阁四库全书本,第146册,第371页。
② 蔡尚思:《中国古代学术思想史论》,上海古籍出版社,2013年,第52页。

了维护君主的利益甚至要大义灭亲。如《左传》隐公四年就记载了卫国大夫石碏为了国君的利益杀了自己的亲生儿子的事。具体情形是这样的：当时石碏的儿子石厚与卫国公子州吁关系很亲密，后来公子州吁杀了卫桓公，篡权自立。随后，卫人不满就杀了州吁。石碏为了维护卫国国君的权力，在陈国设计杀死了自己的儿子石厚。《左传》就评价石碏说："石碏，纯臣也。恶州吁而厚与焉，'大义灭亲'，其是之谓乎！"大义灭亲只是小事，《春秋》三传中臣子为了自己的君主而战死疆场、失去生命的事迹（比如介子推），比比皆是。可以说，《春秋》以及三传宣扬礼制，宣扬君君、臣臣、父父、子子的纲常名教，最终目的就是要维护等级有序的社会政治秩序，重建新的王道政治社会。

总之，《左传》记载了大量的典章制度、礼乐文化。礼在《左传》看来是治国安邦的重要方式，所谓"礼，经国家，定社稷，序民人，利后嗣者也"（隐公十一年）。可以说，"以事（史）解经"的《左传》非常强调礼乐，并以周代礼制为价值依据，记载了大量史实，以此来宣扬礼仪文明及其规范。《左传》因对礼的尊崇，自古以来被视为重要的礼书。如孔颖达就曾说："《春秋》者，礼也。"陆德明《经典释文》引郑玄《六艺论》也说："左氏善于礼。"

（二）推崇以民为本、以德治国的政治理念

孔子作《春秋》，一方面出于维护周代礼制，另一方面希望借此恢复上古三代的王道政治。王道政治社会的特点，不仅是社会政治有序，而且包括统治者注重人的价值与人伦道德，即社会各阶层之间相互关爱、相互尊重、相互包容，这其实也就是孔子所宣扬的仁爱、仁学的思想。

　　孔子仁学思想最基本的要求就是以人为本，因此也可以称为人本主义思想。比如《论语·乡党篇》记载说，孔子家的马圈失火了，孔子不问马，而是问人受伤了没有。可以看出，他非常注重人的生命与价值。《春秋》三传也极力宣扬人本主义，淡化上天、鬼神的作用，即天人之间，以人为本。《左传》虽然记载了很多占卜的事情，但是这些占卜很多都在强调人的因素，而淡化天命的存在，比如说"吉凶由人""福祸无门，唯人所召""夫民，神之主也"等等。

　　又比如《左传》记载，有一年郑国上空出现了彗星，当时的巫师就预测说郑国、宋国、卫国等国家要发生火灾，请求子产用玉器祭祀天神，子产不理会他，后来这几个国家果然发生了火灾。这个巫师又说，如果不采纳他的意见，郑国还要发生火灾。国人都很害怕，恳求子产听从巫师的话祭祀天神，但是子产却说："天道远，人道迩，非所及也。"（昭公十八年）意思是说，天道遥远，人间的事情很近，所以祭祀天神还不如修德爱人，以人为本。于是子产更加注重内修政事，以德治国。结果，郑国并没有发生灾害。《左传》通过这件历史事实想表明在上天、鬼神与人之间，人才是关键因素，而不能像过去那样完全听命于上天。

　　以人为本，并不否定天命，只不过是淡化天命的决定性；以人为本，更强调人民的作用，而淡化君主的作用，即君民之间，强调以民为本。《穀梁传》更是明确地提出"民者，君之本也"（《春秋穀梁传注疏·桓公十四年》），即认为人民是国君治理天下的根本所在，并认为"民"是社会中下层的士农工商，而不是贵族阶层[1]。其实，

---

　　[1] 《穀梁传》说："古者有四民：有士民，有商民，有农民，有工民。"（《春秋穀梁传注疏·成公元年》）可以看出，民包括士、农、工、商四个阶层，不再是贵族阶层，而是社会中下层百姓。

民本思想在春秋时期非常流行，当时很多国君将民众看得比自己还重要。比如《左传》文公十三年记载，当时的小国国君邾文公准备迁都，占卜的结果是"利于民而不利于君"。在这种情况下，邾文公就依旧执意迁都。《左传》云：

> 邾文公卜迁于绎。史曰："利于民而不利于君。"邾子曰："苟利于民，孤之利也。天生民而树之君，以利之也。民既利矣，孤必与焉。"左右曰："命可长也，君何弗为？"邾子曰："命在养民。死之短长，时也。民苟利矣，迁也，吉莫如之！"遂迁于绎。五月，邾文公卒。君子曰："知命。"（《春秋左传正义·文公十三年》）

从上段记载可以看出，邾文公知道迁都对百姓有利而对自己不利，但他认为民众有利，自己也就有利了，所谓"民既利矣，孤必与焉"。左右都认为邾文公不用迁都，就可以长命，何必非要违背天命？但邾文公坚持己见，认为"命在养民"。于是坚持迁都，不久，他果然死了。在这里，通过邾文公的具体言行，展现了一位重民的国君形象。

得民心者得天下，失民心者失天下，这是春秋时期很多国君的共识。比如《左传》记载了鲁国内乱的一件事情。鲁国卿大夫季孙氏与鲁国国君斗争，结果鲁昭公被迫流亡到国外，最后死在了国外。当时晋国的赵简子就问史墨，为什么季孙氏篡权，老百姓却都不反抗，居然还服从季孙氏的统治？史墨就回答说，这都是季孙氏深得民心而鲁昭公不得民心的结果，他说：

> 天生季氏，以贰鲁侯，为日久矣。民之服焉，不亦宜乎！鲁君世从其失，季氏世修其勤，民忘君矣。虽死于外，其谁矜之？社稷无常奉，君臣无常位，自古以然。……民不知君，何以得国？（《春

秋左传正义·昭公三十二年》)

史墨认为，季孙氏预谋夺取鲁国的政权不是一天两天了，长期以来，鲁国国君一直不注重民生，不顾百姓死活，但是季孙氏以民为本，以至于老百姓都只记得季孙氏的好了，不知道有国君的存在。史墨强调说，国家政权从来都不是永恒的，君臣之间的等级关系也不是恒定的。所以，作为国君如果不重视百姓，不以民为本，以至于百姓都不知道你的存在，那么你怎么统治整个国家，怎么维护你的政权呢？由此可以看出，在春秋时期，人们尤其是统治阶层越来越意识到人民在社会稳定与权力争夺中的价值，于是无论是天子、诸侯，还是卿大夫，都极力采用各种策略笼络百姓。比如"田氏代齐"便是如此，田氏给百姓借贷粮食的时候，经常采用"大斗出，小斗进"以获得民心，最终田氏取代了姜姓在齐国的统治，还被周安王封为齐侯。

《左传》这样记载，在一定程度上就是想表明：以人为本，尤其是以民为本，才是治国的根本原则，只有这样才能稳定统治、享受长久的太平。这也可以说是《左传》对孔子仁学思想的继承和发展。当然，这种人本主义或民本主义，虽然极力强调要关心百姓，强调以德治国，但是根本目的还是维护以王权为中心的等级秩序。可以说，人本主义、民本思想的提出，在一定程度上既维护了人民的利益，对君权起到了一定规范或限制作用，同时也维护了君主的利益，维护了王权等级秩序的存在与稳定，更是对上古以来天命观的继承与发展。毕竟，在上古的尧舜夏商时期，人们对天命非常崇信，甚至基于对上天的崇拜，产生了泛神论的天命观，如《尚书·舜典》说虞舜"禋于六宗"。到了殷商时期，将上帝视为绝对的权威，宣扬君权神授，并通过祭祀占卜的形式来强化王权的神圣性。但是，随着殷商的灭亡，周人开始重新思考天命观。他们虽然也强调天命，但认为要想获得天命的永久，就必须重视人事，重视民生，重视修德。所以，到了春秋时期，人们更加重视以人为本、以民为本的治国理念。

孔子作为春秋时期的经历者及儒家学派的创始人，自然也继承了那个时代的理念，他也非常强调要以民为本，反对一味地听天由命，孔子"务民之义，敬鬼神而远之"（《论语·雍也》），"未能事人，焉能事鬼"（《论语·先进》），"不语怪力乱神"（《论语·述而》）等思想，也在《左传》中得到了肯定与传承。所以，《左传》中非常推崇以民为本、以德治国的理念，比如《左传》僖公十六年记载：

> 十六年春，陨石于宋五，陨星也。六鹢退飞过宋都，风也。周内史叔兴聘于宋，宋襄公问焉，曰："是何祥也？吉凶焉在？"对曰："今兹鲁多大丧，明年齐有乱，君将得诸侯而不终。"退而告人曰："君失问。是阴阳之事，非吉凶所生也。吉凶由人。吾不敢逆君故也。"

面对陨石出现、六鹢退飞的灾异现象，史官并没有将它们与吉凶结合起来，认为吉凶祸福并不是因为这些，也与这些没有必然的联系。相反，吉凶祸福是与人的言行有关，所谓"阴阳之事，非吉凶所生也。吉凶由人"，这充分展现了人们对民众利益的关注。同样，《左传》僖公二十一年记载：

> 夏，大旱。公欲焚巫尪。臧文仲曰："非旱备也。修城郭，贬食省用，务穑劝分，此其务也。巫尪何为？天欲杀之，则如勿生；若能为旱，焚之滋甚。"公从之。是岁也，饥而不害。

鲁国夏天大旱，鲁僖公想焚烧巫师以解决灾害。但是臧文仲认为，这并不是解决灾害的办法，修葺城墙、节省粮食、劝农种地才是关键，他还强调"天欲杀之，则如勿生；若能为旱，焚之滋甚"。于是，鲁僖公听从了臧文仲的话，结果正如臧文仲所料，当年便丰收了，也没有造成大的灾害。

在《左传》中，依然强调天命，但也更加突出民众利益，更加重视人事，正如郑国子产所说："天道远，人道迩，非所及也，何以知之？灶焉知天道？"人们对人事都很重视，积极以民为本，以德为本，"以德配天"。对于这一点，我们可以从《左传》所记载的多处战争场景中看出来。《左传》记载了大量的战争场面，但它反复强调战争的胜负取决于是否推行仁政德治，可谓得民心者得天下，民心向背才是战争取胜的关键所在，正如《左传》庄公十年所载曹刿对战争胜负的论述所说：

> 十年春，齐师伐我。公将战，曹刿请见。其乡人曰："肉食者谋之，又何间焉。"刿曰："肉食者鄙，未能远谋。"乃入见。问何以战。公曰："衣食所安，弗敢专也，必以分人。"对曰："小惠未遍，民弗从也。"公曰："牺牲玉帛，弗敢加也，必以信。"对曰："小信未孚，神弗福也。"公曰："小大之狱，虽不能察，必以情。"对曰："忠之属也，可以一战，战则请从。"

曹刿认为战争的胜负主要取决于民心向背，如果只是敬重鬼神，而不重视民生，战争也难以取得胜利。同样，鄢陵之战、邲之战、吴越之战等等也都突出了对民生的重视。可以说，民心向背成为春秋时期战争胜负的关键因素，已经得到了当时统治阶层的广泛认同。

由于敬德、以德配天在当时依然具有普遍的意义，与德治相配合的礼治也得到了普遍的认同，故人们对刑罚、以法治国并不赞成，比如在公元前 536 年（鲁昭公六年），当时郑国"铸刑书"，也就是把郑国的刑罚刻在铁鼎上以此来约束贵族大夫，便遭到了晋国大夫叔向（羊舌肸）的书信批评，对此《左传》昭公六年载：

> 三月，郑人铸刑书。叔向使诒子产书，曰："始吾有虞于子，今则已矣。昔先王议事以制，不为刑辟，惧民之有争心也。犹不可禁御，是故闲之以义，纠之以政，行之以礼，守之以信，奉之以仁，制为禄位，以劝其从，严断刑罚，以威其淫。惧其未也，故诲之以忠，耸之以行，教之以务，使之以和，临之以敬，涖之以强，断之以刚。犹求圣哲之上，明察之官，忠信之长，慈惠之师，民于是乎可任使也，而不生祸乱。民知有辟，则不忌于上，并有争心，以征于书，而徼幸以成之，弗可为矣。夏有乱政而作《禹刑》，商有乱政而作《汤刑》，周有乱政而作《九刑》，三辟之兴，皆叔世也。今吾子相郑国，作封洫，立谤政，制参辟，铸刑书，将以靖民，不亦难乎？《诗》曰：'仪式刑文王之德，日靖四方。'又曰：'仪刑文王，万邦作孚。'如是，何辟之有？民知争端矣，将弃礼而征于书。锥刀之末，将尽争之。乱狱滋丰，贿赂并行，终子之世，郑其败乎！肸闻之，国将亡，必多制，其此之谓乎！"复书曰："若吾子之言，侨不才，不能及子孙，吾以救世也。既不承命，敢忘大惠？"士文伯曰："火见，郑其火乎？火未出而作火以铸刑器，藏争辟焉。火如象之，不火何为？"

郑国铸刑书推行法治之后，晋国的叔向给子产写了一封书信，他在信中说，民众主要依靠仁、义、礼、信及名、利等手段进行教化，这样民众就会自觉遵守相应的礼法规则，并积极参与社会事务。现在通过刑罚的手段规范民众、役使民众，这样民众就会抛弃礼仪，而以刑罚为标准，社会道德教化就会被漠视，政治秩序也会紊乱，同时刑罚讼狱会出现得更多，"贿赂并行"，郑国也会衰微。叔向还进一步强调说，"国将亡，必多制"，正如夏、商、周，处于乱世时分别制定了《禹刑》《汤刑》《九刑》等刑罚。子产意识到了自己的失误，回信表达自己谢意的同时，也表达了自己治国的无奈。

尽管如此，面对秩序紊乱的春秋乱世，二十多年后，晋国为了维护秩序，也同样制作了刑鼎，为此遭到了孔子的批判。对此，《左传》昭公二十九年载：

> 冬，晋赵鞅、荀寅帅师城汝滨，遂赋晋国一鼓铁，以铸刑鼎，著范宣子所为刑书焉。仲尼曰："晋其亡乎！失其度矣。夫晋国将守唐叔之所受法度，以经纬其民，卿大夫以序守之。民是以能尊其贵，贵是以能守其业。贵贱不愆，所谓度也。文公是以作执秩之官，为被庐之法，以为盟主。今弃是度也，而为刑鼎，民在鼎矣，何以尊贵？贵何业之守？贵贱无序，何以为国？且夫宣子之刑，夷之蒐也，晋国之乱制也，若之何以为法？"蔡史墨曰："范氏、中行氏其亡乎！中行寅为下卿，而干上令，擅作刑器，以为国法，是法奸也。又加范氏焉，易之，亡也。其及赵氏，赵孟与焉。然不得已，若德，可以免。"

晋国也像郑国一样，铸造了刑鼎，为此孔子就评价说，晋国估计是要亡国了。因为刑法的存在，必然会取代礼仪制度，民众自然也会失去高低贵贱的等级差别，最终不知所从。

综合来看，《左传》与孔子都强调德政，注重道德教化，注重礼制，而反对以法治国。可以说，德主刑辅是《左传》强调的思想，这对后世产生了深远的影响。毕竟，礼仪是长期积淀而成的习俗与传统，等级制度、规范也已经融入其中，礼仪的道德化已经是当时的主要观念。相比较而言，刑法则是基于现实需要，虽然刑法是对礼仪的补充与强化，"德莫厚焉，刑莫威焉；服者怀德，贰者畏刑"（《左传·僖公十五年》）；但是刑法却对传统的制度、规范及道德教化都造成了一定的冲击，所以《左传》强调敬德、明德、礼治，所谓"刑之不滥，君之明也"（《左传·僖公二十三年》）。虽然如此，后世在传承《左传》德主刑辅思想的同时，也进一步强化了礼法的运用，这在汉代表现得尤为明显。

（三）《左传》与中华民族早期历史

《春秋》毕竟字数过少，很多记载过于简略，以至于很多情况下，我们如果不借助《左传》《公羊传》《穀梁传》，甚至不知道它到底在说什么，所以《春秋》三传尤其是《左传》，是理解《春秋》最重要的途径，另一方面，它们也为我们提供了更加丰富而多样化的历史事实。

在《左传》中，我们可以清晰了解到周王室是如何一步步衰微的，可以了解到春秋时期各国争霸及其战争的历史，也可以了解到春秋社会政治的发展与演变，知道它是如何一步步演变为战国的。其中也记载了大量的权力斗争的史实，比如《左传》文公元年记载：

> 初，楚子将以商臣为大子，访诸令尹子上。子上曰："君之齿未也。而又多爱，黜乃乱也。楚国之举，恒在少者。且是人也，蜂目而豺声，忍人也，不可立也。"弗听。既又欲立王子职而黜大子商臣。商臣闻之而未察，告其师潘崇曰："若之何而察之？"潘崇曰："享江芈而勿敬也。"从之。江芈怒曰："呼，役夫！宜君王之欲杀女而立职也。"告潘崇曰："信矣。"潘崇曰："能事诸乎？"曰："不能。""能行乎？"曰："不能。""能行大事乎？"曰："能。"冬十月，以宫甲围成王。王请食熊蹯而死，弗听。丁未，王缢。谥之曰

"灵"，不瞑；曰"成"，乃瞑。

《左传》记载楚成王时期朝廷内部的权力斗争，并没有通过长篇的叙事进行，而是通过君臣日常的交往来呈现，这一段中提到了楚成王，他本来也是一代雄主，在位四十多年了，后来将商臣立为太子，这遭到了楚国令尹子上的反对。子上认为，商臣这个人长得很奇怪，"蜂目而豺声，忍人也"，就是说，眼睛突出像蜜蜂，声音如同豺狼，这个人很凶残，不能立为太子。楚成王没有听子上的话。但是很快，又立了王子职为太子，并打算废黜商臣。商臣听到了消息，但还不确定，于是，他就问他的老师潘崇怎么办。他的老师说只要问问大王的妹妹江芈就可以知道了。于是商臣故意对江芈不恭敬，江芈就大骂他，说：贱人，看来大王废除你并立王子职是对的。于是，商臣就与潘崇发动政变，围攻楚成王。楚成王不能脱险，就请求商臣说，要吃个熊掌再死，企图拖延时间。但是商臣没有听他的。随后，楚成王自缢。商臣给他父亲一个谥号叫"灵"，但楚成王不瞑目，随后改为"成"，楚成王才闭上眼睛。

从上面的这段记载我们可以看出，《左传》的叙事非常生动，将错综复杂的政治斗争通过家庭内部的纷争说得非常清楚。同样，《左传》还将春秋战国时期的一系列历史演变也都表达得非常清晰。比如过去我们一般将"三家分晋"（即晋国分为韩、赵、魏三家）与"田氏代齐"作为春秋演变为战国的重要标志，在先秦的史料中，别的文献对此事的记载非常少，《公羊传》《穀梁传》中甚至没有记载，我们今天只能通过《左传》才能获得对"三家分晋""田氏代齐"最原始而清晰的认识，其过程描述也非常生活化且自然得体。

《左传》中还记载了大量有关春秋时期人们价值信仰、思想观念的资料，表明这一时期人们的思想信仰已经多元化，即一方面继续奉行天命，另一方面更加注重人事。《左传》记载了上百处人们通过占卜、预言、鬼怪、星占、做梦等形式来突显天命的存在，以此来决定战争、祭祀、婚嫁、立嗣、吉凶祸福等事情。比如《左传》僖公三十二年记载秦晋殽之战之前的一件怪事：

> 冬，晋文公卒。庚辰，将殡于曲沃，出绛，柩有声如牛。卜偃使大夫拜。曰："君命大事。将有西师过轶我，击之，必大捷焉。"

这段话的意思是说，鲁僖公三十二年的冬天，晋文公去世。在庚辰那一天，人们将要把他的灵柩停放在晋国的旧都曲沃那里，刚抬出国都绛城时，棺柩里就突然发出像牛叫一样的响声。卜筮官郭偃就命令随行的大夫们下拜，并传告说："先君文公指示国家用兵的大事，将会有西方的军队越过我国的国境，如果趁机攻打他们，必大获全胜。"后来，郭偃听到的"鬼话"一一应验，果然秦国军队想经过晋国偷袭郑国，于是晋国趁机派兵攻打，结果大胜，这就是春秋时期有名的秦晋殽之战。

《左传》所记载的各种传说故事、鬼神迷信、奇闻怪事，其目的是凸显天命，有学者研究说，《左传》为《春秋》作传，所记载的大量"怪力乱神"的事情，有悖孔子"不语怪力乱神"的史学精神。其实不是这样的，孔子本身对天道鬼神也非常敬畏，所以"不语怪力乱神"，其实也是想让人们知道应该敬畏它们。《左传》之所以记载很多有关天道、鬼神、灾异、占卜、梦占等方面的史实，主要是想说明，天命虽然存在，但不是决定因素，人们只要修身明德，就可以改变天命。比如在《左传》中，有关梦境的描写多达二十多处，这些梦境多有应验，在某种意义上也算是占卜的一种，即梦占，如《左传》成公十年记载：

> 晋侯梦大厉，被发及地，搏膺而踊，曰："杀余孙，不义。余得请于帝矣！"坏大门及寝门而入。公惧，入于室。又坏户。公觉，召桑田巫。巫言如梦。公曰："何如？"曰："不食新矣。"公疾病，求医于秦。秦伯使医缓为之。未至，公梦疾为二竖子，曰："彼，良医也。惧伤我，焉逃之？"其一曰："居肓之上，膏之下，若我何？"医至，曰："疾不可为也。在肓之上，膏之下，攻之不可，达之不及，药不至焉，不可为也。"公曰："良医也。"厚为之礼而归之。六月丙午，晋侯欲麦，使甸人献麦，馈人为之。召桑田巫，示而杀之。将食，张，如厕，陷而卒。小臣有晨梦负公以登天，及日中，负晋侯出诸厕，遂以为殉。

这个梦境说的是，晋景公曾经在鲁成公八年的时候冤杀了大夫赵同、赵括，事后一直内心觉得愧疚，进而做梦梦到了赵氏家族的祖先变成厉鬼，面目可憎，斥责他冤杀了赵氏的子孙。梦醒后，晋侯就让巫师给他解梦。巫师说，晋侯会活着，但却吃不到今年新收获的麦子了。于是，晋侯生病了，并从秦国寻找医生来治病，正在这个时候他又做梦了，梦到被杀的赵同、赵括变成疾病进入他的膏肓之间藏起来，并说这样医生就治不好晋侯了。秦国医生来了之后，果然说晋侯已经病入膏肓，无法医治了。到了新麦子收获时，晋侯把巫师也召来了，准备吃新麦子给巫师展示一下，并杀掉他。但是晋侯正准备吃的时候，肚子发胀，然后上厕所，不小心掉到茅坑里死了。由此应验了巫师解梦的预言。从这个例子可以看出，《左传》通过对梦占、怪力乱神的描述，突出了天命的客观存在，以期告诫不论是君王还是臣民，都要敬畏天命，都要遵守礼制，而不能为所欲为。

总而言之，《春秋》及其三传，尤其是《左传》，取材非常广泛，内容极为丰富，对二百五十多年间周王室的衰微、诸侯的争霸（涉及一百多个国家、上千个人物、一百次左右的战争，以及各国之间复杂的矛盾冲突）、典章制度的变革（记载了分封制、礼制、官制、兵制、田制、税制、刑罚、学制、婚姻制度等等），还有社会经济（农业、手工业、商业的发展）、民族关系（华夏民族与周边蛮夷戎狄之间的斗争与融合）、天命观念、仪礼规范、社会风俗、道德伦理、天文地理、历法时令、古代文献、神话传说（上古三代的历史）、占卜算命、歌谣语言等等，都有记载与评论。可以说，《左传》拥有丰富、广博的史料，这对于我们研究先秦时期的历史，无疑具有非常重要的价值，正如梁启超所评价的："《左传》一书，内容极丰富，极复杂，作史料读之，可谓最有价值而且有趣味。在文献学上任何方面，皆可以于本书中得若干资料以为研究基础。"①

（四）《左传》与古代史学的发展

《春秋》及《左传》，在中国史学史上具有承上启下的重要地位，开创了春秋之后中国史学的新传统。它们无论在史学编纂思想上，还是在具体的编纂原则和方法上，都对后世有深远的影响（比如"春秋笔法""君子曰"等），它们可以说是中国古代史学的源头所在。在西方，古希腊的希罗多德被誉为"历史之父"，在中国，孔子可以说是"中国史学之父"，中国史学的很多传统都直接源于孔子。

首先，孔子《春秋》及其三传进一步丰富、完善了编年体史书形式。《春秋》是我国现存最早的编年体史书，后代编年体都沿袭这种编纂体例，尤其是《左传》对《春秋》编年体史书体例的继承与

---

① 梁启超：《国学要籍研读法四种》，国家图书馆出版社，2008年，第213页。

发展在中国古代史学史上的影响更大。

为什么这样说呢？《春秋》与《尚书》差不多同时产生，而且都很早，但两者侧重不同，即《春秋》"记事"：《春秋》以历史编年的形式注重军事、政治、宗教、灾荒等大事的记载；而《尚书》"记言"：注重语言、诏令、奏议的记载。孔子《春秋》一书继承了夏、商、周以来宫廷史书《春秋》的体例与方法，并对其作了进一步完善，比如在记事内容的选择上、在语言修辞的运用上。但是它依旧注重国家大事的记载，几乎没有记录言语、诏令、奏疏之类的内容。左丘明《左传》在孔子《春秋》之后，它吸收了《尚书》《春秋》两者的优长：既记载历史大事，又记载奏疏、言语之类，即兼顾了"记事""记言"两个方面。所以，我们今天看到的《左传》内容非常丰富，既有军国大事，又有各种奏疏、对话以及人物内心活动的描写等等。对于《左传》"言事相兼"的新特点，刘知幾《史通·载言》给予了高度评价，他说：

> 逮左氏为书，不遵古法，言之于事，同在传中。然而言事相兼，烦省合理，故使读者寻绎不倦，览讽忘疲。①

这句话的大意是说，到了左丘明编纂《左传》，不再遵守古代史书法则，而是将言语与军政大事，统一记载在史书之中，这样一来，历史记载就更加丰富、完善了。《史通》因此甚至将《左传》看成是我国编年体史书之祖。这就说明，《左传》在《春秋》与《尚书》的基础上作了进一步的发展与完善，使得编年体史书更加完善，从此之后基本上确定了编年体史书的体制规模。

---

① ［唐］刘知幾著，［清］浦起龙通释：《史通》卷二《载言第三》，上海古籍出版社，2015年，第31页。

可以说，《春秋》及其三传作为中国最早的编年体史书，对中国后来编年体史书的发展有深远的影响，后来编年体史书基本上以它们为编撰典范。如汉代荀悦《汉纪》，魏晋时期张璠《后汉纪》、孙盛《魏氏春秋》《晋阳秋》、干宝《晋纪》、袁宏《后汉纪》，南北朝时期的裴子野《宋略》、吴均《齐春秋》，等等。《左传》之后，影响最大的编年体史书是北宋司马光《资治通鉴》。这部书采用《左传》历史编年的形式，进行历史叙事，上起三家分晋，下到北宋建国，记载了一千三百六十二年的历史，这部书使编年体史书的编撰水平达到了一个新的高度。之后，受到《资治通鉴》的影响，南宋人李焘作《续资治通鉴长编》，接续司马光写北宋一代的历史。李心传《建炎以来系年要录》，专门记载宋高宗时期的历史。徐梦莘《三朝北盟会编》，记载宋徽宗、钦宗、高宗三朝历史。后来，南宋朱熹又在编年体的基础上，创立了《资治通鉴纲目》一书，这本书在中国古代后期影响非常大。元明清时期，又有金履祥的《资治通鉴前编》、王宗沐《宋元资治通鉴》、商辂《续资治通鉴纲目》、谈迁《国榷》（谈迁，原名谈以训，明亡后，改名迁，有变迁之意，同时也是以司马迁自期。于是花二十六年时间撰写史书，六易其稿，书已成，一百卷，四百万字左右，准备刊印，不料被偷。于是重修撰写，又四年书成。前后共三十年，完成《国榷》一书。"榷"非商榷之意，而是通"确"，正确、真实之意，谈迁之意就是想告诉人们一个真实的明史）、夏燮《明通鉴》、徐乾学《资治通鉴后编》，等等。

其次，在史书编纂的原则与方法上，《春秋》与三传一直影响很大。孔子作《春秋》继承了他之前宫廷史书与史官如董狐、南史氏等人的基本做法，强调"书法不隐"、秉笔直书。另外，孔子还发展了以往史书编纂的原则和方法，即春秋笔法，强调通过简洁的语言来表达复杂的内容与思想，比如同样描写战争，讨伐敌人叫"伐"，侵略他国叫"侵"，两国打仗叫"战"，包围城池叫"围"，攻战国都叫"入"，毁灭敌国宗庙叫"灭"，等等。另外，在史实叙述上，《春秋》还确立了"详近略远"的原则，之后《春秋》三传对这个原则作了进一步的发展。在历史内容叙述上，也都将重点放在近现代，这在中国古代史学史上也是一个重要的传统。如《史记》对秦汉的历史写得比较详细，而对先秦的历史写得比较简单。后代无论是官方史学，还是私人撰史，都非常注重前朝或本朝的历史，比如实录、国史、二十四史、私人笔记、野史，等等。

最后，便是在历史叙述的方式上，注重史论结合，剪裁得当。这一点在《左传》中表现尤其明显，《左传》除了记载丰富的历史事实之外，还对历史事实发表自己的评论，如书中以"君子曰""孔子曰""仲尼曰""礼也""非礼也"等形式进行评判，创造了史论结合的新体裁。比如《左传》庄公二十二年记载了齐桓公接纳陈公子完一事，并借"君子曰"表达了对为臣之道的看法：

> 二十二年春，陈人杀其大子御寇，陈公子完与颛孙奔齐。颛孙自齐来奔。齐侯使敬仲为卿。辞曰："羁旅之臣，幸若获宥，及于宽政，赦其不闲于教训，而免于罪戾，弛于负担，君之惠也，所获多矣。敢辱高位，以速官谤。请以死告。《诗》云：'翘翘车乘，招我以弓，岂不欲往，畏我友朋。'"使为工正。饮桓公酒，乐。公曰："以火继之。"辞曰："臣卜其昼，未卜其夜，不敢。"君子曰："酒以成礼，不继以淫，义也。以君成礼，弗纳于淫，仁也。"

这里主要说的是，齐桓公时期，陈国发生了内乱，陈公子完（敬仲）就逃到了齐国，齐桓公任命他做高官，但遭到了公子完的拒绝。当齐桓公饮酒作乐的时候，公子完就劝诫齐桓公一定要适可而止。对此，《左传》通过"君子曰"评价了公子完的做法，认为他能够坚守道义，让齐桓公能够践行仁义。这在一定程度上，是在肯定公子完为臣之道，即坚守仁义之道。

当然，在《公羊传》《穀梁传》中也有"公羊子曰""穀梁子曰"等各种评论。可以说，《左传》及《公羊传》《穀梁传》史论结合的方式对后来影响很大，后来的史学著述都纷纷采用这种方式评价，只是称谓上有所不同。比如司马迁《史记》称为"太史公曰"，《汉书》《后汉书》《明史》称为"赞曰"，《三国志》称为"评曰"，《旧唐书》称为"史臣曰"，欧阳修《新五代史》以"呜呼"进行议论，《宋史》《清史稿》称为"论曰"，《资治通鉴》称为"臣光曰"，等等。唐代史学家刘知幾在《史通》中曾列举过许多此类名目，并统称为"论赞"。

其实不只是史书，中国古代的小说也深受《春秋》三传的影响，继承了叙论结合的传统，常常以论赞的形式对所描写的人物、故事加以评议。比如唐人小说的末尾常有一段议论性的文字，如《谢小娥传》的"君子曰"。明代话本、拟话本里也有"论赞曰""诗云"一类韵文体的议论，如《警世通言》有"诗赞云"，《拍案惊奇》有"诗赞曰"。清代文言小说中的论赞就更多，如《聊斋志异》有"异史氏曰"，李庆辰的《醉茶志怪》有"醉茶子曰"，宣鼎的《夜雨秋灯录》有"懊侬氏曰"，许奉恩的《里乘》有"里乘子曰"，沈起凤的《谐铎》有"铎曰"，等等。

总之，《左传》及《公羊传》《穀梁传》的评论形式，对中国古代的史学、文学、哲学都有深远的影响，而且这些评论的价值依据多是儒家人伦道德、纲常名教，这就在一定程度上宣扬和发展了孔子思想，使之成为中华文化的根本所在。可以说，《春秋》及《左传》在中国史学史上具有承上启下的重要地位，开创了春秋之后中国史学的新传统。它们无论在史学编纂思想上，还是在具体的编纂原则和方法上都对后世有深远的影响，它们可以说是中国古代史学的源头所在。

（五）《左传》与古代的文学

《春秋》三传在中国文学史上的影响非常大，尤其是《左传》一书，无论哪一类、哪一种文学史都会涉及它，一般将它归入"历史散文""先秦叙事散文"或"史传文学"中。这就说明《左传》尽管是历史性经书，但具有很强的文学性，以至于刘勰《文心雕龙·史传》中说《左传》是"圣文之羽翮，记籍之冠冕"，"辞宗丘明，直归南董"，可见《左传》的艺术成就之高。

《左传》在孔子《春秋》的基础上对编年体史书作了进一步的发展，形成了"言事相兼"的重要特色，在叙事方式上，采用了正叙、顺叙、倒叙、插叙、补叙、陪叙、明叙、带叙等二十多种，奇正变化，神妙莫测，所以《左传》所塑造的历史人物显得真实而生动，给人栩栩如生的感觉，上到天子、诸侯、春秋五霸、卿大夫，下到平民百姓，都有非常鲜明的个性塑造。当然，《左传》在描述很多历史人物的时候，并非进行一个一个的叙述，而是很多历史人物一同出现，并通过相互对比的形式，来塑造人物的形象，实现惩恶扬善的目的。比如《左传》宣公二年记载"晋灵公不君"便是如此：

> 晋灵公不君：厚敛以雕墙；从台上弹人，而观其辟丸也；宰夫胹熊蹯不熟，杀之，置诸畚，使妇人载以过朝。赵盾、士季见其手，问其故，而患之。将谏，士季曰："谏而不入，则莫之继也。会请

先，不入则子继之。"三进，及溜，而后视之，曰："吾知所过矣，将改之。"稽首而对曰："人谁无过？过而能改，善莫大焉。《诗》曰：'靡不有初，鲜克有终。'夫如是，则能补过者鲜矣。君能有终，则社稷之固也，岂唯群臣赖之。又曰：'衮职有阙，惟仲山甫补之。'能补过也。君能补过，衮不废矣。"犹不改。宣子骤谏，公患之，使鉏麑贼之。晨往，寝门辟矣，盛服将朝，尚早，坐而假寐。麑退，叹而言曰："不忘恭敬，民之主也。贼民之主，不忠。弃君之命，不信。有一于此，不如死也。"触槐而死。

秋，九月，晋侯饮赵盾酒，伏甲将攻之。其右提弥明知之，趋登曰："臣侍君宴，过三爵，非礼也。"遂扶以下，公嗾夫獒焉。明搏而杀之。盾曰："弃人用犬，虽猛何为。"斗且出，提弥明死之。

初，宣子田于首山，舍于翳桑，见灵辄饿，问其病。曰："不食三日矣。"食之，舍其半。问之，曰："宦三年矣，未知母之存否，今近焉，请以遗之。"使尽之，而为之箪食与肉，置诸橐以与之。既而与为公介，倒戟以御公徒，而免之。问何故。对曰："翳桑之饿人也。"问其名居，不告而退，遂自亡也。

乙丑，赵穿攻灵公于桃园。宣子未出山而复。大史书曰"赵盾弑其君"，以示于朝。宣子曰："不然。"对曰："子为正卿，亡不越竟，反不讨贼，非子而谁？"宣子曰："乌呼，'我之怀矣，自诒伊戚'，其我之谓矣！"孔子曰："董狐，古之良史也，书法不隐。赵宣子，古之良大夫也，为法受恶。惜也，越竟乃免。"

在这一段中，作者用丰富而细腻的笔墨，描述了昏君晋灵公的骄横无聊、宰相赵盾的忠贞、车夫提弥明的勇猛、义士鉏麑的忠义、武士灵辄的侠义、良史董狐的敬业等各种人物形象，从不同角度、不同层次进行描述，充分体现了《左传》高超的文学手法。

　　另外，《左传》叙述历史事件，如记载一百多次大大小小的战争的时候，对战争的发生、过程、气氛、人与人之间的钩心斗角、对话论辩都有所涉及，整个过程描绘得十分细腻、非常精彩，如城濮之战、邲之战、长勺之战等等都是如此。梁启超在其《要籍解题及其读法》一书中评价说：

> 　　《左传》文章优美，其记事文对于极复杂之事项，——如五大战役等，纲领提挈得极严谨而分明，情节叙得极委曲而简洁，可谓极技术之能事。其记言文渊懿美茂，而生气勃勃，后此亦殆未有其比。又其文虽时代甚古，然无诘曲聱牙之病，颇易习诵。①

　　梁启超从《左传》记事、记言两个方面作了高度评价，这说明《左传》摆脱了之前《春秋》对历史扁平化的记载，对历史人物与历史事件的记载注重抓住人物的关键特征与事件的尖锐矛盾，着力描写，这样就将人物与事件写得非常精彩、生动。

　　《左传》不仅仅描写大的历史人物与事件，还描写了很多小人物与小事件，通过这些小人物、小事件来穿针引线、烘托气氛。比如《左传》鲁宣公二年（前607）记载，郑国出兵攻打宋国，宋国四朝元老、军政大臣华元带兵回应，但华元不幸被对方擒获，宋国因此大败，为什么？就是因为华元少给他的车夫羊斟"一碗羊肉"引起的，文曰：

> 　　将战，华元杀羊食士，其御羊斟不与。及战，曰："畴昔之羊，子为政；今日之事，我为政。"与入郑师，故败。君子谓"羊斟非人也，以其私憾，败国殄民，于是刑孰大焉？《诗》所谓'人之无

────────────────

① 《梁启超全集》卷十六《要籍解题及其读法》，北京出版社，1999年，第4650页。

良'者，其羊斟之谓乎？残民以逞"。宋人以兵车百乘、文马百驷以赎华元于郑。半入，华元逃归，立于门外，告而入。见叔牂，曰："子之马然也？"对曰："非马也，其人也。"既合而来奔。

《左传》这段话的大体意思是说，作为三军统帅的华元，在战争之前，为了鼓舞士气，就杀了很多羊，做羊肉汤犒赏三军，但是却没有给他的车夫羊斟分一碗。到了战争的时候，车夫羊斟出于内心的不满，自言自语说："过去分羊肉的时候，你做主；现在驾车大战，由我做主。"于是，自己就将统帅华元的马车赶到郑国的军队之中，以至于郑国很轻松地捉住了华元。宋国也因此输了这场战争。后来，宋国用一百辆兵车、四百匹马将华元赎了回来，还没有交完一半赎金，华元自己偷着跑了回来。这个时候，车夫羊斟已经在国内了。华元就对他说，那次战争是不是因为你的马不听话才这样啊？羊斟说，不是马的问题，是我自己故意这样做的。说完，就跑到鲁国去了。《左传》穿插了羊斟这件小事，使得宋郑之间战争变得很有戏剧性，这样的描写与叙述，就尽量避免了叙事上的平面化、程序化，让文章更加生动、富有生机。

又比如在写召陵之盟或者说齐国讨伐楚国的时候，《左传》穿插了一件齐桓公的家庭琐事，即齐桓公与妃子蔡姬之间的夫妻矛盾，《左传》僖公三年、四年在写这件事的时候，非常简洁，却很传神：

> 齐侯与蔡姬乘舟于囿，荡公。公惧，变色；禁之，不可。公怒，归之，未之绝也。蔡人嫁之。……四年春，王正月，公会齐侯、宋公、陈侯、卫侯、郑伯、许男、曹伯侵蔡。蔡溃，遂伐楚，次于陉。

这件事说的是，齐桓公与蔡姬在自家的后花园中划船，年轻的蔡姬摇动着船，船不稳，以至于年纪很大的齐桓公都要掉到水里了。齐桓公制止蔡姬，但是蔡姬反而觉得很好玩，依旧我行我素，齐桓公一怒之下，就把蔡姬赶回娘家去了。蔡姬的哥哥是蔡穆侯，他觉得自己的妹妹被赶回来，自己很没面子，一气之下，就把蔡姬许配给了齐国的仇敌楚成王。这件事激怒了齐国，随后齐国便攻打蔡国，并进而攻打楚国。其实，齐国攻打楚国早已经有预谋，因为在此之前，齐国就已经在阳谷之会上与宋国、鲁国商讨伐楚的事情了。只不过，《左传》穿插了这个小故事，让人觉得当时一场大战居然发生得如此有意思，也很合理，这既增加了《左传》的文学性，也更能突出齐、楚两国之间矛盾的尖锐。换句话说，《左传》以微不足道的小事，来反映春秋时期的家庭伦理矛盾、王室衰微的现状，更体现了国与国之间存在着根本性的不信任，任何小事包括家庭琐事都可能导致战争的爆发。

总的来说，《左传》作为我国一部重要的历史文学或史传文学，在中国文学史上有深远的影响，司马迁《史记》作为史传文学的代表，它最早也最直接地受到了《左传》的影响。《史记》采用了《左传》中的大量写作素材与文字，在人物与事件的写作技巧、语言风格上也多和《左传》相似。比如《左传》通过尖锐的矛盾冲突来突出人物的性格，《史记》也是如此，比如《史记·项羽本纪》就通过"钜鹿之战""鸿门宴""垓下之围"等多个具有尖锐矛盾的历史事件、历史情境来体现项羽的勇敢善战、直率无谋、慷慨激昂的性格。另外，《左传》善于通过人物语言来表现人物性格的方式，在《史记》中也多有体现，比如项羽、刘邦都见过秦始皇，项羽说"彼可取而代也"，可以看出项羽的豪气与霸气；而刘邦却说"嗟乎！大丈夫当如此也！"明显底气不足；陈胜"王侯将相，宁有种乎？"更是气势上显得不足。这些都说明《史记》对人物的刻画受到了《左传》的影响。可以说《史记》继承并发展了《左传》的艺术成就，并将它推向顶峰，所以鲁迅高度评价《史记》，说它是"史家之绝唱，无韵之《离骚》"，而这与司马迁《史记》效法《左传》有直接的关系，正是有了对《左传》的借鉴，才有了《史记》的创作，可以说，《左传》是中国古代史传文学的典范。

四、古代《左传》学史略

历代的《春秋》学，需要从孔子之前的夏、商、周开始谈起，孔子《春秋》开创了一个新的时代，《春秋》三传又发扬了孔子《春秋》学的精神。汉代之后，《春秋》学受到关注，尤其是董仲舒对《春秋公羊传》的解释，奠定了《春秋》重要的地位。从此之后，《春秋》学开始成为中国经学史最重要的组成部分。

（一）先秦两汉时期

1. 先秦

夏、商、周时期是《春秋》学的产生、兴盛时期，尤其是在周代，《春秋》随着史官制度的发达而非常兴盛，上至周王室，下至诸侯国，都有《春秋》。这些《春秋》实际上为孔子《春秋》一书的形成奠定了重要的思想与方法之基础。

在春秋时期，《春秋》学大兴于世，无论是在思想上还是方法上都已经相当成熟，比如各国都有自己的《春秋》史书，表明编年体是这一时期史书的主要形式。各国编纂《春秋》的目的，一方面是为了记载军国大事，另一方面也是为了规范君臣的言行，所以多秉笔直书，如董狐记载"赵盾弑其君"便是例子。孔子作为儒家的创始人，他根据鲁国历史以及周王室的史料编撰了《春秋》一书，这部书基本上是对之前《春秋》学的继承和发展。孔子《春秋》的产生有重要的价值，它以历史叙述的形式来宣扬周礼、宣扬王道政治理想，这在中国政治思想文化史上具有承上启下的重要意义。

先秦时期，《左传》《春秋公羊传》《春秋穀梁传》是最早研究《春秋》的著述。其中《左传》主要是解释《春秋》中的历史事实，这就让我们对孔子《春秋》的内容认识更加深刻，否则我们就很难知道"郑伯克段于鄢""赵盾弑其君夷皋"等史实具体在说什么。而《公羊传》《穀梁传》主要是解读春秋笔法与春秋大义，这有助于我们理解孔子作《春秋》的动机与目的，借助它们，我们知道了孔子为什么要用"弑"而不用"杀"，为什么会有语言、称谓、名称上的种种不同。还有，《春秋》三传也根据社会文化的变迁对《春秋》思想作了进一步的发展。比如《左传》发扬了民本思想、德治思想等，《公》《穀》则发扬了《春秋》大一统、纲常名教等思想。另外，《春秋》三传作为解释《春秋》的不同著作形式，对后代研究《春秋》或其他经书来说，也基本上奠定了两种经学解读的模式，即：以事解经与以义解经。

孟子是最早提到孔子作《春秋》的人。在今天《孟子》一书中，有三处与《春秋》相关的文字，分别就孔子《春秋》产生的背景、特征与意义作了解释。孟子强调，孔子以周礼为价值依据作《春秋》，目的就是挽救社会政治于混乱中，希望以历史叙述来规范当时君臣非礼的行为。孟子对孔子《春秋》一书性质的揭示，对汉以后影响非常大，比如董仲舒、司马迁等今文经学家基本上都秉承了孟子《春秋》学的思想，并作进一步的发挥。

荀子是战国时期为《春秋》学作出突出贡献的人。根据历史记载，《左传》《穀梁传》就是经过他传到汉代的。另外，由于荀子强调礼法，所以他更注重《春秋》中所宣扬的微言大义，并将这部书看成是学习礼仪、成就圣人的重要经典之一。他在《劝学篇》中说：

> 学恶乎始？恶乎终？曰：其数则始乎诵经，终乎读礼；其义则始乎为士，终乎为圣人。……故《书》者，政事之纪也；《诗》者，中声之所止也；礼者，法之大分，类之纲纪也，故学至乎礼而止矣。夫是之谓道德之极。礼之敬文也，乐之中和也，《诗》《书》之博也，《春秋》之微也，在天地之间者毕矣。（《荀子·劝学篇》）

这段话翻译过来便是说：学习从哪里开始？到哪里终结？答案是：从学习的科目来说，是从诵读《书》《诗》等经典开始，到阅读《礼》为止；从学习的意义来说，是从做一个读书人开始，到成为圣人为止。……《尚书》，是政事的记载；《诗》，是和谐的音乐所附丽的篇章；《礼》是行为规范的要领、具体准则的总纲，所以学到《礼》就到头了，这可以叫作达到了道德的顶点。《礼》肃敬而有文饰，《乐》中正而又和谐，《诗》《书》内容渊博，《春秋》词意隐微，但道理深刻。存在于天地之间的道理都包括在这些典籍中了。从这可以看出，荀子强调《春秋》蕴含着微言大义，是学习礼仪最重要的经典之一，所以他希望通过《春秋》来获得对礼仪的体认，最终成就圣人。

总之，《左传》在战国时期就已经成书了，并且有多种文献援引《左传》章句，比如《荀子》《韩非子》等。

2. 两汉

《春秋》学真正开始发展是在汉代，不过《春秋》三传发展状况不一样。其中，《公羊传》率先在汉景帝时期被立为官学。到了汉武帝时期，受到董仲舒、公孙弘①等人的推动，《公羊学》大兴，这也和它开宗明义宣扬"大一统""尊王攘夷""君尊臣卑"等思想有直接的关系。《穀梁传》在汉宣帝时期才开始被立为官学，随后大兴。《左传》只有在王莽、汉光武帝时期被立为官学，之后被废。在东汉明帝之后，开始形成了《春秋》三传并立的局面。不过，有汉一代，《公羊传》最为兴盛，地位也最为稳固。

就《左传》而言，在汉代远不及《公羊传》《穀梁传》受重视。具体来说，《左传》在汉代的最初传授者为秦博士张苍，张苍曾经师从荀子。秦汉之际，张苍《春秋》学一直属于私学，而且在民间传播，用的都是先秦古文字。《左传》在刘歆之前一直被看作史书，被称为《左氏春秋》，还没有人将它看成是《春秋》的传文，即使是《史记》也没有将它称为《左氏春秋传》。

《左传》虽然不像《公羊传》《穀梁传》那样被立为官学，但实际上，由于《左传》本身丰富的历史事实和深厚的思想底蕴，也一直得到了朝野上下的重视，《汉书·儒林传》记载：

> 汉兴，北平侯张苍及梁太傅贾谊、京兆尹张敞、太中大夫刘公子皆修《春秋左氏传》。谊为《左氏传》训故，授赵人贯公，为河间献王博士，子长卿为荡阴令，授清河张禹长子。禹与萧望之同时为御史，数为望之言《左氏》，望之善之，上书数以称说。后望之为太子太傅，荐禹于宣帝，征禹待诏，未及问，会疾死。授尹更始，更始传子咸及翟方进、胡常。常授黎阳贾护季君，哀帝时待诏为郎，授苍梧陈钦子佚，以《左氏》授王莽，至将军。而刘歆从尹

---

① 公孙弘也是著名的《公羊》学家，据《汉书》卷八十八《公孙弘传》记载："公孙弘以治《春秋》（即《公羊传》）为丞相封侯，天下学士靡然乡（向）风矣。"

咸及翟方进受。由是言《左氏》者本之贾护、刘歆。

据以上史料可知，在西汉，《左传》尽管一直没有被立为官学，但研习的人很多且多为高官，如北平侯张苍、梁太傅贾谊、京兆尹张敞、太中大夫刘公子，太子太傅萧望之、将军王莽、丞相尹咸、翟方进等人。汉景帝时期的河间献王刘德还为《毛氏诗》《左传》立地方博士。而刘歆是《左传》兴起过程中非常关键的一个人物：在刘歆之前，学者们研究《左传》一般也是了解历史、讲解大义，刘歆研究《左传》，曾向尹咸、翟方进等人请教，相互探讨，并开始用它来解读经书《春秋》，同时将《左氏春秋》改名为《左氏春秋传》，将它看成是和《公羊传》《穀梁传》一样解释《春秋》的经传之书①，希望朝廷将它立为官学。在刘歆的积极努力下，《左传》和《毛诗》《逸礼》《古文尚书》都被王莽立为官学，《左传》由此成为儒家经典之一，但王莽之后即被废除。

东汉时期的《左传》学，一般都出自刘歆。比如郑众便是师从刘歆学习《左传》。更为主要的是，受到刘歆的影响，东汉班固也将《左氏春秋》改称为《左氏传》或《春秋左氏传》，简称《左传》，这就标志着《左传》作为《春秋》的传文开始得到朝野的认可，正式成为经书之一。从此以后，这个名称一直沿用至今。当然，东汉时期针对《左传》发生了今古文的三次争辩②，对《左传》的兴起有重

---

① 《汉书》卷三十六《刘歆传》云："初《左氏传》多古字古言，学者传训故而已，及歆治《左氏》，引传文以解经，转相发明，由是章句义理备焉。"

② 第一次争辩是在汉光武帝刘秀时期，发生在陈元与今文博士范升之间的辩论。结果，陈元的古文派占了上风，汉光武帝同意将《左传》立为官学。第二次争辩是在汉章帝时期，于建初四年（79），在白虎观会议上，发生在贾逵与今文博士李育之间的争论。第三次是发生在东汉末年郑玄、何休之间，参与这场争论的还有汉代《左传》学的代表人物服虔。服虔曾撰有《春秋左氏传解谊》三十一卷，目前仅有辑本，佚文来自孔颖达《春秋左传正义》所引。通观其书，多用三《礼》解读《左传》。

要的推动作用，"自是《左氏》大兴"①。

（二）魏晋南北朝隋唐

两汉以后，进入了三国时代。三国经学以曹魏为盛。魏国王肃最为知名。《三国志·魏书·王肃传》称："初，肃善贾、马之学，而不好郑氏，采会同异，为《尚书》《诗》《论语》《三礼》《左氏》解，及撰定父朗所作《易传》，皆列于学官。"汉代之后，这是《左传》首次被列为官学，王肃所撰的《春秋左氏传注》三十卷，也被著录于《隋书·经籍志》。

实际上，在魏晋时期出现了对后世影响深远的《左传》重要著述，即西晋杜预《春秋左氏经传集解》。杜预（222—285），是西晋时期著名的政治家、军事家与学者，曾担任过曹魏尚书郎、镇南大将军、西晋司隶校尉等职。杜预《春秋》学的重要贡献，首先就是把《春秋》和《左氏春秋传》合编为《春秋左氏经传集解》，即以《春秋》为经文，以《左氏春秋传》为传文，每一年的《春秋》经文后面都编有同一年的《左传》传文，完全改变了《春秋》和《左传》独立流传的历史。另外，杜预为《左传》作注，即《春秋左氏经传集解》三十卷，是《左传》注解流传至今最早的一种，收入《十三经注疏》中。杜预在其著述中总结了《左传》的"凡例"。

南北朝时期，南朝用的是杜预《春秋左氏经传集解》，风格比较简明；北朝用的是服虔《春秋左氏传解谊》（服虔，东汉经学家，郑玄同时代人，当时郑玄想为《左传》作注，发现服虔所说和自己差

---

① ［宋］洪迈撰，孔凡礼点校：《容斋随笔》，容斋四笔卷二，中华书局，2015年，第502页。

不多，于是不作了）。

在隋统一南北朝之后，杜预《左传》学盛行，而服虔《左传》学以及《公羊》学、《穀梁》学都衰微了。如《隋书·经籍志》记载云："至隋，杜氏盛行，服义及《公羊》《穀梁》浸微，今殆无师说。"在隋唐时期，尽管政治上是北方统一南方，但在经学上却是南学统一北学，所以杜预之学取代服虔之学也是自然而然的事情。

在唐代，经学进入一个新的统一时代。五经学中最有影响的当属唐太宗时期孔颖达编纂的《五经正义》。其中《春秋正义》主要是以杜预《春秋左传集解》为基础，为之作疏，这就是《春秋左传注疏》（也称《春秋左传正义》），随后颁行天下，成为科举考试必读书。另外，还有徐彦以何休《春秋公羊解诂》为基础，作《春秋公羊传注疏》，梁启超评价徐彦的疏，说它"空言敷衍，毫无发明"[1]，可见这时《公羊》学已经衰微。杨士勋以范宁《春秋穀梁传集解》为基础，作《春秋穀梁传注疏》，这部书简洁、顺畅，非常精审。

到了中唐，经过安史之乱，唐王朝开始衰落，学者们开始借助《春秋》学来阐发治国安邦之术，其中啖助、赵匡、陆淳等人的贡献最大，后人称之为"啖赵学派"。

首先，他们对汉唐以来的《春秋》注疏表示质疑，强调"舍传求经"，就是不需要借助《春秋》三传，更不需要借助汉唐之际的经传注疏，而是直接从《春秋》经文中发挥圣人的微言大义。他们为《春秋》作注，既反对依赖《春秋》三传，也反对章句注疏之学，这种思想对宋代《春秋》学的发展产生了深远的影响，宋代学者研究《春秋》学基本上就是这种思路与方法。

---

① 梁启超：《中国近三百年学术史》，天津古籍出版社，2003年，第225页。

其次，啖赵学派在经学思想上倡导"尊王攘夷"。因为安史之乱实际上就是地方势力过于强大，而向皇权发起挑战，并发生了藩镇割据、皇权衰微的状况。另外，周边少数民族乘唐王朝内乱，纷纷进入中原，抢占领土。所以"啖赵学派"希望借助阐发《春秋》中"尊王攘夷"的思想，来为现实社会政治提供某种借鉴。

总而言之，啖赵学派的《春秋》学开启了唐宋之际"疑经惑传"与探究经书义理的经学思潮。受其影响，之后很多学者都开始摆脱《春秋》三传与章句注疏之学的束缚，直接探讨《春秋》中的微言大义、政治思想，比如冯伉《三传异同》、刘轲《三传指要》、韦表微《春秋三传总例》、陈岳《春秋折衷论》等都是如此。他们在经学注解上都注重舍传求经、以意逆志（即不遵循《春秋》三传的解释，而根据自己的理解来解释《春秋》，不过也容易造成穿凿附会）。在他们之后，"疑经惑传"的思潮得到继续发展，并直接影响到了其他经书的研究。一时之间，《春秋》学成为晚唐、五代时期的显学。后来，宋代学者也对啖赵学派这种经学解释的方法非常赞赏，并积极推广，这为宋代理学的兴起和建立奠定了重要的思想基础。

（三）宋元明清

宋元明清时期的《左传》学，较中古时期来说，整体上并不兴盛。不过，相对于中古时期的《左传》学，这一时期的研究理念、方法受到中唐啖赵学派、宋代胡安国《春秋传》的影响甚大。换言之，中国近世的《左传》学开始注重价值与意义，被纳入理学体系，加上《四书》学的昌盛，以至于整体上显得比较衰微。尽管在考据学盛行的清代，《左传》学名家辈出、著述繁多，但依然缺乏太多的发明，而注重对以往《左传》常见问题及内容的梳理、分析与阐发，由此清代成为中国古代《左传》学的集大成时代。

1. 宋代《左传》学

两宋时期，《春秋》学与《易》学同时为显学。其中《春秋》学继承并发展中唐啖赵学派研究《春秋》的思想与方法。比如宋代初年的胡瑗、孙复等人，他们研究《春秋》学力主要"舍传求经"或会通三传，旨在发挥《春秋》经文中的微言大义，这可以说开启了宋代《春秋》学的新思维，而孙复所撰的《春秋尊王发微》更是一部承前启后的经典之作。正如戴维先生所言：

> 如果说啖助诸人已启其先河，而孙复则是突破式人物。……《春秋尊王发微》（注：孙复撰）的历史功绩不在其结果上，而是在对宋以后的影响及作用上，宣告了《春秋》学新局面的开始。同时也是中国思想界的一次变革，由此改变了已往思想发展的方向，改变了思维模式，产生出宋学。①

胡瑗、孙复等人以新的方式研究《春秋》学，摆脱汉唐以来各家各派注解的束缚，开始注重经书本身的思想义理，这在一定程度上不但对《春秋》学有影响，对其他经书也有深远的影响，这是宋代《春秋》学的第一个里程碑。

随着儒学的深入发展，以二程为代表的理学家建构了新的儒学思想体系——理学，并开始用理学来解读《春秋》，发挥《春秋》中所蕴含的理学思想，形成了理学派《春秋》学，这对于南宋时期《春秋》学的影响更加非常深远，这可以说是宋代《春秋》学的第二个里程碑。后来的理学后传弟子基本上都继承、发展了二程《春秋》

---

① 戴维：《春秋学史》，湖南教育出版社，2004年，第317页。

学的思想与方法，比如胡安国《春秋传》、杨时《春秋说》、张九成《春秋讲义》、吕祖谦《东莱博议》、魏了翁《春秋要义》等，他们都从理学的角度出发来注解《春秋》乃至《左传》。

就胡安国《春秋传》而言，它在《春秋》学与经学史上都具有重要的意义。胡安国私淑二程之学，注重以理解经，通过《春秋传》来传扬二程理学，这在宋代经学、理学史上具有重要的影响，后来南宋理学家真德秀将胡安国所代表的湖湘学看成是二程洛学传承上的重要一支①。胡氏《春秋传》颇具特色，他一方面兼采众家之长，超越《公羊》《榖梁》之学的束缚，不拘门户之见，极力突出《春秋》大义；另一方面寓天理理念于其中，用理学家的天理伦常、纲常名教的观念，来论证《春秋》"尊王攘夷"之大义。在他看来，天理不但是人伦道德、纲常名教的根本所在，也是尊王攘夷、惩恶扬善的重要理论依据。胡安国《春秋传》是二程理学派《春秋》学思想的继续与发展，它在宋代后期乃至后世都产生了很大影响。

胡安国《春秋传》对《春秋》学的传承、发展贡献巨大，对《左传》学的发展也是如此。由于宋代强调"舍传求经""会通三传"的研究思路与方法，以至于专门研究《左传》学的著述非常少，只有苏辙、叶梦得、吕祖谦等人有专书，其他多涉及具体的经文、传文以及《左传》学的一些基本问题，比如关于《左传》的成书时间、《左传》与《春秋》的关系、《左传》一书的性质，等等。总之，在强调思想义理的宋代，《左传》以史实见长自然没有得到太多的重视，何况宋人基本上延续了啖赵学派会通三传的做法，并以胡安国为典范，直接影响了两宋时期的《春秋》学。对此正如皮锡

---

① ［宋］真德秀：《西山读书记》卷三十一《邵子之学》，文渊阁四库全书本。

瑞所言："今世所传合三《传》为一书者，自唐陆淳《春秋纂例》始。淳本啖助、赵匡之说，杂采三《传》，以意去取，合为一书，变专门为通学，是《春秋》经学一大变，宋儒治《春秋》者皆此一派，如孙复、孙觉、刘敞、崔子方、叶梦得、吕本中、胡安国、高闶、吕祖谦、张洽、程公说、吕大圭、家铉翁，皆其著者，以刘敞为最优，以胡安国为最显。"① 随着理学化经学的盛行，《左传》也被纳入理学解释的体系，理学化的《左传》学也成为宋代乃至之后的基本发展模式。

2. 元明《左传》学

元明时期，胡安国《春秋传》被作为科举考试的必读书，成为当时最有影响力的《春秋》学著述，而这种解经范式也直接影响到了《左传》学。可以说，元明时期，《春秋》学的发展基本上墨守宋代仪轨，很少有发明，成为《春秋》学乃至《左传》学史上的衰微时期。

元代俞皋《春秋集传释义大成》、李廉《春秋诸传会通》、汪克宽《春秋胡传附录纂疏》等著述，皆羽翼胡《传》而作。明成祖时期编撰的《五经大全》，其中《春秋大全》基本上便是沿袭元人汪克宽《春秋胡传附录纂疏》。

另外，黄虞稷《千顷堂书目》著录有明人的《春秋》类著述二百多种，其中以《左传》为题的有四十多种。《明史·艺文志》著录的《春秋》类著述一百三十一部，其中以《左传》为题的有二十多部。整体来看，《左传》学并不发达，为学者多注重胡安国《春秋传》，虽然也有学者对《左传》常见的问题如《左传》的作者、成书时间、性质、义例等做了探究，但多延续了宋元时期的《左传》学

---

① [清] 皮锡瑞:《皮锡瑞集》，岳麓书社，2012 年，第 1579 页。

框架及内容，鲜有发明。

3. 清代《左传》学

到了清代，《春秋》学进一步发展，戴维先生将其分为三个时期①。第一期，即清代前期，大约相当于康熙以前时期，约有八十多年，经学发展呈现汉宋兼采的局面。清王朝为了巩固统治，依旧利用程朱理学来统治思想，官方主持编纂了《日讲春秋解义》与《钦定春秋传说汇纂》。另外，由于康熙不喜胡安国《春秋传》，便有俞汝言、张尚瑗、张自超等人以程朱之学为根底，批判胡安国《春秋传》。另外，为了批驳明末虚浮的学风，顾炎武、王夫之注重以考证的方法研究《春秋》，这对清代《春秋》学产生了深远的影响。这一时期代表性的著述有马骕《左传事纬》、高士奇《左传纪事本末》、江永《春秋地理考实》、顾栋高《春秋大事表》等等。

第二期，即清代中期（乾嘉时期），朴学大兴，汉代古文经学大兴。同时随着朝廷文化高压政策的实施，学者转向考据之学，并形成了吴、皖、扬州、常州等多个学术群体，他们多从训诂考据的角度研究《春秋》，代表人物如惠栋、钱大昕、洪亮吉、王引之、阮元、焦循、孔广森、庄存与、刘逢禄等人。这一时期《左传》学的代表作有惠栋《左传补注》、洪亮吉《春秋左传诂》、沈钦韩《春秋左氏传补注》、焦循《春秋左传补疏》、刘文淇《春秋左氏传旧注疏证》等。

第三期，即清代晚期，相当于道咸以后直到清王朝灭亡，西汉今文学大兴，特别是《公羊》学成为显学，一时风靡。这一时期，学者多希望从《春秋》发掘出对社会有用的思想，如龚自珍、魏源、

---

① 戴维：《春秋学史》，湖南教育出版社，2004 年，第 419 页。

廖平、康有为等人皆是如此。

　　整体来说，清代《左传》学著述甚多、名家辈出，在研究思路与方法上注重考证、实证，突出对史实、文字、典制、名物、地理等的关注。尽管有很多学者对杜注继续传承、考证，但也有相当多的学者尤其是研习《左传》的学者对孔颖达舍弃贾逵、服虔注而采纳杜预注解的做法颇为不满，如顾炎武《左传杜解补正》、惠栋《左传补注》、洪亮吉《春秋左传诂》等，实则都是在对杜注进行梳理、考辨，也有旨在破除杜注而再立汉注之意。李贻德《春秋左氏传贾服注辑述》、刘文淇《春秋左氏传旧注疏证》则对汉代旧注做了辑佚，以期恢复贾逵、服虔等人之说，等等。总之，清代诸儒对于以往《左传》学多有继承与发展，使得清代成为中国古代《左传》学发展历史上的重要时代。

参考文献

（一）基础文献

　　[汉] 何休注，[唐] 徐彦疏：《春秋公羊传注疏》，《十三经注疏》本，杭州：浙江古籍出版社，1998 年版。

　　[晋] 杜预注，[唐] 孔颖达疏：《春秋左传正义》，《十三经注疏》本，杭州：浙江古籍出版社，1998 年版。

　　[晋] 范宁集解，[唐] 杨士勋注疏：《春秋穀梁传注疏》，《十三经注疏》本，杭州：浙江古籍出版社，1998 年版。

　　[唐] 刘知幾撰，[清] 浦起龙释：《史通通释》，上海：上海古籍出版社，1978 年版。

　　[宋] 胡安国著，钱伟彊点校：《春秋胡氏传》，杭州：浙江古籍出版社，2010 年版。

〔宋〕真德秀：《西山读书记》，文渊阁四库全书本。

〔清〕朱彝尊：《经义考》，北京：中华书局，1998 年版。

〔清〕章学诚著，叶瑛校注：《文史通义校注》，北京：中华书局，1985 年版。

〔清〕刘文淇撰，中国科学院历史研究所第一、二所资料室整理：《春秋左氏传旧注疏证》，北京：科学出版社，1959 年版。

〔清〕姚鼐：《惜抱轩文集·左传补注序》，济南：山东画报出版社，2004 年版。

〔清〕崔述撰著，顾颉刚编订：《崔东壁遗书》，上海：上海古籍出版社，1983 年版。

（二）研究论著

蔡尚思：《中国古代学术思想史论》，上海：上海古籍出版社，2013 年版。

戴维：《春秋学史》，长沙：湖南教育出版社，2004 年版。

冯天瑜：《中华元典精神》，上海：上海人民出版社，1994 年版。

傅隶朴：《春秋三传比义》，北京：中国友谊出版公司，1984 年版。

龚留柱：《春秋弦歌——〈左传〉与中国文化》，开封：河南大学出版社，2004 年版。

顾颉刚：《春秋三传及国语之综合研究》，成都：巴蜀书社，1988 年版。

黄觉弘：《左传学早期流变研究》，北京：中国社会科学出版社，2010 年版。

胡念贻：《〈左传〉的真伪和写作时代问题考辨》，《文史》第十一辑，北京：中华书局，1981 年版。

蒋庆：《公羊学引论——儒家的政治智慧与历史信仰》，沈阳：辽宁教育出版社，1995 年版。

刘黎明：《〈春秋〉经传研究》，成都：巴蜀书社，2008 年版。

平飞：《经典解释与文化创新——〈公羊传〉"以义解经"探微》，北京：人民出版社，2009 年版。

孙锡芳：《〈清代〉左传学研究》，北京：中国社会科学出版社，2017 年版。

沈玉成、刘宁：《春秋左传学史稿》，南京：江苏古籍出版社，1992 年版。

王维堤、唐书文：《春秋公羊传译注》，上海：上海古籍出版社，2004 年版。

王维堤：《左传讲读》，上海：华东师范大学出版社，2010 年版。

杨伯峻：《春秋左传注》，北京：中华书局，2009 年版。

张新科主编：《〈左传〉学术档案》，武汉：武汉大学出版社，2016 年版。

赵伯雄：《春秋学史》，济南：山东教育出版社，2004 年版。

赵生群：《〈春秋〉经传研究》，上海：上海古籍出版社，2000 年版。

春秋公羊传

《春秋》三传是对《春秋》的注解之作，据《汉书·艺文志》记载，孔子去世之后注解《春秋》的有五家，分别是：《春秋左氏传》《春秋公羊传》《春秋穀梁传》《春秋邹氏传》《春秋夹氏传》。由于在汉代"公羊、穀梁立于学官。邹氏无师，夹氏未有书"，所以存于后世者，唯有《左传》《公羊传》《穀梁传》。《春秋公羊传》在中国古代影响非常大，尤其是在两汉、清朝时期，它们对于当时的政治、文化影响非常直接。其中，两汉时期，董仲舒基于对《公羊传》的研究，建构天人感应的思想体系，对汉唐之际的思想文化影响非常深远。清朝后期，今文经学兴起，康有为等人便借助《公羊》学开始变革维新，对当时的社会政治有直接的影响。

一、《公羊传》的成书及传承

（一）《公羊传》的成书

《公羊传》是《春秋》三传中最早得到承认的一部经书，它的作者相传是齐人公羊高，颜师古《汉书注》、唐人徐彦《公羊疏》都认为他是子夏门人。不过，根据唐人徐彦的说法，《公羊传》最初源头也是孔子口授，然后由子夏传给后人：

> 孔子至圣，却观无穷，知秦无道，将必燔书，故《春秋》之说口授子夏。度秦至汉，乃著竹帛。（《春秋公羊传注疏·序》）

意思是说，孔子是个圣人，能够预测到后世发展，知道后世必将焚烧儒家典籍，于是他将《春秋》大义（《公羊传》）口授给了子夏，后来子夏又口授给后传弟子，以至传承不绝。对于《公羊传》从孔子到汉代的传承谱系，《公羊解诂》徐彦疏引汉人戴宏就说：

> 子夏传与公羊高，高传与其子平，平传与其子地，地传与其子敢，敢传与其子寿。至汉景帝时，寿乃共弟子胡母（毋）子都著于竹帛。（《春秋公羊传注疏·序》）

从以上可以看出，《公羊传》从孔子、子夏开始，在随后三百年左右的时间里，主要由齐人公羊氏家族的五代人（高、平、地、敢、寿）在家族内部口耳传承。这就表明，齐人公羊高作为子夏的弟子，曾经根据子夏对于《春秋》的理解与传承，基于齐学的思想文化，从而形成《公羊传》之原本。

可见，公羊高既不是《公羊传》的创作者，也不是定本作者，而是传承者之一。虽然汉人戴宏说《公羊传》经由子夏与公羊家族中的五个人传承，并最终成书，但是这很难符合现实逻辑，因为从子夏到汉代公羊寿中间有三百年左右，而传承者只有五代人，这就是说每人平均得活六十岁左右，这在古代是不太现实的。实际的情况则是，在子夏及公羊家族中比较杰出的五人一起传承《公羊传》的时候，还有很多不太有名的学者也参与了《公羊传》的传承与发展。对此，四库馆臣也如此认为：

> 今观传中有"子沈子曰""子司马子曰""子女子曰""子北宫子曰"，又有"高子曰""鲁子曰"，盖皆传授之经师，不尽出于公羊子。①

---

① 《四库全书总目提要》卷二十六《经部·春秋类一·〈春秋公羊传注疏〉》。

的确，在今本《公羊传》中，除了公羊子之外，还出现了其他至少六位传承人：子沈子、子司马子、子女子、子北宫子、鲁子、高子等，而且他们的话语也出现在了《公羊传》的正文中，比如《公羊传》隐公十一年在解释经文"冬，十有一月，壬辰，公薨"时就说道：

> 何以不书葬？隐之也。何隐尔？弑也。弑则何以不书葬？《春秋》君弑，贼不讨，不书葬，以为无臣子也。子沈子曰："君弑，臣不讨贼，非臣也。不复仇，非子也。葬，生者之事也。《春秋》君弑，贼不讨，不书葬，以为不系乎臣子也。公薨何以不地？不忍言也。隐何以无正月？隐将让乎桓，故不有其正月也。

这里便出现了"子沈子"的话，这句话就是《公羊传》内容的一部分，由此说明他也是《公羊传》这部书的传承者、完善者之一，或者说是《公羊传》的作者之一。又比如：

> 戊辰，公即位。癸亥，公之丧至自乾侯，则曷为以戊辰之日然后即位？正棺于两楹之间，然后即位。子沈子曰："定君乎国，然后即位。"即位不日，此何以日？录乎内也。（《春秋公羊传注疏·定公元年》）
>
> 十有二月甲寅，公会齐侯，盟于扈。桓之盟不日，此何以日？危之也。何危尔？我贰也。鲁子曰："我贰者，非彼然，我然也。"（《春秋公羊传注疏·庄公二十三年》）
>
> 齐人伐山戎。此齐侯也，其称人何？贬。曷为贬？子司马子曰："盖以操之为已蹙矣。"此盖战也，何以不言战？《春秋》敌者言战，桓公之与戎狄，驱之尔。（《春秋公羊传注疏·庄公三十年》）

据不完全统计，《公羊传》中出现鲁子的地方有六处、子沈子有三处、子公羊子与高子有两处、子司马子、子女子、子北宫子各有一处，总共十多处，这都是标明作者姓氏的，还有很多没有标明的。这些都说明当时传承《公羊传》并非公羊氏一家，还有其他很多家。对此正如何休在其《解诂》中解释《公羊传》庄公三年"鲁子曰"时所说：

> 传所记鲁子者，欲言孔氏之门徒受《春秋》非唯子夏，故有他师矣。其《隐十一年》传记子沈子者，欲明子夏传非独公羊氏矣，故辄记其人以广义也。

何休认为，传承《春秋》的并非只有子夏，还有其他经师，另外，传承《公羊传》也并非只有公羊氏，还有子沈子等其他人。总之，正是经由子夏及公羊氏家族，还有其他众多的《公羊》学者一道完成了该书的传承与完善，使之最终在汉代成为定本。

由于孔子之后，一直到汉代，《公羊传》都主要是经由公羊氏家族内部口耳相传，也没有被写在简帛上，所以，直到汉景帝时期，子夏的后传弟子公羊寿和他的弟子齐人胡毋子都才将《公羊传》书写在了简帛上，以供学者们研习。这就表明《公羊传》并非一人一时完成，而是主要由公羊家族集体传承，甚至也有对他人思想成果的吸纳，最终形成了《公羊传》一书。此外，由于《公羊传》主要在齐地传承，故它汲取了齐学的很多思想。正如有学者认为，《公羊传》及《公羊》学乃是齐学的集中体现：

> 《公羊传》绝非公羊氏一家之学，而是整个齐学的成果结晶，是战国儒家齐学学者的共同成果，它的准确命名应当如"齐诗""齐论语"一样，称之为"齐春秋"。此外，孟子、荀子等人的思想也对《公羊传》的形成有较大影响，《公羊传》还吸收某些鲁学者的观

念。绝不能因《公羊传》之名，便将其著作权仅归于公羊氏名下，否则，就会出现三五百年中仅公羊氏家传其学等无根之谈。①

黄开国的观点指出了《公羊传》成书的基本逻辑，那就是公羊氏家族虽然有一定的贡献，但并不说明这部书乃其一个家族所传承，而是经过很多代、很多齐地学者的集体努力，最后才形成了《公羊传》一书。

（二）《公羊传》在汉代的传承

孔子之后，经过子夏、公羊高等人的传承，一直到汉代景帝时被写到简帛上，其间经历了数代人的努力。对于《公羊传》从孔子到汉代的传承谱系，如汉人戴宏所说，从孔子、子夏开始一直到汉代，在这三百年左右的时间中，主要由齐人公羊氏家族的五代人（高、平、地、敢、寿）在家族内部口耳传承。到了公羊寿这一代，也就是在汉景帝初年，他和弟子胡毋子都才将《公羊传》用汉代通行的隶书写在简帛上，是为《公羊传》。《穀梁传》的写定要稍晚于《公羊传》。与此同时，其他经书如《诗经》《仪礼》《易经》《左传》等已经在士大夫中间流传了。

胡毋子都，是汉景帝时期的博士，他和董仲舒同时，后来胡毋子都年老回到家乡齐地，在当地传播《公羊》学，齐人研究《春秋》学都以胡毋子都为宗师，公孙弘为其知名弟子之一。董仲舒作为汉代《公羊》学的大家，更是在《公羊传》的基础上对这部书的理论进行阐发，从而形成了《公羊》学。董仲舒的弟子非常多。可以说，董仲舒相对于胡毋子都来说，在汉代《公羊》学体系的建构中具有

---

① 黄开国：《公羊学发展史》，人民出版社，2013年，前言，第2页。

开创之功。董仲舒的公羊学思想得到了汉武帝的认可，以至于《公羊传》在建元五年（前136）被汉武帝立为博士。相比较而言，汉宣帝时期，《穀梁传》才被立为官学，比《公羊传》晚了七十多年。

《公羊传》被立为官学之后，得到了汉代众多儒士大夫的尊崇与研习。《公羊传》在汉代代表的是今文经学，而《左传》则代表古文经学，这两家在汉代也产生了很多的论争，其中最有代表性的有三次。

《公》《左》之间的论争始于西汉末年哀帝时期的刘歆。刘歆从皇家图书馆发现了古本《左传》，并建议汉哀帝将之立为官学。但是，此举遭到了《公羊传》等所代表的今文经学家们的驳斥，以至于《左传》并没有立为官学。到了汉平帝时期，刘歆借助王莽的力量，最终将《左传》设立为官学，由此开启了《春秋》三传并立为官学的时代。这是《公羊传》与《左传》的第一次论争，随着《左传》等古文经学的被重视，《公羊传》的官学地位开始受到威胁，其崇高形象也开始动摇。

《公羊传》与《左传》的第二次论争是在汉光武帝时期。随着王莽的垮台，《左传》失去了官学的地位。汉光武帝即位之后，当时的韩歆、陈元等人力主将《左传》立为官学，虽然遭到了朝中儒士大夫比如范升等人的反对，而最终《左传》没有被立为官学，但是《公羊传》的影响在此时也进一步下降。

《公羊传》与《左传》的第三次论争开始于汉章帝时期，并延续了若干年，一直到汉末，最终以《左传》的胜利而告终。在这一时期，贾逵、服虔、郑玄等人极力宣扬《左传》，虽然也遭到了公羊学者李育、何休等人的反击，但最终，《左传》在儒士大夫中广泛传播，最终《左传》学得到了普遍的认可，而公羊学日渐衰微。

　　尽管东汉时期《公羊》学的发展开始衰微，但也出现了很多《公羊》学家，其中最有名的当属何休。何休是董仲舒的四传弟子，他精通《公羊》学，《后汉书》说他曾经大门不出，花了十七年时间写成了《春秋公羊经传解诂》一书。何休之所以如此倾心《公羊》学并为之作解诂，这和东汉《春秋》今古文之争有一定的关系。因为《公羊》学发展到东汉，一方面，人们多注重章句之学，以至于讲了百万多句，烦琐但却不得要领；另一方面，人们一般都借助《公羊传》说谶纬迷信，以至于真正的经义知道的人很少。在这种情形下，何休吸收了胡毋生、董仲舒、严彭祖、颜安乐、羊弼（其师）等人《公羊》学的精华，继续对《春秋》中的春秋笔法与微言大义进行研究，除了提出了"三科九旨"①之说外，还极力发挥大一统、君权神授、三纲五常等理论，著成了流传千古的名作《春秋公羊经传解诂》一书，重新恢复了《公羊》学的地位。这部书是《公羊传》现存最早而且最精的注解本，清阮元主持刊刻的《十三经注疏》中的《公羊传》用的就是这个注本。

二、《公羊传》如何解读《春秋》

　　孔子作《春秋》，利用语言本身的隐喻性与象征性，借助具体的历史事实来表达自己的"言外之意"或"深层意义"，即后世常说的微言大义，而《公羊传》和《穀梁传》通过设问的形式，重点分析《春秋》微言大义和春秋笔法，揭示孔子《春秋》所要表达的政治思

---

　　① 何休在《春秋文谥例》中说："新周，故宋，以《春秋》当新王，此一科三旨也。所见异词，所闻异词，所传闻异词，此二科六旨也。内其国而外诸夏，内诸夏而外四夷，此三科九旨也。"

想，后世将这种解经方式称为"以义解经"。

（一）阐发《春秋》大义

《春秋》三传都是解释《春秋》的著作，不过《左传》采用以事解经的方法，比如《左传》解释经文"郑伯克段于鄢"六个字非常细腻。相比而言，《公羊传》则注重以义解经，尤其是多通过设问的形式，来阐发《春秋》中的微言大义。比如同样对《春秋》经文"郑伯克段于鄢"，《公羊传》的解释则是：

> 克之者何？杀之也。杀之，则曷为谓之克？大郑伯之恶也。曷为大郑伯之恶？母欲立之，己杀之，如勿与而已矣。段者何？郑伯之弟也。何以不称弟？当国也。其地何？当国也。齐人杀无知，何以不地？在内也。在内，虽当国不地也。不当国，虽在外亦不地也。（《春秋公羊传注疏·隐公元年》）

《公羊传》的这句话翻译过来便是说：

> 克是什么意思？是杀的意思。杀为什么把它说成是克？是强调郑庄公的恶。为什么强调郑庄公的恶？母亲是想要立段，自己却把段杀了，不如不给他地盘算了。段是什么人？是郑庄公的弟弟。为什么不称弟弟？是因为他与国为敌。写明地点是为什么？是因为与国为敌。齐人杀公孙无知，为什么不写明地点？因为发生在国都之内。发生在国都之内，虽然与国为敌，也不写明地点。不与国为敌，虽然在国都之外，也不写明地点。

从以上可以看出，《公羊传》以设问的形式，对《春秋》"郑伯克段于鄢"的春秋笔法与微言大义作了解释，通过它的揭示，我们可以得知孔子《春秋》"郑伯克段于鄢"蕴含着三层意思：

第一，《春秋》之所以不用"杀"，而用"克"，乃是因为这已经不是单纯的杀人，而是郑庄公与共叔段所代表的两个敌对国在战斗，这无疑是在谴责共叔段不遵守弟弟和臣子的责任，僭越礼制，使得自己成为郑国的敌人。

第二，《春秋》之所以不用"弟"，而用"段"，直呼其名，也不称他的爵位，孔子在这里是贬斥共叔段已经丧失了做弟弟与臣子的道义。同时，也贬斥了郑庄公，认为他不及时教化弟弟，还纵容他，使得共叔段最终起兵造反，在孔子看来，共叔段的最终起兵造反，也是郑庄公蓄意所为。

第三，共叔段在鄢这个地方被打败，然后逃到了"共"。孔子之所以写"于鄢"，而不写共叔段出奔共，就是想表明郑庄公要在鄢这个地方杀死自己的弟弟，这样一来就进一步谴责了郑庄公没有亲亲之道，没有仁义可言。

通过《公羊传》的解释，我们可以对孔子的春秋笔法、春秋大义有直观的认识与理解，知道孔子为什么这样叙述，而不那样解释的用意所在。正是通过一问一答的形式，《公羊传》对孔子《春秋》所蕴含的大一统（天下统一于周天子）、君臣等级礼仪（尊崇君主，强调尊卑有序的等级秩序）、尊王攘夷（尊崇周天子而贬斥四方夷狄）、宗法伦理道德（亲亲之道）等思想作了深入分析。

另外，《公羊传》在形式上与《穀梁传》颇为相似，但是两者在《春秋》大义的解读上，重心有所不同。《公羊传》注重阐发《春秋》蕴含的政治大义，主张天人感应、大一统、尊王攘夷与社会等级礼制，注重强化王权体制。而《穀梁传》注重解释《春秋》经文本义，强调礼仪道德教化与宗法血缘伦理。比如同样在解释《春秋》隐公元年"郑伯克段于鄢"这句经文时，二者都解释了不称"段"为弟弟的原因，《公羊传》说"当国也"，意思是说，段企图篡权当国君，所以当杀，这是从维护王权等级礼制出发来解释的；而《穀梁传》则解释说"贬之也。段失子弟之道矣"，意思是说，段失去了做臣子、弟弟的原则，这是从宗法伦理的角度出发的。相比较而言，《公羊传》更加注重政治层面，而《穀梁传》注重伦理层面，这在一定程度上也是齐学与鲁学的重要区别。当然，《公羊传》《穀梁传》虽然在解释重心上有所不同，但目的都是维护周代礼仪与尊卑有序的王权等级秩序。

总之，《公羊传》解释《春秋》的本旨，不仅仅是解释史实，也不完全是解释经义，或者说《公羊传》对《春秋》史实的理解也未必到位，它重在借助经学解释，来宣扬或建构公羊学思想体系。当然，并非仅仅《公羊传》如此，孔子编纂《春秋》的本意也是如此。正如清人皮锡瑞《经学通论·四·春秋》对《春秋》编纂特点所评价的：

> 鲁隐非真能让国也，而《春秋》借鲁隐之事，以明让国之义；而《春秋》借祭仲之事，以明知权之义；齐襄非真能复仇也，而《春秋》借齐襄之事，以明复仇之义；宋襄非真能仁义行师也，而《春秋》借宋襄之事，以明仁义行师义。所谓"见之行事，深切著明"，孔子之意，盖是如此。故其所托之义，与其本事不必尽合，孔子特欲借之以明其作《春秋》之义，使后之读《春秋》者，晓然知其大义所存，较之徒托空言而未能征实者，不益深切而著明乎？[①]

由于孔子在编纂《春秋》的时候，就开始注重通过历史事实来

---

① 《皮锡瑞集》，岳麓书社，2012年，第1536页。

宣扬自己的儒家思想，希望建构一个基于传统礼学体系的新仁学思想体系。因此，这种历史撰写的特质，实际上是一种政治行为，也是一种价值与文化的行为。

（二）揭示《春秋》笔法

《公羊传》以义解经，也就是说重点解释《春秋》的原则和思想，所以它对《春秋》中的笔法多有总结与分析。

比如，"书与不书"指的是孔子编纂《春秋》时对史料、史实的选择原则，"书"就是应该记载，而"不书"就是按照孔子的编纂思想是不该记录的。孔子的"书与不书"非常严谨，正如司马迁所评价的，"（孔子）为《春秋》，笔则笔，削则削，子夏之徒不能赞一辞"（《史记·孔子世家》）。就是说，孔子对史实的选择非常苛刻，连精通经学、史学的子夏也都未能提出批判性的意见。《春秋》三传对孔子的《春秋》书法做了总结，认为书与不书都有特别的用意，其中都蕴含着非常深厚的思想。

《公羊传》对《春秋》笔法做了总结，认为书与不书主要是通过"书与不书""言与不言""记与不记""录与不录""日与不日"等几种形式展现的[①]：

> 桓公五年："冬，州公如曹。"《公羊传》："外相如不书，此何以书？过我也。"（《春秋公羊传注疏·桓公五年》）
>
> 哀公三年："五月，辛卯，桓宫、僖宫灾。"《公羊传》："此皆毁庙也，其言灾何？复立也。曷为不言其复立？《春秋》见者不复

---

① 对此，赵友林《〈春秋〉三传书法义例研究》做了总结，可参考（赵友林：《〈春秋〉三传书法义例研究》，人民出版社，2010年，第46—47页）。

见也。何以不言及？敌也。何以书？记灾也。"(《春秋公羊传注疏·哀公三年》)

隐公三年："三月，庚戌，天王崩。"《公羊传》："何以不书葬？天子记崩不记葬，必其时也。诸侯记卒记葬，有天子存，不得必其时也。曷为或言崩或言薨？天子曰崩，诸侯曰薨，大夫曰卒，士曰不禄。"(《春秋公羊传注疏·隐公三年》)

庄公二年："秋，七月，齐王姬卒。"《公羊传》："外夫人不卒，此何以卒？录焉尔。曷为录焉尔？我主之也。"(《春秋公羊传注疏·庄公二年》)

庄公二十八年："春，王三月，甲寅，齐人伐卫。卫人及齐人战，卫人败绩。"《公羊传》："伐不日，此何以日？至之日也。战不言伐，此其言伐何？至之日也。《春秋》伐者为客，伐者为主，故使卫主之也。曷为使卫主之？卫未有罪尔。败者称师，卫何以不称师？未得乎师也。"(《春秋公羊传注疏·庄公二十八年》)

总之，《公羊传》对《春秋》的这些内容作了分类，其中"书与不书"的形式最多，共计约二百余例，涉及的内容有政治、外交、争战、礼仪、灾异等多个方面。

又比如，《春秋》作为编年体史书，非常重视时间因素，对日、月、时三个时间要素尤其重视，毕竟它们构成了一年四季。当然，在具体的历史叙事过程中，并不是对每一个事件的记载都会具备日、月、时三者，有时只记载日，或者月，或者时，或者其中的两者。不论如何，在《公羊传》看来，这些都蕴含着圣人的微言大义，蕴含着深厚的思想。

《公羊传》对《春秋》中出现的各种日月时的记载，都有一定的阐发。比如在《春秋》中有很多地方都只有年月日，而没有具体的史实记载，对此《公羊传》在隐公六年对《春秋》经文"秋七月"做了解释：

> 此无事，何以书？《春秋》虽无事，首时过则书。首时过，则何以书？《春秋》编年，四时具，然后为年。

《公羊传》认为，《春秋》中有的只有年月，但没有记载史实，那是因为《春秋》作为编年体史书，对每个季度的第一个月，即使没有事情也要标出月份，只有这样才能具备四时，才能体现编年体史书的基本特征。另外，由于年月日时象征着天道，即使不记载历史事实，也要记载年月日时，这是对天道的重视。

又比如，在孔子《春秋》中，与历史人事相关的还有称谓，称谓的不同也体现了作者的微言大义。正如孔子有"正名"的思想，所谓名正才言顺①。所以在《春秋》中，有关诸侯国、君臣、表明身份的姓氏及谥号、表示等级的称谓等等，这些都极为关键。如《公羊传》在解释《春秋》庄公十年经文"秋九月，荆败蔡师于莘，以蔡侯献舞归"时云：

> 荆者何？州名也。州不若国，国不若氏，氏不若人，人不若名，名不若字，字不若子。蔡侯献舞何以名？绝。曷为绝之？获也。曷为不言其获？不与夷狄之获中国也。

在这里，《公羊传》认为，《春秋》对楚国之所以用"荆"，是为了贬低楚国，毕竟它是夷狄之国，孔子《春秋》强调华夷之辨，故这样写的目的就是"不与夷狄之获中国也"。具体言之，在《公羊

---

① 《论语·子路》有云："名不正，则言不顺。言不顺，则事不成。事不成，则礼乐不兴。礼乐不兴，则刑罚不中。刑罚不中，则民无所措手足。"

传》看来，荆只是一个州的名称，而不是国家。何况，在称谓上，州、国、氏、人、名、字、子这七者都有不同的含义，其中称呼州是最低的称谓层次，用最低层次的荆来称呼楚，无疑是极力贬低被中原各国视为夷狄的楚国，充分凸显了孔子华夷之辨的思想。

总之，《公羊传》通过揭示《春秋》笔法的形式，进一步传承、发展了孔子正名、礼学等方面的思想，这对于了解孔子《春秋》及其政治理念都有重要的价值与意义。

（三）注解《春秋》史实

《公羊传》虽然在很多地方也注解了《春秋》的史实，不过与专门注重以史实解读《春秋》经文的《左传》不同，它在很多方面有自己的特点。需要注意的是，《公羊传》在很多史实的记载上，也颇有文学性。比如对《春秋》庄公十二年经文"秋八月甲午，宋万弑其君接及其大夫仇牧"进行注解时就说道：

> 及者何？累也。弑君多矣，舍此无累者乎？孔父、荀息皆累也。舍孔父、荀息无累者乎？曰："有。"有则此何以书？贤也。何贤乎仇牧？仇牧可谓不畏强御矣。其不畏强御奈何？万尝与庄公战，获乎庄公。庄公归，散舍诸宫中，数月然后归之。归反为大夫于宋。与闵公博，妇人皆在侧。万曰："甚矣，鲁侯之淑，鲁侯之美也！天下诸侯宜为君者，唯鲁侯尔！"闵公矜此妇人，妒其言，顾曰："此虏也！尔虏焉故，鲁侯之美恶乎至？"万怒搏闵公，绝其脰。仇牧闻君弑，趋而至，遇之于门，手剑而叱之。万臂搬仇牧，碎其首，齿著乎门阖。仇牧可谓不畏强御矣。

同样是上句经文，《左传》庄公十二年的解释是这样的：

十二年秋，宋万弑闵公于蒙泽。遇仇牧于门，批而杀之。遇大宰督于东宫之西，又杀之。立子游。群公子奔萧。公子御说奔亳。南宫牛、猛获帅师围亳。

关于宋万弑杀宋闵公的历史背景是这样的：宋国大力士宋万曾经和鲁庄公交战，后被鲁庄公俘虏，并被关押在鲁国宫中几个月，随后才被放回宋国。回到宋国以后，宋万做了大夫。有一次与宋闵公下棋，周围有后宫女子围观。宋万就对宋闵公说，鲁庄公很善良，很懂礼仪，天下的诸侯应该向他学习。当时闵公不太高兴，就对周围的女子说，这是个俘虏，要不然怎么夸赞鲁庄公。宋万非常愤怒，就杀死了宋闵公，随后还杀死了前来救驾的大夫仇牧。对于此事，《左传》的解释就非常简略，也没有就宋万为什么杀宋闵公与仇牧进行详细的解释。相反，《公羊传》则做了清晰的解释，而且还就宋万杀宋闵公与仇牧的过程做了具有文学性的叙述，体现了宋闵公不遵守君臣之道，随意开玩笑导致被杀。《春秋》经文"宋万弑其君接"，直接写出了宋闵公的名字"接"，以表明宋闵公该杀，所以对他直呼其名。《公羊传》对于宋万杀仇牧的过程，也做了较为细致描述，提出了仇牧的"不畏强御"的性格。

《公羊传》对《春秋》中的史实进行注解，虽然与《左传》相同者为多，但也有很多对史实的记载由于角度不同，也呈现了不同的情形，由此可以与《左传》的记载相互补充。比如，同样是对《春秋》经文"癸未，葬宋穆公"的解释，《左传》隐公三年是这样写的：

宋穆公疾，召大司马孔父而属殇公焉，曰："先君舍与夷而立寡人，寡人弗敢忘。若以大夫之灵，得保首领以没，先君若问与夷，其将何辞以对？请子奉之，以主社稷，寡人虽死，亦无悔焉。"对曰："群臣愿奉冯也。"公曰："不可。先君以寡人为贤，使主社稷，若弃德不让，是废先君之举也，岂曰能贤？光昭先君之令德，可不务乎？吾子其无废先君之功。"使公子冯出居于郑。八月庚辰，宋穆公卒，殇公即位。君子曰："宋宣公可谓知人矣。立穆公，其子飨之，命以义夫。《商颂》曰：'殷受命咸宜，百禄是荷。'其是之谓乎！"

《左传》记载了春秋时期宋穆公作为宋宣公之弟，临终将君位传给宣公之子与夷，而非己子，集中体现了宋国秉承殷商时期"兄终弟及"的王位继承制度，而非西周的嫡长子继承制，结果引发了宋国的内乱。对此，《左传》作者以《商颂》称赞宋宣公，认可他对商礼的尊崇与践行，也赞扬了他高超的为君之道，亦即"知人""命以义夫"，同时认为宋国祸乱乃是华督造成的，而非宋宣公。但是，对于这件事，《公羊传》隐公三年却是这样解释的：

癸未，葬宋缪公。葬者曷为或日或不日？不及时而日，渴葬也。不及时而不日，慢葬也。过时而日，隐之也。过时而不日，谓之不能葬也。当时而不日，正也。当时而日，危不得葬也。此当时，何危尔？宣公谓缪公曰："以吾爱与夷则不若爱女。以为社稷宗庙主，则与夷不若女，盍终为君矣。"宣公死，缪公立，缪公逐其二子庄公冯与左师勃，曰："尔为吾子，生毋相见，死毋相哭。"与夷复曰："先君之所为不与臣国而纳国乎君者，以君可以为社稷宗庙主也。今君逐君之二子而将致国乎与夷，此非先君之意也，且使子而可逐，则先君其逐臣矣。"缪公曰："先君之不尔逐可知矣，吾立乎此，摄也，终致国乎与夷。"庄公冯弑与夷。故君子大居正。宋之祸，宣公为之也。

从这里我们可以看出，《公羊传》与《左传》对历史的解释与评价不同。《左传》认为，宋宣公能"知人"，而宋国祸乱乃是华督造成的。但《公羊传》却认为，宋国的祸乱是由于宣公传位给弟弟而不传给儿子与夷造成的。这就说明，彼此所论史实相近，但是判断则有差异。由此也体现了一切历史都是当代史的说法。

整体上来说，《公羊传》与《左传》的注解方式不同，一个侧重直接传承价值，一个侧重利用史实来展现价值，以至于面对同样的史实，它们的态度与立足点皆有不同。也正是因为如此，《公羊传》对《春秋》三十多个年份的史实是没有注解的，比如桓公十七年、庄公十五年、二十一年，僖公十一年、十二年、十三年、三十二年，文公十年，宣公二年、七年、十三年、十四年、十七年，成公七年、十一年、十四年，襄公十三年、十四年、十七年、二十年、二十二年、二十四年、二十八年、三十一年，昭公三年、六年、七年、十年、十四年、二十四年、三十四年，定公三年、七年、十一年，哀公元年、十年、十一年等等，这些年都没有注解，很大程度上就是因为这些年的历史不太具有价值评判与发展的空间，故没有引起《公羊传》的重视。总之，《公羊传》重点解读《春秋》的思想，所以它对《春秋》的微言大义及褒贬善恶的原则都做了全面的继承与发挥，由此使得《春秋》学说得以传扬。

当然，也正是由于《公羊传》侧重对《春秋》经文思想的阐发，以至于很多地方偏离了经典原意，过度诠释，颇有牵强附会之感，正如唐人刘知幾《史通·申左》中评论《公羊》《穀梁》二传所言："记言载事，失彼菁华；寻源讨本，取诸胸臆。夫自我作故，无所准绳，故理甚迂僻，言多鄙野。"可以说，《公羊传》为了表达思想，往往忽视了史实，以至于过度诠释，牵强附会，"无所准绳"。宋人叶梦得《春秋传·序》也曾说道："《公羊》《穀梁》传义不传事，是以详于经而义未必当。"①

三、《公羊传》与中华传统文化

孔子《春秋》通过新史学的形式来宣扬他的王道政治理想，《春秋》三传对孔子思想作了进一步的解说，使得孔子思想更加丰富、深刻，《春秋》三传后来由此成为儒家的经典、名列十三经，它们在宗教、哲学、经学、思想、政治、史学、文学等多个方面产生了深远的影响。《公羊传》作为《春秋》三传中最注重思想哲学的文本，它其中所蕴含的很多思想，对中国古代的政治、文化都产生了深远的影响。

（一）宣扬天人感应

《公羊传》中对天命非常推崇，将天视为一切的来源与主宰，故它在解释《春秋》经文的过程中，多次将天视为最高主宰与价值依据，如：

> 己卯晦，震夷伯之庙。晦者何？冥也。震之者何？雷电击夷伯之庙者也。夷伯者曷为者也？季氏之孚也。季氏之孚则微者，其称夷伯何？大之也。曷为大之？天戒之，故大之也。何以书？记异也。（《春秋公羊传注疏·僖公十五年》）

在这里，《公羊传》将天视为一切的主宰，视为价值的依据，这

---

① ［清］皮锡瑞：《皮锡瑞集》，岳麓书社，2012年，第1580页。

种观念其实也是对商周以来天道观的继承与发展，以此来强化政治秩序的神圣性与权威性。不仅如此，《公羊传》还结合时代的需要对天道观做了改造，融入了天人感应的思想，以灾异等形式来强化人们对天道的尊崇，强化人们对礼仪秩序的维护。可以说，灾异在《公羊传》中就是天人感应或者天道观的另一种展现。

灾异思想在《公羊传》中非常普遍，这也凸显了《公羊传》对农业的重视，更是体现了成书于汉代的《公羊传》已经掺入了汉人天人感应的思想。对于灾异，《公羊传》多有记载，比如隐公五年载"螟。何以书？记灾也"，有关"记灾也"的地方还有很多：

> 大雩。大雩者何？旱祭也。然则何以不言旱？言雩则旱见，言旱则雩不见。何以书？记灾也。(《春秋公羊传注疏·桓公五年》)
>
> 秋八月壬申，御廪灾。御廪者何？粢盛委之所藏也。御廪灾何以书？记灾也。(《春秋公羊传注疏·桓公十四年》)
>
> 无麦苗。无苗，则曷为先言无麦而后言无苗？一灾不书，待无麦然后书无苗。何以书？记灾也。(《春秋公羊传注疏·庄公七年》)
>
> 夏，齐大灾。大灾者何？大瘠也。大瘠者何？痬也。何以书？记灾也。外灾不书，此何以书？及我也。(《春秋公羊传注疏·庄公二十年》)
>
> 夏，成周宣谢灾。成周者何？东周也。宣谢者何？宣宫之谢也。何言乎成周宣谢灾？乐器藏焉尔。成周宣谢灾何以书？记灾也。外灾不书，此何以书？新周也。(《春秋公羊传注疏·宣公十六年》)
>
> 甲子，新宫灾，三日哭。新宫者何？宣公之宫也。宣宫则曷为谓之新宫？不忍言也。其言三日哭何？庙灾三日哭，礼也。新宫灾何以书？记灾也。(《春秋公羊传注疏·成公三年》)
>
> 春，宋火。曷为或言灾，或言火？大者曰灾，小者曰火。然则

内何以不言火？内不言火者，甚之也。何以书？记灾也。外灾不书，此何以书？为王者之后记灾也。（《春秋公羊传注疏·襄公九年》）

夏五月壬辰，雉门及两观灾。其言雉门及两观灾何？两观微也。然则曷为不言雉门灾及两观，主灾者两观也。时灾者两观，则曷为后言之？不以微及大也。何以书？记灾也。（《春秋公羊传注疏·定公二年》）

六月辛丑，蒲社灾。蒲社者何？亡国之社也。社者封也，其言灾何？亡国之社盖掩之，掩其上而柴其下。蒲社灾，何以书？记灾也。（《春秋公羊传注疏·哀公四年》）

在《公羊传》中记载了大量的灾害，这些灾害包括自然灾害，还有人为灾害，灾害不仅有鲁国境内的，还有他国境内的尤其是周王室的灾害，这些都体现了作者对农业及其文明的重视。不仅如此，《公羊传》还记载了大量的"异"，即"记异也"，比如：

春，王二月己巳，日有食之。何以书？记异也。日食则曷为或日或不日，或言朔或不言朔？曰某月某日朔，日有食之者，食正朔也，其或日或不日，或失之前，或失之后。失之前者，朔在前也。失之后者，朔在后也。（《春秋公羊传注疏·隐公三年》）

三月癸酉，大雨震电。何以书？记异也。何异尔？不时也。（《春秋公羊传注疏·隐公九年》）

夏四月辛卯，夜，恒星不见，夜中，星陨如雨。恒星者何？列星也。列星不见何以知？夜之中星反也。如雨者何？如雨者非雨也。非雨则曷为谓之如雨？不修《春秋》曰"雨星不及地尺而复"。君子修之曰："星陨如雨。"何以书？记异也。（《春秋公羊传注疏·庄公七年》）

冬，不雨，何以书？记异也。（《春秋公羊传注疏·庄公三十一

年》）

秋八月辛卯，沙鹿崩。沙鹿者何？河上之邑也。此邑也，其言崩何？袭邑也。沙鹿崩，何以书？记异也。外异不书，此何以书？为天下记异也。（《春秋公羊传注疏·僖公十四年》）

己卯晦，震夷伯之庙。晦者何？冥也。震之者何？雷电击夷伯之庙者也。夷伯者曷为者也？季氏之孚也。季氏之孚则微者，其称夷伯何？大之也。曷为大之？天戒之，故大之也。何以书？记异也。（《春秋公羊传注疏·僖公十五年》）

春王正月戊申朔，陨石于宋五。是月，六鹢退飞过宋都。曷为先言陨而后言石？陨石记闻，闻其磌然，视之则石，察之则五。是月者何？仅逮是月也。何以不日？晦日也。晦则何以不言晦？《春秋》不书晦也。朔有事则书，晦虽有事不书。曷为先言六而后言鹢？六鹢退飞，记见也，视之则六，察之则鹢，徐而察之则退飞。五石六鹢何以书？记异也。外异不书，此何以书？为王者之后记异也。（《春秋公羊传注疏·僖公十六年》）

五月乙巳，西宫灾。西宫者何？小寝也。小寝则曷为谓之西宫？有西宫则有东宫矣。鲁子曰："以有西宫，亦知诸侯之有三宫也。"西宫灾何以书？记异也。（《春秋公羊传注疏·僖公二十年》）

自十有二月不雨，至于秋七月。何以书？记异也。大旱以灾书，此亦旱也，曷为以异书？大旱之日短而云灾，故以灾书。此不雨之日长而无灾，故以异书也。（《春秋公羊传注疏·文公二年》）

雨螽于宋。雨螽者何？死而坠也。何以书？记异也。外异不书，此何以书？为王者之后记异也。（《春秋公羊传注疏·文公三年》）

夏五月壬午，宋、卫、陈、郑灾。何以书？记异也。何异尔？异其同日而俱灾也。外异不书，此何以书？为天下记异也。（《春秋公羊传注疏·昭公十八年》）

> 冬十月，陨霜杀菽。何以书？记异也。此灾菽也，曷为以异书？异大乎灾也。（《春秋公羊传注疏·定公元年》）
>
> 春，西狩获麟。何以书？记异也。何异尔？非中国之兽也。然则孰狩之？薪采者也。薪采者则微者也，曷为以狩言之？大之也。曷为大之？为获麟大之也。（《春秋公羊传注疏·哀公十四年》）

不论《公羊传》记载的是"灾"，还是"异"，其实都可以统称为"灾异"，这些灾异的内容种类很多，但主要是自然灾害（天灾）、政治变故（人祸）。在记载的范围上，记载的主要是在鲁国境内，当然对国外记载的也很多，原因就在于这些外国的自然灾害波及鲁国，比如庄公二十年发生了大的瘟疫（急性传染病），不仅在他国发生，也波及鲁国，所以《公羊传》认为当记载。

对于政治变故（人祸），《春秋》也做了很多的记载，《公羊传》将之视为灾异，比如《公羊传》对《春秋》文公十一年经文"冬十月甲午，叔孙得臣败狄于咸"的解释便是如此：

> 狄者何？长狄也。兄弟三人，一者之齐，一者之鲁，一者之晋。其之齐者，王子成父杀之。其之鲁者，叔孙得臣杀之。则未知其之晋者也。其言败何？大之也。其日何？大之也。其地何？大之也。何以书？记异也。（《春秋公羊传注疏·文公十一年》）

从这里我们可以看出，《公羊传》对灾异现象很重视，对灾异的重视，并不仅仅是因为这关系到农业发展，更是因为关系到当时的政治。毕竟，在古人看来，天人一体，天道与人事紧密相连，彼此相应，所以人事便是天道，而天道也是人事。

总而言之，《公羊传》继承并发展了《春秋》的天道观、灾异思想，将之发展为天人感应的思想体系，这对于当时人们天人思想体系的系统建构起到了直接的推动作用。天人感应的思想，一方面借助天道的力量强化以天子为核心的政治秩序、等级制度，另一方面也借助天意、灾异的存在对皇权进行约束，以期使之形成天道、君本、民生的良性互动，从而实现社会政治的有序运行，最终实现儒家所倡导的王道政治理想。

（二）尊王尊君

对天子、君王的尊崇是《公羊传》最突出的思想，尽管在孔子编纂《春秋》的时候，周天子及周王室迁移到了洛阳，进入了东周时代，周天子的权威远不及西周时期。面对春秋时期礼坏乐崩的状态，孔子极力宣扬"正名"，即"君君、臣臣、父父、子子"，期待恢复周天子权威及其所代表的等级礼制，并将这种思想融入《春秋》的撰写之中。

随后，子夏、公羊高等人秉承了这种思想，在解释《春秋》的时候极力宣扬这种尊王思想，比如《公羊传》在解释《春秋》僖公二年的经文"春王正月，城楚丘"时说道：

> 孰城？城卫也。曷为不言城卫？灭也。孰灭之？盖狄灭之。曷为不言狄灭之？为桓公讳也。曷为为桓公讳？上无天子，下无方伯，天下诸侯有相灭亡者，桓公不能救，则桓公耻之也。然则孰城之？桓公城之。曷为不言桓公城之？不与诸侯专封也。曷为不与？实与而文不与。文曷为不与？诸侯之义，不得专封。诸侯之义，不得专封，则其曰实与之何？上无天子，下无方伯，天下诸侯有相灭亡者，力能救之，则救之可也。

在《公羊传》看来，齐桓公为卫国建筑楚丘城是不对的，因为诸侯是无权为他国修建城池的，只有周天子才能下令某人去修建，或者周天子主持去修建，这样才能体现周天子的权力。但是在当时，由于周天子的权威下降了，没有能力去这样做，齐桓公作为春秋五霸之一，除了打败狄国恢复了卫国，还为它修建城池。在这个两难的境地中，《公羊传》一方面强调齐桓公可以这样去做，但是不能作为历史去记载，所谓"实与而文不与"。另一方面强调齐桓公做事也要符合礼义，所谓"不与诸侯专封"，也就是说，诸侯没有专断的权力，"礼乐征伐自天子出"，才是符合道义的。

可以说，《公羊传》中反复出现对天子的肯定，实际上是对以天子为核心的统治秩序的肯定，比如《公羊传》解释《春秋》桓公九年"春，纪季姜归于京师"时云：

> 其辞成矣，则其称纪季姜何？自我言，纪父母之于子。虽为天王后，犹曰吾季姜。京师者何？天子之居也。京者何？大也。师者何？众也。天子之居，必以众大之辞言之。

这里对"京师"的解释，便极力突出天子的特殊性，认为作为天子就应当得到尊崇，他所居住的地方也需要用"众大"之辞来修饰。《公羊传》中对天子的尊崇非常普遍，这样的例子还有很多：

> 何以不书葬？天子记崩不记葬，必其时也。诸侯记卒记葬，有天子存，不得必其时也。曷为或言崩或言薨？天子曰崩，诸侯曰薨，大夫曰卒，士曰不禄。（《春秋公羊传注疏·隐公三年》）
>
> 初献六羽。初者何？始也。六羽者何？舞也。初献六羽何以书？讥。何讥尔？讥始僭诸公也。六羽之为僭奈何？天子八佾，诸公六，诸侯四。诸公者何？诸侯者何？天子三公称公，王者之后称公，其余大国称侯，小国称伯、子、男。天子三公者何？天子之相

也。天子之相则何以三？自陕而东者，周公主之；自陕而西者，召公主之，一相处乎内。始僭诸公昉于此乎？前此矣。前此则曷为始乎此？僭诸公犹可言也，僭天子不可言也。（《春秋公羊传注疏·隐公五年》）

其言以璧假之何？易之也。易之则其言假之何？为恭也。曷为为恭？有天子存，则诸侯不得专地也。（《春秋公羊传注疏·桓公元年》）

曷为或言致会？或言致伐？得意致会，不得意致伐。卫侯朔入于卫，何以致伐？不敢胜天子也。（《春秋公羊传注疏·庄公六年》）

……救邢。救不言次，此其言次何？不及事也。不及事者何？邢已亡矣。孰亡之？盖狄灭之。曷为不言狄灭之？为桓公讳也。曷为为桓公讳？上无天子，下无方伯，天下诸侯有相灭亡者，桓公不能救，则桓公耻之。曷为先言次而后言救？君也。君则其称师何？不与诸侯专封也。曷为不与？实与，而文不与。文曷为不与？诸侯之义不得专封也。诸侯之义不得专封，则其曰实与之何？上无天子，下无方伯，天下诸侯有相灭亡者，力能救之，则救之可也。（《春秋公羊传注疏·僖公元年》）

此楚子也，其称人何？贬。曷为贬？不与外讨也。不与外讨者，因其讨乎外而不与也，虽内讨亦不与也。曷为不与？实与而文不与。文曷为不与？诸侯之义不得专讨也。诸侯之义不得专讨，则其曰实与之何？上无天子，下无方伯，天下诸侯有为无道者，臣弑君，子弑父，力能讨之，则讨之可也。（《春秋公羊传注疏·宣公十一年》）

春，周公出奔晋。周公者何？天子之三公也。王者无外，此其言出何？自其私土而出也。（《春秋公羊传注疏·成公十二年》）

《公羊传》极力肯定以周天子为核心的政治秩序，宣扬周天子在祭祀、信仰、礼仪、征伐、政治、军事等领域的绝对统治地位，作者希望这种社会结构、统治秩序能够得到各个诸侯国、士大夫的认可与尊崇。不仅如此，《公羊传》在尊王的基础上，对各个诸侯国的国君也非常尊崇，这实际上也是对周天子所确立的政治格局、权力架构的一种肯定与推崇。可以说，尊王、尊君都是在极力凸显周天子的统治秩序。

《公羊传》虽然极力尊王、尊君，但对君王不道之处，或者说对那些君不君的言行及不值得尊重的君王，也极力进行贬斥，以此维护君王的统治地位及政治秩序。在《公羊传》看来，即使是君王，如果不遵守礼仪，也应当受到批判，故在解释《春秋》桓公八年经文"春正月己卯，烝"时云：

> 烝者何？冬祭也。春曰祠，夏曰礿，秋曰尝，冬曰烝。常事不书，此何以书？讥。何讥尔？讥亟也。亟则黩，黩则不敬。君子之祭也，敬而不黩。疏则怠，怠则忘。士不及兹四者，则冬不裘，夏不葛。

鲁桓公身为国君，在一年之中举行了两次烝祭，这在当时是不符合礼法的。因为按照礼法规定，烝祭是每年冬天进行的祭祀，一年只能有一次。鲁桓公不守礼法，自然遭到了《公羊传》的讥讽，所谓"常事不书，此何以书？讥。何讥尔？讥亟也。亟则黩，黩则不敬"。既然鲁桓公不按照礼法进行祭祀，就是不敬重祭祀，所以要讥讽、贬斥他。

又比如《春秋》对于臣子杀君主、儿子杀父亲的史实，一般都用"弑"而不用"杀"，目的就是想端正君臣关系、贬斥以下犯上的做法。当然，对于那些君不君的人，即使是被国人或臣子所杀，《春秋》依然用"杀"而不用"弑"，体现了孔子对那些君不君的人的愤恨，觉得该杀，不值得同情。对此，《公羊传》也继承了这个思想原则，比如《春秋》隐公四年经文记载"九月，卫人杀州吁于濮"，就是用"杀"这个字，来极力贬斥卫国国君州吁该杀。对此，《公羊传》继承了孔子的思想，并解释说："其称人何？讨贼之辞也。"这里明确强调州吁虽然是国君，但是更像是一个国贼，所以该杀，没必要用"弑"。

又比如《春秋》桓公六年经文记载"蔡人杀陈佗"。对于国人杀陈佗，孔子就用"杀"，而且直呼国君之名。对此《公羊传》继承并发展了这一思想，说道：

> 陈佗者何？陈君也。陈君则曷为谓之陈佗？绝也。曷为绝之？贱也。其贱奈何？外淫也。恶乎淫？淫于蔡，蔡人杀之。

陈佗是陈文公之子，陈桓公的同父异母弟弟。陈桓公死后，陈佗就杀了太子免登上了君位。根据《史记》记载，陈佗娶了蔡女为妻，但是屡次到蔡国淫乱，后来太子免的三个弟弟就与蔡人串通，用美女引诱陈佗，并杀死了陈佗。对此，《公羊传》对《春秋》这五个字作了解释与发挥，说陈佗行为卑贱，跑到国外去淫乱，被蔡人杀了也是咎由自取。

总之，《公羊传》极力强调天子、国君在政治秩序中的重要性，不仅尊王、尊君，也为天子、君王提出了一系列的规范与为政之道，包括不应有贪财好利①、背信弃义以及好色等等不好的品质。作为天

---

① 在《公羊传》僖公二年解释《春秋》"虞师、晋师灭夏阳"时就说道："虞，微国也，曷为序乎大国之上？使虞首恶也。曷为使虞首恶？虞受赂，假灭国者道，以取亡焉。"就是认为，因为虞国国君贪财好利，从而导致身死国灭。

子、君王，都应当按照所设定的礼仪进行施政，这样不仅可以有效地维护社会政治秩序，也可以维护自身的安全，否则，违背礼制，最终导致国家秩序紊乱，以至于身死国灭的悲剧。

（三）大一统思想

《公羊传》注重尊王，同时也极力宣扬大一统思想，它认为"王者无外"，就是说，天下全都是周天子所有，没有任何的例外，这就是所谓的"大一统"思想。换句话说，大一统实则就是强调统一之意，一切都统一到天子、君王那里，天子君王至高无上。大一统观念的本质也是尊王。尽管在孔子《春秋》中没有直接提出大一统的观念，但孔子生在乱世，王权衰微，礼坏乐崩，天下四分五裂，社会政治秩序非常混乱，孔子其实是希望恢复西周大一统盛世时期的封建格局，推行王道政治，以挽救民生疾苦，这正如司马迁评价孔子《春秋》所说："贬天子，退诸侯，讨大夫，以达王事而已矣。"（《史记·太史公自序》）意思就是说，孔子作《春秋》的目的，就是要恢复天子像个天子、诸侯像个诸侯、大夫像个大夫，尊卑有序的王道社会。

孔子尊王与大一统的思想，被《公羊传》借助解释《春秋》第一条经文，即"元年春王正月"的历法问题时，进行了直接阐发，它说：

> 元年者何？君之始年也。春者何？岁之始也。王者孰谓？谓文王也。曷为先言王而后言正月？王正月也。何言乎王正月？大一统也。（《春秋公羊传注疏·隐公元年》）

《公羊传》认为，"元年春王"中的"王"就是周文王，《春秋》

之所以将周文王放在正月的前面，那是表明周王朝大一统，即周文王取代殷商，统一天下，实现了大一统，周文王自然有至高无上的权力。后来汉代著名的《公羊》学学者董仲舒，对"大一统"作了更进一步的解释，他说：

> 《春秋》大一统者，天地之常经，古今之通谊也。今师异道，人异论，百家殊方，指意不同，是以上亡以持一统；法制数变，下不知所守。臣愚以为诸不在六艺之科孔子之术者，皆绝其道，勿使并进。邪辟之说灭息，然后统纪可一而法度可明，民知所从矣。（《汉书·董仲舒传》）

> 何以谓之王正月？曰：王者必受命而后王。王者必改正朔、易服色、制礼乐，一统于天下，所以明易姓非继人，通以己受之于天也。①

董仲舒肯定了《春秋》大一统思想的价值与意义，认为大一统是自古以来天经地义的基本道理，是神圣不可侵犯的。为了实现大一统，董仲舒认为还需要统一思想、统一观念、统一法制、统一年号、统一服色，等等。董仲舒《公羊》学所宣扬的大一统理念其实也是孔子"天下有道，礼乐征伐自天子出"（《论语·季氏》）的理想，也适合汉武帝时期的政治需要，所以从董仲舒之后，《公羊》学成为显学，大一统理念也因此影响了中国两千多年。

由于《公羊传》极力宣扬大一统与尊王思想，所以在解释《春秋》经文的时候，多次都体现了"溥天之下，莫非王土"的思想，比如《公羊传》在解释《春秋》隐公元年经文"冬十有二月，祭伯

---

① ［汉］董仲舒：《春秋繁露·三代改制质文第二十三》，河南大学出版社，2009年，第209页。

来”时就说：

> 祭伯者何？天子之大夫也。何以不称使？奔也。奔则曷为不言
> 奔？王者无外，言奔则有外之辞也。

祭伯作为周王室的大夫，他从周王室出奔到鲁国，之所以不能用“奔”，那是因为普天之下的诸侯国、每一寸土地都为周天子所有，不存在国内与国外的分别，所以用“来”而不用“奔”。在《公羊传》中“奔”指的是诸侯国之间，如《春秋》闵公二年载“公子庆父出奔莒”，僖公五年载“楚人灭黄，弦子奔黄”，等等。

《公羊传》宣扬大一统，不仅体现为对周天子及其礼仪给予尊崇，即使是周天子所管辖的土地也不能随便交易。如《公羊传》在解释《春秋》经文桓公元年“郑伯以璧假许田”时就说道：

> 其言以璧假之何？易之也。易之则其言假之何？为恭也。曷为
> 为恭？有天子之存，则诸侯不得专地也。许田者何？鲁朝宿之邑
> 也。诸侯时朝乎天子，天子之郊，诸侯皆有朝宿之邑焉。此鲁朝宿
> 之邑也，则曷为谓之许田？讳取周田也。讳取周田则曷为谓之许
> 田？系之许也。曷为系之许？近许也。此邑也，其称田何？田多邑
> 少称田，邑多田少称邑。（《春秋公羊传注疏·桓公元年》）

在这里，《公羊传》对当时郑国、鲁国私下对自己的土地进行交易的情况给予了贬斥，在它看来，溥天之下，莫非王土，作为诸侯国，只是有权使用土地，但没有将土地进行交易的权利，即使是对诸侯国拜见天子时所使用的“朝宿之邑”这样临时的处所。

总而言之，《公羊传》极力将大一统与尊王结合起来，宣扬周天子的独尊地位，从而极力维护当时的等级制度。实际上，大一统的思想是尊王思想的延伸，毕竟大一统的根本要求就是大统一，即一

切权力要统一到天子手中。一切都要统一，让天下只有一个标准，这个标准的最终解释权归天子所有。可以说，大一统从本质上来说还是为了尊王，在尊王思想的指导下，出现了贬抑臣子、夷狄，拥护等级观念等行为。当然，《公羊传》并非一味地尊王，对那些君不君的人也极力予以贬斥，这在某种意义上也是对君王权力的一种约束。

（四）强调礼仪秩序

《公羊传》注重礼乐制度。礼，根据《周礼》，分为吉、凶、军、宾、嘉五种，而《公羊传》对这五种礼仪都很重视。比如它很重视祭祀礼仪，《公羊传》桓公八年在解释《春秋》经文"春正月己卯，烝"时就说道：

> 烝者何？冬祭也。春曰祠，夏曰礿，秋曰尝，冬曰烝。常事不书，此何以书？讥。何讥尔？讥亟也。亟则黩，黩则不敬。君子之祭也，敬而不黩。疏则怠，怠则忘。士不及兹四者，则冬不裘，夏不葛。

在这里，《公羊传》提到了《周礼》中所记载的四种祭祀礼仪，即春祠、夏礿、秋尝、冬烝，这四种礼仪都是有一定时间限定的，比如冬烝的礼仪就是每年十二月举行，如果不按规定举行就是非礼的行为了。所以，《公羊传》对鲁桓公不按时节进行冬烝就进行了讥讽，并强调说"君子之祭也，敬而不黩"，也就是说，祭祀一定要恭敬而不要泛滥。

由于《春秋》中记载了很多军事方面的史实，所以《公羊传》对有关的军事术语、修辞也作了归纳总结，旨在明确何为正义之战、何为非正义之战，比如：

祠兵者何？出曰祠兵，入曰振旅，其礼一也，皆习战也。何言乎祠兵？为久也。曷为为久？吾将以甲午之日，然后祠兵于是。（《春秋公羊传注疏·庄公八年》）

曷为或言侵，或言伐？粗者曰侵，精者曰伐。战不言伐，围不言战，入不言围，灭不言入，书其重者也。（《春秋公羊传注疏·庄公十年》）

伐不日，此何以日？至之日也。战不言伐，此其言伐何？至之日也。《春秋》伐者为客，伐者为主，故使卫主之也。曷为使卫主之？卫未有罪尔。败者称师，卫何以不称？未得乎师也。（《春秋公羊传注疏·庄公二十八年》）

从上面的修辞我们可以看出，《公羊传》重视军事，更重视军事的正义性与否，毕竟军事是政治的延伸，更是关系到当时治国理政理念正确与否。所以，《公羊传》借助修辞来揭示何为正义，何为非正义，以此来宣扬正义、宣扬王道政治。

《公羊传》除了对五种礼仪重视之外，对周代的其他各种礼仪包括宗法制度、嫡长子继承制、君臣等级等等也都很重视。比如《公羊传》隐公元年记载，"立嫡以长，不以贤；立子以贵，不以长"，就强调嫡长子继承制的特征及合理性。《公羊传》隐公三年在解释《春秋》经文"冬十有二月，齐侯、郑伯盟于石门。癸未，葬宋缪公"时，从它对宋国内部祸乱的评价就可以看出其对周礼中嫡长子继承制的肯定与维护：

癸未，葬宋缪公。葬者曷为或日或不日？不及时而日，渴葬也。不及时而不日，慢葬也。过时而日，隐之也。过时而不日，谓之不能葬也。当时而不日，正也。当时而日，危不得葬也。此当时何危尔？宣公谓缪公曰："以吾爱与夷则不若爱女。以为社稷宗庙主，则与夷不若女，盍终为君矣。"宣公死，缪公立，缪公逐其二子庄公冯与左师勃，曰："尔为吾子，生毋相见，死毋相哭。"与夷复曰："先君之所为不与臣国而纳国乎君者，以君可以为社稷宗庙主也。今君逐君之二子而将致国乎与夷，此非先君之意也，且使子而可逐，则先君其逐臣矣。"缪公曰："先君之不尔逐可知矣，吾立乎此摄也，终致国乎与夷。"庄公冯弑与夷。故君子大居正。宋之祸宣公为之也。

从这一段话可以看出，《公羊传》与《左传》对历史的解释与评价不同。在《左传》中，作者肯定了宋宣公能"知人"，而宋国祸乱乃是华督造成的，实际上肯定了宋国兄终弟及的传位制度。但是在这里，《公羊传》认为，宋国的祸乱是由宣公传位给弟弟而不传给儿子与夷造成的。这在某种意义上是在否定宋国的制度，而肯定周礼。

《公羊传》在解释《春秋》的过程中，也夹杂了作者个人对当时人物言行的价值判断，其标准便是周礼，即用"礼也""非礼也"等表示，如：

何以书？讥。何讥尔？诸侯越竟送女，非礼也。此入国矣，何以不称夫人？自我言齐，父母之于子，虽为邻国夫人，犹曰吾姜氏。（桓公三年）

秋，筑王姬之馆于外。何以书？讥。何讥尔？筑之礼也，于外非礼也。于外何以非礼？筑于外非礼也。其筑之何以礼？主王姬者必为之改筑。主王姬者则曷为必为之改筑？于路寝则不可。小寝则嫌。群公子之舍则以卑矣。其道必为之改筑者也。（庄公元年）

戊寅，大夫、宗妇觌，用币。……宗妇者何？大夫之妻也。觌者何？见也。用者何？用者不宜用也。见用币，非礼也。然则曷用？枣栗云乎？腶脩云乎？（庄公二十四年）

秋七月，禘于太庙，用致夫人。用者何？用者不宜用也。致者
何？致者不宜致也。禘用致夫人，非礼也。夫人何以不称姜氏？
贬。曷为贬？讥以妾为妻也。其言以妾为妻奈何？盖胁于齐媵女之
先至者也。（僖公八年）

夏四月，四卜郊不从，乃免牲，犹三望。曷为或言三卜，或言
四卜？三卜礼也，四卜非礼也。三卜何以礼，四卜何以非礼？求吉
之道三。禘尝不卜，郊何以卜？卜郊非礼也。卜郊何以非礼？鲁郊
非礼也。鲁郊何以非礼？天子祭天，诸侯祭土。天子有方望之事，
无所不通。诸侯山川有不在其封内者，则不祭也。曷为或言免牲，
或言免牛？免牲，礼也，免牛，非礼也。免牛何以非礼？伤者曰
牛。三望者何？望祭也。（僖公三十一年）

齐崔氏出奔卫。崔氏者何？齐大夫也。其称崔氏何？贬。曷为
贬？讥世卿，世卿非礼也。（宣公十年）

晋魏多帅师侵卫。此晋魏曼多也。曷为谓之晋魏多？讥二名，
二名非礼也。（哀公十三年）

《公羊传》中所记载、解释的多为符合礼仪的行为，对于不合礼
仪的行为，则多以"非礼"进行直接判定，这种非礼所涉及的内容
非常广泛，见于祭祀、聘问、日常生活等各个领域。

（五）攘夷的思想

《公羊传》注重尊王、大一统、臣臣的思想，与此同时，对夷狄也
就是周边少数民族侵犯华夏利益的行为均持批驳的态度。比如《公羊
传》隐公七年解释《春秋》经文"戎伐凡伯于楚丘以归"时说道：

凡伯者何？天子之大夫也。此聘也，其言伐之何？执之也。执
之则其言伐之何？大之也。曷为大之？不与夷狄之执中国也。其地

何？大之也。

《春秋》经文说的是，周桓王派凡伯访问鲁国，但是凡伯经过当时北方少数民族所管辖的地方北戎的时候，北戎在楚丘这个地方把凡伯给捉住了。《公羊传》对此很愤怒，专门记载了这个事，认为北戎这个少数民族无权干涉周朝内部的事务，更无权捉拿周朝的官员，所以说"不与夷狄之执中国也"。

在《公羊传》看来，夷狄虽然有国家，但没有礼乐，所以不能将它们看成是与中原诸侯国一样的国家。比如《公羊传》在解释《春秋》庄公三十年经文"齐人伐山戎"时说道：

> 此齐侯也，其称人何？贬。曷为贬？子司马子曰："盖以操之为已蹙矣。"此盖战也，何以不言战？《春秋》敌者言战，桓公之与戎狄，驱之尔。

"齐人伐山戎"说的是齐桓公讨伐山戎，双方发生了战争。但是在《公羊传》看来，双方尽管发生了战争，而并没有用"交战"一类的字眼，原因是只有两国之间才言交战，夷狄并非国家，所以只是驱赶他们罢了。从这里可以看出，《公羊传》极力贬低周边少数民族，将之视为夷狄、落后的部落，虽然双方发生了战争，但也根本不用交战来做记录。

在《公羊传》中，不仅对夷狄本身表示出了极大的排斥与贬低，而且对像夷狄一样不讲礼仪道德的言行，也将其视为夷狄加以贬斥。比如《公羊传》僖公三十三年在解释《春秋》经文"夏四月辛巳，晋人及姜戎败秦于殽"时，就将秦穆公不听大臣蹇叔劝阻而偷袭郑国的行为视为夷狄，其曰：

> 其谓之秦何？夷狄之也。曷为夷狄之？秦伯将袭郑，百里子与

塞叔子谏曰："千里而袭人，未有不亡者也。"秦伯怒曰："若尔之年者，宰上之木拱矣，尔曷知！"师出，百里子与塞叔子送其子而戒之曰："尔即死，必于殽之嵚岩，是文王之所辟风雨者也，吾将尸尔焉。"子揖师而行。百里子与塞叔子从其子而哭之。秦伯怒曰："尔曷为哭吾师？"对曰："臣非敢哭君师，哭臣之子也。"弦高者，郑商也。遇之殽，矫以郑伯之命而犒师焉，或曰往矣，或曰反矣。然而晋人与姜戎，要之殽而击之，匹马只轮无反者。其言及姜戎何？姜戎，微也。称人，亦微者也。何言乎姜戎之微？先轸也。或曰襄公亲之。襄公亲之，则其称人何？贬。曷为贬？君在乎殡而用师，危不得葬。诈战不日，此何以日？尽也。

秦穆公准备偷袭郑国，不仅不听从大臣百里奚、塞叔的劝阻，反而咒骂塞叔。于是，《公羊传》将秦穆公这种不讲礼仪、不讲道义的做法视为夷狄。

总之，在《公羊传》中，夷狄不仅是一个地理名词，也不仅是一个文化名词，而且具有道德性的政治意味在内，目的就是维护礼仪秩序，维护大一统的周朝。除了对礼仪非常重视之外，《公羊传》对威胁到中原礼乐秩序及利益的周边少数民族也非常警惕，所以宣扬攘夷的思想，这对中国古代"尊王攘夷"的观念产生了深远的影响。

四、古代《公羊》学史略

（一）先秦两汉

1. 先秦

《公羊》学在先秦时期的发展、演变，经历了众多人物、长时间的积淀，最终在汉代形成比较系统的思想体系，比如荀子、孟子、韩非子等人也曾算是《公羊》学家。根据司马迁《史记·十二诸侯年表》中所言：

> 及如荀卿、孟子、公孙固、韩非之徒，各往往捃摭《春秋》之文以著书，不可胜纪。汉相张苍历谱五德，上大夫董仲舒推《春秋》义，颇著文焉。

从这里我们可以看出，战国时期的荀子、孟子、韩非子等人都曾研习过《春秋》，并借助《春秋》来表达自己的思想。对此，刘师培曾撰有《公羊孟子相通考》《公羊荀子相通考》，已说明孟子、荀子与《公羊传》有一定的关联。

就孟子来说，他是《春秋》学史上第一位对《春秋》发表自己观点及评论的学者，他曾说道：

> 王者之迹熄而《诗》亡，《诗》亡然后《春秋》作。晋之《乘》，楚之《梼杌》，鲁之《春秋》，一也。“其事则齐桓、晋文，其文则史。”孔子曰：“其义则丘窃取之矣。”（《孟子注疏·离娄章句下》）
>
> 世衰道微，邪说暴行有作，臣弑其君者有之，子弑其父者有之，孔子惧，作《春秋》。《春秋》，天子之事也。是故孔子曰：“知我者其惟《春秋》乎！罪我者其惟《春秋》乎！”（《孟子注疏·滕文公章句下》）
>
> 昔者禹抑洪水而天下平，周公兼夷狄、驱猛兽而百姓宁，孔子成《春秋》而乱臣贼子惧。《诗》云：“戎狄是膺，荆舒是惩，则莫我敢承。”无父无君，是周公所膺也。我亦欲正人心，息邪说，距诐行，放淫辞，以承三圣者，岂好辩哉？予不得已也。能言距杨、

墨者，圣人之徒也。（《孟子注疏·滕文公章句下》）

孟子对于《春秋》的评价，其思想旨趣与《公羊传》可谓一脉相承、息息相通。引文的第一段说明孟子对《春秋》大义的肯定，而《公羊传》就《春秋》大义进行了解读；第二段说明孟子对《春秋》惩恶扬善功能的肯定，而《公羊传》实际上就其价值判断作了解读与阐发，从而推动了《春秋》的发展；第三段说明孟子强调《春秋》的本旨在于维护社会政治秩序，而这与《公羊传》的旨趣也是一致的。总之，孟子对《春秋》的肯定，实际上也确立了《公羊传》的编纂思想与旨趣。何况，《孟子》与《公羊传》中的思想也颇有相通之处，比如它们都极力宣扬"大一统"、王道仁政的思想，如《孟子·梁惠王上》中记载：

孟子见梁襄王。出，语人曰："望之不似人君，就之而不见所畏焉。卒然问曰：'天下恶乎定？'吾对曰：'定于一。''孰能一之？'对曰：'不嗜杀人者能一之。''孰能与之？'对曰：'天下莫不与也。王知夫苗乎？七、八月之间旱，则苗槁矣。天油然作云，沛然下雨，则苗浡然兴之矣。其如是，孰能御之？今夫天下之人牧，未有不嗜杀人者也。如有不嗜杀人者，则天下之民皆引领而望之矣。诚如是也，民归之，由水之就下，沛然谁能御之？'"

孟子对于梁襄王如何让天下稳定的发问，回答说，只要天下统一，那么就可以实现稳定了。对于如何统一，孟子认为，只有推行以民为本的仁政德治，才能得到民众的支持，进而实现天下统一，这就是孟子"大一统"的思想。孟子的"大一统"思想，与《公羊传》的大一统思想颇为近似，这也说明在公羊学发展的过程中，孟子与公羊学者有一定的内在关联。正如有的学者所言："即使孟子没有成为《公羊传》传授谱系中的人，但至少后来的春秋公羊学是吸收了孟子的这些观念的。"①

　　荀子是子夏、孟子之后对公羊学颇有贡献的学者，清人汪中在其《荀卿子通论》一书中就肯定了这一点，认为"《大略篇》'《春秋》贤穆公''善胥命'，则为《公羊春秋》之学"②。赵伯雄在其《春秋学史》一书中也肯定地说"《荀子》一书中确有《春秋公羊》之义"③。可以说，荀子与《公羊传》在思想上有相通之处，正如杨向奎在分析刘师培《公羊荀子相通考》后认为：

　　　　他（刘师培）的《公羊荀子相通考》还是有见解的。因为，照我看来，《荀子》和《公羊》本属于一派，所以，思想体系有相通之处。他的文章开头说："昔汪容甫先生作《荀卿子通论》，谓《荀子·大略篇》言，贤穆公、善胥命，以证卿为公羊春秋学；又惠定宇《七经古义》亦引《荀子》周公东征、西征之文以证《公羊》之说，则《荀子》一书多《公羊》大义，彰彰明矣。"他自己又补充了一些事例来说明这一问题，比如《公羊》讥世卿，而《荀子》亦有许多类似思想，如"尚贤使能，则等位不遗"；又如《公羊》倡大一统，荀子也倡大一统，如《王制》"四海之内若一家"，这些都是正确的说法，有力的证明。我向来认为，《公羊》和荀子属于一个学派，他们是儒家，而接近法家。④

　　杨向奎在刘师培、汪中、惠栋等人研究的基础上做了进一步的

---

①　黄开国：《公羊学发展史》，人民出版社，2013年，第56页。
②　［清］汪中：《荀卿子通论》，载［清］王先谦《荀子集解·考证下》，中华书局，1988年，第22页。
③　赵伯雄：《春秋学史》，山东教育出版社，2004年，第88页。
④　杨向奎：《绎史斋学术文集》，上海人民出版社，1983年，第87页。

分析，认为《荀子》与《公羊传》在思想上的确有相通之处，比如"尚贤使能"、倡导大一统等；不仅如此，两者在注重礼制、托古改制方面更是颇为一致，等等。这些都说明两者有相通之处，也说明荀子在《公羊传》的成书及公羊学的形成过程中，扮演着至关重要的角色。

总之，在公羊学形成过程中，先秦时期最是不可忽视的一段历史，甚至可以说，也正是在先秦时期，公羊学奠定了它基本的思想体系，汉儒公羊寿及胡毋子都只不过是结合时代的需要，对以往传承的《公羊传》文本做了全面而系统的编辑与整理，从而形成了我们今天看到的文本。

2. 两汉时期的《公羊》学

《春秋》学的真正开始发展是在汉代，不过《春秋》三传的发展状况并不一致。其中，《公羊传》率先在汉景帝时期被立为博士。到了汉武帝时期，受到董仲舒、公孙弘等人的推动，《公羊》学大兴，这也和它开宗明义宣扬"大一统""尊王攘夷""君尊臣卑"等思想有直接的关系。而《穀梁传》在汉宣帝时期才开始被立为博士，随后大兴。《左传》只在王莽、汉光武帝时期被立为博士，之后被废。东汉明帝之后，开始形成了《春秋》三传并立的局面。不过，有汉一代，《公羊传》最为兴盛，地位也最为稳固。

就汉代《公羊》学而言，最初以胡毋生（字子都）和董仲舒最有名。其中胡毋生是汉景帝时期的博士，他曾经协助他的老师公羊寿将一直口耳相传的《公羊传》，用隶书写在简帛上，但他本人没有著作流传下来。尽管如此，《公羊传》在从最初的公羊高到公羊寿的成书、传承、定本的过程中，夹杂了大量齐学的内容与思想，所以即使公羊寿没有著作传世，《公羊传》之中也蕴含了他所认同的世界观、价值观。

　　董仲舒与公羊寿一样，也是汉景帝时期的博士。他非常刻苦，专门研究《公羊传》，以至于三年都不到自家的后花园去散步，著成《春秋繁露》《春秋决事比》等书。可以说，董仲舒在《公羊》学史上具有里程碑的地位，正如有的学者所说："公羊学是在董仲舒时形成的，可以说，董仲舒确立了公羊学的学术思想体系。"①

　　董仲舒借助《公羊传》来阐发"大一统""天人感应""阴阳灾异""三纲五常""礼法并用""三统""三正"等思想，对当时与后代社会政治、思想文化产生了深远的影响，当时很多学者就以天人感应为立足点，用阴阳五行学说研究儒家经典。董仲舒这些思想迎合了汉武帝加强中央集权、巩固王权的需要，于是《公羊》学在汉武帝时期大行于世。董仲舒以天人感应理论为基础，宣扬君权神授，推崇皇权，比如他说："明此通天地、阴阳、四时、日月、星辰、山川、人伦，德侔天地者称皇帝，天佑而子之，号称天子。"② 不过，他又以天人感应为基础提出了阴阳灾异、天谴理论来限制皇权，说：

　　　　天地之物有不常之变者，谓之异，小者谓之灾。灾常先至而异乃随之。灾者，天之谴也；异者，天之威也。谴之而不知，乃畏之以威。……凡灾异之本，尽生于国家之失。国家之失乃始萌芽，而天出灾害以谴告之；谴告之而不知变，乃见怪异以惊骇之；惊骇之尚不知畏恐，其殃咎乃至。以此见天意之仁而不欲陷人也。③

　　他认为，尽管君权神授，但是作为皇帝如果不修身修德、以民

　　① 宋艳萍：《公羊学与汉代社会》，学苑出版社，2010 年，第 1 页。
　　② ［清］苏舆撰，钟哲点校：《春秋繁露义证》卷七《三代改制质文》，中华书局，1992 年，第 201 页。
　　③ ［清］苏舆撰，钟哲点校：《春秋繁露义证》卷八《必仁且智》，第 259 页。

为本的话，上天就会降临小灾害警告他；如果还不听，上天就会降临更大的灾异，以表示上天愤怒了；如果皇帝还不知道悔改，上天就要改朝换代了。总而言之，董仲舒的公羊学理论兼顾皇权与民本两个方面，在中国古代社会政治、思想文化上的影响非常深远。

胡毋生与董仲舒的弟子非常多，其中尤其以董仲舒的后传弟子影响为大。据《史记》记载，董仲舒将《公羊》学传给弟子嬴公，嬴公又传给眭孟，眭孟又传给庄彭祖、颜安乐。到东汉，《公羊》学最主要的就是严（即庄彭祖，他因避汉明帝刘庄的讳，改庄为严）、颜两家。之后，《公羊》学最知名的学者，便是董仲舒的四传弟子何休（字邵公）。何休精通《公羊》学，《后汉书》说他曾经大门不出，花了十七年时间写成《春秋公羊经传解诂》一书。

何休之所以如此倾心《公羊传》并为之作解诂，这和东汉《春秋》今古文之争有一定的关系。因为《公羊》学发展到东汉，一方面，人们多注重章句之学，以至于讲了一百多万言，烦琐但却不得要领；另一方面，人们一般都借助《公羊传》说谶纬迷信，以至于真正的经义知道的人很少。在这种情况下，当时的古文经学家郑众、贾逵等人就认为《公羊传》已经是日落西山、没有价值可言了，于是就写了很多文章批判《公羊传》，而推崇《左传》。何休在这种情形下，吸收了胡毋生、董仲舒、严彭祖、颜安乐、羊弼（其师）等人《公羊》学的精华，继续对《春秋》中的春秋笔法与微言大义进行研究，除了提出"三科九旨"①之说外，还极力发挥大一统、君权神授、三纲五常等理论，著成了流传千古的名作《春秋公羊经传解

---

① 《春秋公羊传注疏》卷一《隐公元年》："故何氏（休）作《文谥例》云'三科九旨者，新周，故宋，以《春秋》当新王'，此一科三旨也；又云'所见异辞，所闻异辞，所传闻异辞'，二科六旨也；又'内其国而外诸夏，内诸夏而外夷狄'，是三科九旨也。"

诂》，重新恢复了《公羊》学的地位。这部书是《公羊传》现存最早而且最精的注解本，清阮元主持刊刻的《十三经注疏》中的《公羊传》用的就是这个注本。

（二）魏晋南北朝隋唐

在魏晋时期，《左传》学开始得到重视，日渐超过了《公羊》学的影响力。这一时期出现了一批注解《左传》的名家及著述，而此时有关《公羊传》的注解则几乎没有。

到了南北朝时期，《公羊》学相对于《左传》学而言，虽然仍不被重视，但始终没有中绝，如南朝宋将《公羊传》被立为官学：

> 国子祭酒一人，国子博士二人，国子助教十人。《周易》《尚书》《毛诗》《礼记》《周官》《仪礼》《春秋左氏传》《公羊》《穀梁》各为一经，《论语》《孝经》为一经，合十经，助教分掌。国子，周旧名，周有师氏之职，即今国子祭酒也。晋初复置国子学，以教生徒，而隶属太学焉。晋初助教十五人，江左以来，损其员。自宋世若不置学，则助教唯置一人，而祭酒、博士常置也。（《宋书·百官志上》）

当时南朝宋延续了以往设置经学博士的传统，《公羊传》也被列入其中，但是当时对经学并不重视，"若不置学"。南朝齐也是如此，《南齐书·陆澄传》记载："时国学置郑王《易》，杜服《春秋》，何氏《公羊》，麋氏《穀梁》，郑玄《孝经》。"可以看出，何休《公羊》学得到了朝廷的重视。南朝梁时，还有崔灵恩《公羊穀梁文句义》等著述。

当时的北朝也如同南朝一般，虽然《公羊》学没有《左传》学那么兴盛，但也受到了关注，并被立为官学，如《北史·儒林传序》称：

> 汉世，郑玄并为众经注解，服虔、何休，各有所说。玄《易》《诗》《书》《礼》《论语》《孝经》，虔《左氏春秋》，休《公羊传》，大行于河北。王肃《易》，亦间行焉。晋世，杜预注《左氏》。预玄孙坦，坦弟骥，于宋朝并为青州刺史，传其家业，故齐地多习之。

在北魏时期，何休《公羊》学被立为官学，它与服虔《左传》学，一并"大行于河北"。北齐时期儒者对《公羊》学多不关注，"其《公羊》《穀梁》二传，儒者多不措怀"（《北齐书》卷四十四《儒林传序》）。

总之，在魏晋南北朝时期，《公羊》学处于非常衰微的状态，相比较而言，《左传》则开始兴盛，并得到了这一时期朝野上下的关注。不仅如此，在研究方法上，《公羊》学改变了两汉时期恪守门户的特点，而转向了会通三传的倾向，这对于中唐"啖赵学派"的《春秋》学而言，无疑有重要的启示意义。

在隋统一南北朝之后，杜预《左传》学盛行，而服虔《左传》学以及《公羊》学、《穀梁》学都衰微了。如《隋书·经籍志》记载云："至隋，杜氏盛行，服义及《公羊》《穀梁》浸微，今殆无师说。"由于在隋唐时期，政治上尽管是北方统一南方，但在经学上却是南学统一北学，所以杜预之学取代服虔之学也是自然而然的事情。

到了唐代，虽然也重视《春秋》学，但当时代表官方之学的孔颖达《五经正义》，所选择的是《左传》，并没有《公羊传》。这也说明，在唐代古文经学继续兴盛，而代表今文经学的《公羊传》依然处于式微的状态。不过，虽然没有被列入《正义》之中，但在唐代

的明经科中，《公羊传》却有幸被列入"九经"。唐代的明经科考试
并不受读书人的重视，而且当时参加明经考试的士子，也不一定要
参加所有的"九经"考试，而是根据自己的兴趣选择"九经"中的
若干部经考试。

　　尽管如此，当时的徐彦对《公羊传》的注疏成为《公羊》学史
上的经典之作。徐彦，生平事迹不详①，他所撰的《公羊疏》是以何
休《春秋公羊解诂》为疏解对象，同时对《公羊》传文进行注解。
可以说，疏解经文、传文，这也是南北朝以后义疏之学的基本特征。
徐彦《公羊传疏》颇有特色，首先他对何休《解诂》的内容作了疏
通，比如《公羊传》隐公十一年云："《春秋》君弑贼不讨，不书葬，
以为无臣子也。"何休《解诂》注解此云："道《春秋》通例，与文、
武异。"对此注文，徐彦作了进一步疏通：

　　　言文、武之时，周之盛德，既无诸侯相犯，宁有臣子弑君父
　　者？是以古典无责臣子讨贼之义。《春秋》据乱而作，时则有之，
　　因设其法，故言与文、武异。

　　从这个疏文我们可以看出，徐彦对何休《解诂》中提到的"与
文、武异"，作了细致的疏通，告诉读者何休为何曰"与文、武异"。
更为主要的是，徐彦对何休《解诂》中所出现的注文多表明出处并
进行核实，正如赵伯雄《春秋学史》所言："何休作注，采撷文献资
料甚多，或直引原文，或概述大义，但大多不言出处，而且往往与
自撰的注文混而为一，徐《疏》细加辨别，一一为之指明。"② 徐彦

---

　　① 对于徐彦的生平年代，学者多有争议，一般将其视为唐代人，比如《崇文总目》
《直斋书录解题》《四库全书总目》等。但也有一些学者将其视为北朝人，比如阮元、王鸣
盛、皮锡瑞、赵伯雄等。
　　② 赵伯雄：《春秋学史》，山东教育出版社，2004 年，第 338 页。

在疏解《公羊》经传的时候，往往通过援引"旧注""旧疏"的形式，博采众长，考证疏通，并断以己意。当然，徐彦《公羊传疏》并非一味地信从何休《解诂》，对其不当之处也多有驳正。同样，他对《公羊传》也并非一味袒护，而是兼采三传之长，择善而从。不过由于徐彦《公羊传疏》属于北学，而北朝经学延续了汉代经学，故多重视谶纬，并以谶纬解经。总的来说，徐彦《公羊传疏》是《公羊》学史上的经典之作，也是南北朝时期义疏之学兴起之后的典范之作。徐彦兼采诸家之长，为《公羊》经传作了疏通，对《公羊》学的传承、发展起到了重要的推动作用。

在唐代《公羊》学史上，最受关注的当属"啖赵学派"的《春秋》学。尽管他们没有就《公羊传》进行深入而专精的注解，但却就《公羊》学的解读方式作了全新的思考与践行，其中最典型的就是"会通三传"，这样一来就打破了以往《左传》独尊的局面，使得三传在解读《春秋》的时候各自发挥自己的价值。加上啖赵学派在解释《春秋》时所用的观点多出自《公羊传》《穀梁传》，由此也推动了《公羊》学的发展。对此，正如《四库全书总目提要·春秋类》总序所云："说经家之有门户，自《春秋》三传始。然迄能并立于世。其间诸儒之论，中唐以前则《左氏》胜，啖助、赵匡以逮北宋则《公羊》《穀梁》胜。"[①] 啖赵学派的《公羊》学思想与方法，对北宋中期的《公羊》学及《春秋》学产生了深远的影响。

（三）宋元明清

宋元明清时期作为中国经学发展史上的宋学阶段，在经学上体

---

① 《四库全书总目提要》卷二十六《春秋类·序》。

现出了一定的共性，在《春秋》学尤其是《公羊》学方面也是如此。随着中唐时期啖赵学派"舍传求经""会通三传"解经模式的开启，此法被宋儒所继承发展，最终成为宋代《春秋》学乃至《公羊》学的基本研究范式。另外，随着程朱理学被确立为官学，这一学说指导下的胡安国《春秋传》，成为宋代乃至元明清时期最为流行的经学范式。

1. 两宋时期

两宋时期，《春秋》学与易学、《四书》学同为显学，不过此一时期的《春秋》学深受啖赵学派的影响，对此正如清人江藩所言："至唐，赵匡、啖助、陆淳始废传谈经，而三传束之高阁，《春秋》之一大厄也。有宋诸儒之说《春秋》，皆啖赵之子孙而已。"① 这种唐宋之间的传承，与《春秋》学更加偏重思想义理有直接的关系，而随着程朱理学成为《春秋》学的指导思想，理学化的《公羊》学成了宋代乃至元明清时期的基本范式。

两宋时期的《春秋》学著述非常多，《宋史·艺文志》著录有二百四十部之多，但专门以《公羊》学为题的非常少，屈指可数。宋代《公羊》学的研究多是作为三传之一出现，或者以语录、专题的形式出现，比如刘敞《春秋传》便是三传兼采，其中涉及《公羊传》，故《四库全书总目提要》就评价这部书说："其褒贬义例，多取诸《公羊》《穀梁》"，"其经文杂用三《传》，不主一家。"② 孙觉《春秋经解》、陈傅良《春秋后传》、王应麟《春秋三传会考》等皆是如此。宋代《公羊》学的情形，正如有学者所总结的：

---

① 江藩：《汉学师承记》，三联书店，1998 年，第 173 页。
② 《四库全书总目提要》卷二十六《春秋传》提要。

宋代关于《公羊传》的著述，相对宋儒著述的数量而言，其比例远远逊于前代，几乎可以说是没有一部像样的专书，即使言三传涉及《公羊传》，也很少以《公羊传》为主。而像陈傅良那样的著作，能发明《公羊》的"书"与"不书"诸义例，确属凤毛麟角，难能可贵了。①

在宋代，《春秋》学虽然属于显学，但是《公羊》学却研究者寥寥，甚至"没有一部像样的专书"。宋代理学盛行，程朱等理学家所倡导的心性理命成为学术的核心思想，"理"或"天理"成为《春秋》学的核心范畴，这样一来，《公羊》学以及《穀梁》学所宣扬的"礼"自然被人忽略。由此一来，作为程朱理学化经学体系的胡安国《春秋传》，自然取代了《春秋》三传而盛行于中国近世的思想文化界。

2. 元明

元明时期《四书》学成为经学的核心部分，而取代了《五经》学，《公羊》学也被胡安国《春秋传》所取代。在元代，《春秋》诸家，多注重疏通、解释胡安国《春秋传》，强调以理解经。不过，与宋代诸儒阐发《春秋》大义不同的是，元代诸家诸派研习《春秋》学，多注重考据、考辨，并非一味地墨守胡安国《春秋传》与朱熹《春秋》学，而是希望在汉宋《春秋》学之间保持一个平衡。比如俞皋《春秋集传释义大成》、吴澄《春秋纂言》、程端学《春秋本义》《春秋或问》《春秋三传辨疑》、李廉《春秋诸传会通》、郑玉《春秋经传阙疑》、赵汸《春秋属辞》、汪克宽《春秋胡传附录纂疏》等。

---

① 黄开国：《公羊学发展史》，人民出版社，2013年，第443页。

元代的《公羊》学与宋代颇为相似，几乎没有一部专门探究《公羊》学的著述，学者研究《公羊》学多注重会通三传，如程端学《春秋三传辨疑》、赵汸《春秋属辞》、郑玉《春秋经传阙疑》等，皆是如此。明代也是如此，《明史·艺文志》所著录的明人《春秋》学著述有一百三十多部，但没有一部以《公羊》学为专题的著述。

总之，元明时期的经学基本上延续了宋代，故在《春秋》学上更是如此。《公羊》学所宣扬的礼学开始让位于《四书》学、易学所蕴含的理学，故在学术研究上《公羊》学处于边缘化的状态，因而鲜有著述产生。

3. 清代

在清代，虽然《公羊》学的发展迎来了全新的时代，并在清代中后期出现了一大批名家、名作，但是有清一代，程朱理学作为官学依然具有主导的地位，在某种意义上来说，这也继续影响着《公羊》学的传承与发展。

关于清代《公羊》学的传习情况，我们可以参考清人刘师培《经学教科书》所作的梳理与总结，现将之迻录于下：

> 顺、康之交，说《春秋》者，仍仿宋儒空言之例。如方苞（《春秋通论》）、俞汝言（《春秋平义》《四传纠正》）之书是也。毛奇龄作《春秋传》，又作《春秋简书刊误》《春秋属辞比事记》，以经文为纲，然穿凿无家法。惠士奇作《春秋说》，以典礼说《春秋》，其书亦杂糅"三传"。顾栋高《春秋大事表》博大精深，惜体例未严。……治《公羊》者，以孔广森《公羊通义》为嚆矢，会通礼制，不墨守何氏之言。凌曙作《公羊礼说》《公羊礼疏》《公羊问答》，亦以《礼》为纲（并注董子《繁露》）。弟子陈立广其义，作《公羊正义》（并疏《白虎通》）。及庄存与作《春秋正辞》，宣究

《公羊》大义，其甥刘逢禄复作《公羊何氏释例》《何氏解诂笺》，并排斥《左传》《穀梁》。而宋翔凤、魏源、龚自珍、王闿运咸以《公羊》义说群经，是为《公羊》之学。①

从刘师培的总结中，我们可以看出，清代中前期，《公羊》学发展基本上延续了宋元明时期的解经范式，注重会通三传。但从清代中期开始，孔广森、庄存与、刘逢禄等人开始发掘《公羊》学思想，结合时代的需要，发明新说，开启了《公羊》学的新时代，更是一改以往《公羊》学寂寥的状态。当然，孔广森、庄存与、刘逢禄等人只是对以往《公羊》学加以继承，鲜有在理论上有所创新。如有学者所评价的："无论是庄存与的重大义，还是刘逢禄的重微言，都只是对春秋公羊学已有理论的说明，而无实质的创新，更没有与社会现实的结合。"②

清代《公羊》学真正实现理论上的突破则开始于宋翔凤、魏源、龚自珍、王闿运、廖平、康有为等人，他们基于清朝中期所出现的思想文化、社会政治危机，开始挣脱程朱理学的束缚，从传统的公羊学理论中汲取社会文化变革的思想资源，由此推动了中国近代以后思想文化乃至社会政治的变革。

参考文献

（一）基础文献

［汉］何休注，［唐］徐彦疏：《春秋公羊传注疏》，《十三经注疏》本，杭

---

① ［清］刘师培著，陈居渊注：《经学教科书》，第129—130页。
② 黄开国：《公羊学发展史》，人民出版社，2013年，第448页。

州：浙江古籍出版社，1998年版。

　　［晋］杜预注，［唐］孔颖达疏：《春秋左传正义》，《十三经注疏》本，杭州：浙江古籍出版社，1998年版。

　　［晋］范宁集解，［唐］杨士勋注疏：《春秋穀梁传注疏》，《十三经注疏》本，杭州：浙江古籍出版社，1998年版。

　　［南朝梁］萧子显撰：《南齐书》，北京：中华书局，1972年版。

　　［清］王先谦撰，沈啸寰、王星贤点校：《荀子集解》，北京：中华书局，1988年版。

　　［清］苏舆撰，钟哲点校：《春秋繁露义证》，北京：中华书局，1992年版。

（二）研究论著

陈慧琪：《托古改制公羊传》，郑州：中州古籍出版社，2014年版。

戴维：《春秋学史》，长沙：湖南教育出版社，2004年版。

傅隶朴：《春秋三传比义》，台北：商务印书馆，2006年版。

黄开国：《公羊学发展史》，北京：人民出版社，2013年版。

蒋庆：《公羊学引论——儒家的政治智慧与历史信仰》，沈阳：辽宁教育出版社，1995年版。

江藩：《汉学师承记》（外二种），北京：三联书店，1998年版。

林义正：《公羊春秋九讲》，北京：九州出版社，2018年版。

平飞：《经典解释与文化创新——〈公羊传〉"以义解经"探微》，北京：人民出版社，2009年版。

宋艳萍：《公羊学与汉代社会》，北京：学苑出版社，2010年版。

王维堤、唐书文：《春秋公羊传译注》，上海：上海古籍出版社，2004年版。

王文东：《天之道与人之礼——〈春秋〉经传主体思想》，北京：人民出版社，2016年版。

翁银陶：《公羊传开讲》，上海：华东师范大学出版社，2011年版。

许雪涛：《公羊学解经方法：从〈公羊传〉到董仲舒春秋学》，广州：广东人民出版社，2006年版。

严正：《五经哲学及其文化学的阐释》，济南：齐鲁书社，2001 年版。

杨向奎：《绎史斋学术文集》，上海：上海人民出版社，1983 年版。

赵伯雄：《春秋学史》，济南：山东教育出版社，2004 年版。

赵生群：《〈春秋〉经传研究》，上海：上海古籍出版社，2000 年版。

赵友林：《〈春秋〉三传书法义例研究》，北京：人民出版社，2010 年版。

春秋穀梁传

　　《穀梁传》是《春秋》三传之一，与《左传》《公羊传》一样都传承了孔子《春秋》的思想，它在中国经学史、史学史、思想史上都有非常重要的影响。当然，相比《左传》《公羊传》来说，它的影响要小一些。

一、《穀梁传》的成书

　　《穀梁传》的成书定本主要是在汉代，但实际上在此之前它已经经历了数百年的传承，并经过了数代人的编辑整理，最终在汉代得以成书。关于《穀梁传》的作者及在汉代的传承情况，学者一直都有分歧，直到今天依然没有一个统一的说法。

（一）《穀梁传》的作者及成书

　　《穀梁传》一书，相传是子夏传自孔子，随后子夏传给弟子穀梁赤（也叫穀梁俶），是为《穀梁传》。也就是说，《穀梁传》的作者是子夏（思想主要是子夏的），然后子夏将《穀梁传》传给了弟子穀梁子，这个说法在中国古代最为流行，东晋范宁、唐代杨士勋都持此观点。

　　子夏传授《穀梁传》的观点，得到了后世普遍的认可，这很大程度上与子夏精通经学有直接的关系，对此正如宋人洪迈《容斋随笔》（《续笔》卷十四"子夏经学"）所言：

　　　　孔子弟子唯子夏于诸经独有书，虽传记杂言未可尽信，然要为与它人不同矣。于《易》则有《传》……于《春秋》，所云"不能赞一辞"，盖亦尝从事于斯矣。公羊高实受之于子夏，穀梁赤者，《风俗通》亦云子夏门人。①

　　孔子弟子三千，贤者七十二，而精通经学或者说能够有经学文本传承的主要是子夏，子夏精通群经，即使是对《春秋》也有自己的深刻理解，所以孔子《春秋》也得到了他的认可。由于穀梁赤与子夏时代很近，所以穀梁赤传承子夏《春秋》学的可能性极大。

　　穀梁子，汉代的桓谭《新论》、蔡邕《正交论》、应劭《风俗通义》等都认为是穀梁赤。阮孝绪《七录》则认为是"穀梁俶"。后来又有很多别的观点，以至到了唐代，出现了穀梁赤、穀梁俶、穀梁喜、穀梁嘉、穀梁寘、穀梁淑等六种说法。对于这几种说法，近代以来学者的态度不一，如皮锡瑞《经学通论·春秋》认为，穀梁赤、穀梁俶、穀梁喜、穀梁寘并不是一个人，而是穀梁家族中传承《穀梁传》的几位学者。对此，吴承仕在其《经典释文序录疏证》中反对这种说法，他认为唐代出现的那六个不同人名，实际上就是"字异而人同"，都是指穀梁子一个人。

　　近代以来，学者们又有新的观点，很多人认为《穀梁传》大概是战国时期的学者（也有可能是穀梁子）杜撰的。一方面，《穀梁传》所讲的多牵强附会，并非孔子"微言大义"；另一方面，《穀梁传》与《公羊传》之间多有矛盾之处。所以他们认为，《穀梁传》既非孔子所传，也不可能出自子夏，而是战国时期的人杜撰出来的。顾颉刚、杨伯峻等人都持此说。

---

① ［宋］洪迈撰，孔凡礼点校：《容斋随笔》，容斋续笔卷十四，中华书局，2015年，第309页。

究竟《穀梁传》是怎样成书的呢？根据先秦时期文献成书的基本规律，《穀梁传》的成书应该也非一人一时之力，而是经过多人长时期的传承、编辑而成。换言之，在《穀梁传》的传承过程中，出现过一批学者，其中重要的学者正如文献中所记载，有孔子、子夏、穀梁子、荀子等人，这几个人是《穀梁传》成书的关键人物，也正是由于他们对《穀梁传》做出重要修订或传承，所以成为《穀梁传》成书过程中的代表性人物，正如有学者所总结的：

> 《春秋穀梁传》以各种文字痕迹可寻的义例所探寻出来的孔子自己的思想或所谓微言大义，只能看作是《春秋穀梁传》自己的思想而不能强加给孔子以作为孔子的思想。可以说穀梁子是《春秋穀梁传》的第一作者，《春秋穀梁传》最初的底本的写作年代当在战国中期，在汉武帝之前的后代《春秋穀梁传》学者又有所补充。真正意义上的《春秋穀梁传》当始于穀梁子。穀梁子从传说的子夏所传之笼统的《春秋》阐释之学中分离出来，形成了《春秋穀梁传》最初的学术特色。荀子是《春秋穀梁传》承前启后的关键人物，使《春秋穀梁传》"亲亲上恩"的学术特色得到进一步加强。[1]

当然，其中子夏、穀梁子功劳最大，故一般都会将他们视为《穀梁传》的作者。由于《穀梁传》最终是在汉代定本，在春秋战国时期的传承过程中，也有很多别的学者进行了编辑，从今本《穀梁传》来看，我们也能发现这样的问题，如在《穀梁传》的文本中出现了很多其他人的名字，如尸子（商鞅之师）、沈子、公子启、蘧伯玉、孔子、君子等，"孔子曰""传曰""或曰"等说法很多：

---

[1]　杨德春：《〈春秋穀梁传〉研究》，河北大学出版社，2017 年，摘要。

九月，考仲子之宫。考者，何也？考者，成之也，成之为夫人也。礼，庶子为君，为其母筑宫，使公子主其祭也。于子祭，于孙止。仲子者，惠公之母。隐孙而修之，非隐也。初献六羽。初，始也。穀梁子曰：舞《夏》，天子八佾，诸公六佾，诸侯四佾。初献六羽，始僭乐矣。《尸子》曰：舞《夏》，自天子至诸侯皆用八佾。初献六羽，始厉乐矣。（隐公五年）

冬，曹伯使其世子射姑来朝。朝不言使，言使非正也。使世子伉诸侯之礼而来朝，曹伯失正矣。诸侯相见曰朝。以待人父之道待人之子，以内为失正矣。内失正，曹伯失正，世子可以已矣，则是放命也。《尸子》曰："夫已，多乎道。"（桓公九年）

夏，六月癸亥，公之丧至自乾侯。戊辰，公即位。殡然后即位也。定无正，见无以正也。逾年不言即位，是有故公也；言即位，是无故公也。即位，授受之道也。先君无正终，则后君无正始也；先君有正终，则后君有正始也。戊辰，公即位，谨之也。定之即位，不可不察也。公即位，何以日也？戊辰之日，然后即位也。癸亥，公之丧至自乾侯，何为戊辰之日然后即位也？正君乎国，然后即位也。沈子曰："正棺乎两楹之间，然后即位也。"内之大事日，即位，君之大事也，其不日，何也？以年决者，不以日决也。此则其日何也？著之也。何著焉？逾年即位，厉也，于厉之中又有义焉。未殡，虽有天子之命犹不敢，况临诸臣乎？周人有丧，鲁人有丧，周人吊，鲁人不吊。周人曰："固吾臣也，使人可也。"鲁人曰："吾君也，亲之者也，使大夫则不可也。"故周人吊，鲁人不吊，以其下成、康为未久也。君至尊也，去父之殡而往吊犹不敢，况未殡而临诸臣乎？（定公元年）

二十有八年春，晋侯侵曹。晋侯伐卫。再称晋侯，忌也。公子买戍卫。不卒戍，刺之。先名后刺，杀有罪也。公子启曰："不卒

戍者，可以卒也。可以卒而不卒，讥在公子也，刺之可也。"（僖公二十八年）

冬，十月乙亥，臧孙纥出奔邾。其日，正臧孙纥之出也。蘧伯玉曰："不以道事其君者，其出乎！"（襄公二十三年）

夏，四月，取郜大鼎于宋，戊申，纳于太庙。桓内弑其君，外成人之乱，受赂而退，以事其祖，非礼也。其道以周公为弗受也。郜鼎者，郜之所为也。曰宋，取之宋也，以是为讨之鼎也。孔子曰："名从主人，物从中国。"故曰郜大鼎也。（桓公二年）

夏，五。郑伯使其弟御来盟。诸侯之尊，弟兄不得以属通。其弟云者，以其来我举其贵者也。来盟，前定也。不日，前定之盟不日。孔子曰："听远音者，闻其疾而不闻其舒；望远者，察其貌而不察其形。"立乎定、哀，以指隐、桓，隐、桓之日远矣。夏五，传疑也。（桓公十四年）

秋，七月，楚子、蔡侯、陈侯、许男、顿子、胡子、沈子、淮夷伐吴。执齐庆封，杀之。此入而杀，其不言入，何也？庆封封乎吴钟离。其不言伐钟离，何也？不与吴封也。庆封其以齐氏，何也？为齐讨也。灵王使人以庆封令于军中，曰："有若齐庆封弑其君者乎？"庆封曰："子一息，我亦且一言。"曰："有若楚公子围弑其兄之子而代之为君者乎？"军人粲然皆笑。庆封弑其君而不以弑君之罪罪之者，庆封不为灵王服也，不与楚讨也。《春秋》之义：用贵治贱，用贤治不肖，不以乱治乱也。孔子曰："怀恶而讨，虽死不服。"其斯之谓与！（昭公四年）

四年春，王二月，莒人伐杞，取牟娄。《传》曰：言伐言取，所恶也。诸侯相伐取地于是始，故谨而志之也。戊申，卫祝吁弑其君完。大夫弑其君，以国氏者，嫌也，弑而代之也。（隐公四年）

五年春，公观鱼于棠。《传》曰：常事曰视，非常曰观。礼，

尊不亲小事，卑不尸大功。鱼，卑者之事也。公观之，非正也。（隐公五年）

　　冬，十月，伯姬归于纪。礼，妇人谓嫁曰归，反曰来归，从人者也。妇人在家制于父，既嫁制于夫，夫死从长子。妇人不专行，必有从也。伯姬归于纪，此其如专行之辞，何也？曰非专行也。吾伯姬归于纪，故志之也。其不言使，何也？逆之道微，无足道焉尔。纪子伯、莒子盟于密。或曰，纪子伯莒子而与之盟。或曰，年同爵同，故纪子以伯先也。（隐公二年）

　　二年春，王正月，戊申，宋督弑其君与夷，桓无王，其曰王，何也？正与夷之卒也。及其大夫孔父。孔父先死，其曰及，何也？书尊及卑，《春秋》之义也。孔父之先死，何也？督欲弑君而恐不立，于是乎先杀孔父，孔父闲也。何以知其先杀孔父也？曰，子既死，父不忍称其名，臣既死，君不忍称其名。以是知君之累之也。孔，氏，父，字谥也。或曰，其不称名，盖为祖讳也，孔子故宋也。（桓公二年）

　　五月，葬桓王。《传》曰：改葬也。改葬之礼，缌，举下，缅也。或曰，却尸以求诸侯。天子志崩不志葬，必其时也。何必焉？举天下而葬一人，其义不疑也。志葬，故也，危不得葬也。曰，近不失崩。不志崩，失天下也。独阴不生，独阳不生，独天不生，三合然后生。故曰母之子也可，天之子也可。尊者取尊称焉，卑者取卑称焉。其曰王者，民之所归往也。（庄公三年）

　　从《穀梁传》中出现的这些尸子、沈子、公子启、蘧伯玉、孔子等名字以及"传曰""或曰"等引文，我们可以判定，在《穀梁传》的传承过程中，有不同时代不同学者的编辑痕迹，他们加入了之前学者及自己的观点，或者是引用孔子等名家的思想。其中，穀梁赤是《穀梁传》传承过程中作出最大贡献的学者，这种情形与《公羊传》的成书、传承有异曲同工之处。

另外，同样作为《春秋》的传记，《穀梁传》与《公羊传》在形式上、特征上颇为一致，只是在一些史实、思想大义上有不同，所以一般学者都认为它们应当属于同源异流的两部著述。也就是说，《公羊传》《穀梁传》应当同属于子夏一派，只不过属于不同的传承系统。对此，沈玉成、刘宁在其《春秋左传学史稿》中说道：

> 《穀梁传》与《公羊传》是同源异流、同本异末的两部著作。它们同属今文学派，同讲微言大义，同以释经义为主，同为问答体，《穀梁传》的写定则晚于《公羊传》。其所以有异说甚至驳论，是两家经师传授的不同，既是学术上的分歧，也是在野的《穀梁》学派与当权的《公羊》学派所进行的政治争夺，争夺的结果是两派并列于学官。①

的确，《公羊传》《穀梁传》作为两部解释《春秋》的著作，都传自子夏，但在传承过程中随着不同文化体系的传承者的编辑、修订，最终形成了不同的解经及思想体系。换句话说，它们都出自子夏，随后在相当长的时间内并没有分派，一直到公羊高、穀梁赤出现，分别对这个系统的《春秋》学做了梳理编辑，从而形成了《公羊》学派、《穀梁》学派。当然，《穀梁传》《公羊传》虽然在细节上颇有不同，但是在维护皇权、维持秩序方面，它们殊途同归，故最终得到了统治者的认可。

总之，如果从成书的本源上来说，《穀梁传》与《公羊传》一样都出自子夏，经历了多个时期、不同人的传承编辑，最终在汉代被

---

① 沈玉成、刘宁：《春秋左传学史稿》，江苏古籍出版社，1992年，第69页。

写在简帛上，供后人研习。尤其是经过公羊高、穀梁赤二人的整理、编辑，形成了不同的《春秋》学派。

（二）《穀梁传》的汉代传授

《春秋》学真正开始发展是在汉代，不过《春秋》三传发展状况不一样。其中，《公羊传》率先在汉景帝时被立为官学。到了汉武帝时期，受董仲舒、公孙弘等人的推动，《公羊》学大兴，这也和它开宗明义宣扬"大一统""尊王攘夷""君尊臣卑"等思想有直接的关系。《穀梁传》在汉宣帝时才开始被立为官学，随后大兴。《左传》只有在王莽、汉光武帝时期被立为官学，之后被废。东汉明帝之后，开始形成《春秋》三传并立的局面。不过，有汉一代，《公羊传》最为兴盛，地位也最为稳固。

就汉代《穀梁》学而言，它的发展整体上不如《公羊》学。具体来说，《公羊》学因董仲舒的宣扬成为显学，中央集权与皇权也由此得到了加强。对此《汉书·儒林传》有详细的记载：

> 瑕丘江公，受《穀梁春秋》及《诗》于鲁申公，传子至孙为博士。武帝时，江公与董仲舒并。仲舒通《五经》，能持论，善属文。江公呐（讷）于口，上使与仲舒议，不如仲舒。而丞相公孙弘本为《公羊》学，比辑其议，卒用董生。于是上因尊《公羊》家，诏太子受《公羊春秋》，由是《公羊》大兴。太子既通，复私问《穀梁》而善之。其后浸微，唯鲁荣广王孙、皓星公二人受焉。广尽能传其（指瑕丘江公）《诗》《春秋》（指《穀梁传》），高材捷敏，与《公羊》大师眭孟等论，数困之，故好学者颇复受《穀梁》。沛蔡千秋少君、梁周庆幼君、丁姓子孙皆从广受。千秋又事皓星公，为学最笃。

唐人杨士勋《春秋穀梁传注疏》的记载有云：

　　　　穀梁子，名俶，字元始，鲁人。一名赤。受经于子夏，为经作
　　传，故曰《穀梁传》。传孙卿，卿传鲁人申公，申公传博士江翁，
　　其后鲁人荣广大善《穀梁》，又传蔡千秋。汉宣帝好《穀梁》，擢千
　　秋为郎，由是《穀梁》之传大行于世。（《春秋穀梁传注疏序》）

　　根据班固和杨士勋的解释，《穀梁传》最初由子夏传给鲁人穀梁
赤，之后，穀梁赤又传给荀子，荀子传给鲁人申公。申公即申培，
他既是汉代《鲁诗》的传承者，也是汉代最早研习《穀梁传》的学
者。申培将《穀梁传》传给瑕丘江公。根据司马迁《史记》的记载，
"瑕丘江生为《穀梁春秋》"（《史记·儒林列传》），即《穀梁传》是
由汉武帝时期的江公以隶书书写在简帛上的，这就是汉代今文《穀
梁传》。一说，在汉武帝时期，瑕丘江公作为《穀梁传》的传承者，
由于口才不好，以至于与传承《公羊传》的董仲舒辩论而处于下风，
加上当时丞相公孙弘支持《公羊传》，《公羊传》在当时被君臣尊崇，
"由是《公羊》大兴"，而《穀梁传》不被人重视，只有鲁地的荣广
王孙、皓星公两人研习之。

　　其实在汉武帝时期，朝廷之所以选择《公羊传》而不选择《穀
梁传》，并非传承者的问题，而是相比较《公羊传》来说，《穀梁传》
在思想表达上不及《公羊传》。对此，正如有的学者所总结的：

　　　　汉武帝选择《春秋公羊传》而不是《春秋穀梁传》作为官方统
　　治思想，根本原因在于《春秋公羊传》的思想适合于这一时期的政
　　治需要，次要原因为齐鲁地域文化上之分别。当时高官多为习齐学
　　者。实际上这也就以历史的实际发展情况证明了《春秋穀梁传》无
　　法家思想可供汉武帝利用，即《春秋穀梁传》无法家思想。①

---

①　杨德春：《〈春秋穀梁传〉研究》，河北大学出版社，2017年，第173页。

汉武帝之所以不选择《穀梁传》而选择《公羊传》，是因为《公羊》学属于齐学，与政治走得非常近，极力宣扬现实所需要的思想，比如大一统、尊王攘夷等；而《穀梁》学属于鲁学，思想比较质朴，尽管也表达君臣等级、宗法伦理、尊王攘夷等思想，但是缺乏有力的学者推广。更为主要的是，汉武帝时期重要的政治任务之一就是要面对匈奴的挑战，为了应对这场战争，就需要有经典的依据，而《公羊传》满足了这一需求。对此《史记·匈奴列传》就曾经说道：

> 汉既诛大宛，威震外国。天子意欲遂困胡，乃下诏曰："高皇帝遗朕平城之忧，高后时单于书绝悖逆。昔齐襄公复九世之仇，《春秋》大之。"是岁太初四年也。

这里所提到的"齐襄公复九世之仇，《春秋》大之"所依据的就是《公羊传》中齐襄公消灭纪国为祖先复仇的史实，而这个复仇的思想及史实满足了汉武帝攻打匈奴的现实需要。关于齐襄公消灭纪国一事，《公羊传》庄公四年对《春秋》经文"纪侯大去其国"作了这样的解释，其文曰：

> 大去者何？灭也。孰灭之？齐灭之。曷为不言齐灭之？为襄公讳也。《春秋》为贤者讳。何贤乎襄公？复仇也。何仇尔？远祖也。哀公亨乎周，纪侯谮之。以襄公之为于此焉者，事祖祢之心尽矣。尽者何？襄公将复仇乎纪，卜之曰："师丧分焉。""寡人死之，不为不吉也。"远祖者，几世乎？九世矣。九世犹可以复仇乎？虽百世可也。家亦可乎？曰："不可。"国何以可？国君一体也。先君之耻，犹今君之耻也。今君之耻，犹先君之耻也。国君何以为一体？国君以国为体，诸侯世，故国君为一体也。今纪无罪，此非怒与？曰："非也。"古者有明天子，则纪侯必诛，必无纪者。纪侯之不

诛，至今有纪者，犹无明天子也。古者诸侯必有会聚之事，相朝聘之道，号辞必称先君以相接，然则齐纪无说焉，不可以并立乎天下。故将去纪侯者，不得不去纪也，有明天子则襄公得为若行乎？曰："不得也。"不得则襄公曷为为之，上无天子，下无方伯，缘恩疾者可也。

齐襄公的九世祖齐哀公因为纪侯的挑拨，曾被周夷王召至京城活活烹煮而死，自此齐、纪两国交恶。多年以后，齐襄公为了给先祖报仇，就消灭了纪国。在《公羊传》看来，齐襄公为了给祖先报仇而消灭纪国，是值得称赞的。复仇虽然过了九代人，但在《公羊传》看来并不长远，即使是过了一百世，也都可以复仇。当然，《公羊传》认为复仇是有前提条件的：一方面是祖先被杀的时候，天子不英明，当时也没有出现主持公道的诸侯；另一方面即使到了齐襄公时代，天子仍不明、诸侯也没有主持正义的，在这种情况下，齐襄公复仇是可行的、无可厚非的。

正是由于《公羊传》宣扬复仇的思想，加上汉高祖曾经攻打匈奴被围困的历史事实，促使汉武帝在面对匈奴及西域诸国侵扰的情形时，就开始引经据典，即借助《公羊传》复仇的思想，对匈奴发动了长达十四年的战争，并由此涌现出了一大批知名武将如卫青、霍去病、李广利等。相比较而言，《穀梁传》并没有提出大复仇这样的思想，自然没有得到汉武帝的认可与推崇。

当然，《穀梁传》并非一无是处，到了汉宣帝时期，由于统治阶层内部矛盾特别突出，于是强调礼仪道德、宗法伦理的《穀梁传》开始受到统治阶层的重视，这自然符合汉宣帝缓和社会矛盾的政治需要。对此，《汉书·儒林传》也有记载：

宣帝即位，闻卫太子好《穀梁春秋》，以问丞相韦贤、长信少府夏侯胜及侍中乐陵侯史高，皆鲁人也，言穀梁子本鲁学，公羊氏乃齐学也，宜兴《穀梁》。时千秋为郎，召见，与公羊家并说，上善《穀梁》说，擢千秋为谏大夫给事中，后有过，左迁平陵令。复求能为《穀梁》者，莫及千秋。上愍其学且绝，乃以千秋为郎中户将，选郎十人从受。汝南尹更始翁君本自事千狄，能说矣，会千秋病死，征江公孙为博士。刘向以故谏大夫通达待诏，受《穀梁》，欲令助之。江博士复死，乃征周庆、丁姓待诏保官，使卒授十人。自元康中始讲，至甘露元年，积十余岁，皆明习。乃召《五经》名儒太子太傅萧望之等大议殿中，平《公羊》《穀梁》同异，各以经处是非。时公羊博士严彭祖、侍郎申挽、伊推、宋显，穀梁议郎尹更始、待诏刘向、周庆、丁姓并论。公羊家多不见从……望之等十一人各以经谊对，多从《穀梁》。由是《穀梁》之学大盛。

就是说，汉宣帝是汉武帝的曾孙，但与汉武帝不一样的是，他的祖父卫太子刘据喜欢《穀梁传》，他本人也喜欢这部书，这自然为《穀梁传》的兴起提供了前提。对此，《后汉书·陈元传》也有记载："往者，孝武皇帝好《公羊》，卫太子好《穀梁》，有诏诏太子受《公羊》，不得受《穀梁》。孝宣皇帝在人间时，闻卫太子好《穀梁》，于是独学之。及即位，为石渠论而穀梁氏兴，至今与《公羊》并存。此先帝、后帝各有所立，不必其相因也。"于是，汉宣帝就提拔蔡千秋当朝官郎中，传授《穀梁传》，这一时期朝廷中的高官重臣如韦贤、夏侯胜、萧望之、刘向等都倾向于《穀梁传》，因此《穀梁》学从汉宣帝之后开始兴盛起来。另外，宣帝甘露三年（前51）召开的石渠阁会议上，《公》《穀》两派展开辩论，《穀梁》学派开始占据上风。汉宣帝时期《穀梁传》之所以被重视，原因在于它对于宗法伦理的重视，正如有的学者所总结的：

> 尽管《穀梁》学总的来说敌不过《公羊》学，但由于它宣扬儒家的宗法伦理思想，重视礼治，提倡礼教，较之《公羊》学直截（接）强调拨乱反正，对于强化大一统的中央集权统治要温和一些，在社会稳定之时，更适应统治者的需要。所以西汉宣帝倍加青睐，使《穀梁》学大盛，在一段时间内取代了《公羊》学的正统地位。①

《穀梁传》相对于《公羊传》来说，更加注重家庭伦理，这更符合汉宣帝时期的政治需要，因为汉宣帝即位之后，当时的社会矛盾、宗室关系都很紧张，为了改变汉武帝时期严刑酷法的状态，他极力宣扬亲亲、伦理之道，旨在缓和社会矛盾，以此来巩固自己的政治地位，因此宣扬亲亲之道的《穀梁传》很快得到了最高统治者的认可。此后《穀梁传》便被立为官学，设立专经博士，一度取得了与《公羊》学平分秋色的政治地位。

实际上，《穀梁传》除了在汉宣帝时期兴盛外，其余时间皆处于式微状态。到了东汉，精通《穀梁》学的人更是寥寥无几。《穀梁传》尽管和《公羊传》在汉代一样曾经被立为官学，并在汉宣帝时期一度非常兴盛，但实际上，有汉一代《穀梁传》的兴盛程度远远不如《公羊传》，其中的原因，清人唐晏《两汉三国学案》作了考证，他认为：

> 以今考之，《穀梁》出于鲁儒，其说最为有本，惜汉代无大儒为发明之。又其立学官也晚，遂不及《公羊》之盛。《公羊》，齐说

---

① 谢金良：《穀梁传开讲》，华东师范大学出版社，2011年，前言。

也，未必为孔门之正传。世徒以汉武好之，而得公孙弘、董仲舒之力，而其传遂远，此二传之异也。[1]

根据唐晏的考证，《穀梁传》应当在汉景帝时期写定，时间上略晚于《公羊传》；另外，在立为官学的时间上，《穀梁传》也晚于《公羊传》。且由于《穀梁传》缺乏像公孙弘、董仲舒那样的大儒进行研究、宣扬，所以影响力在整个汉代不及《公羊传》。当然，除了外在的原因之外，还有内在的原因，《公羊传》侧重天人关系、大一统与尊王攘夷等大问题，现实政治趋向性非常强；而《穀梁传》尽管也强调等级礼仪、宣扬宗法伦理，但在覆盖面与气象上远不及《公羊传》。而且，在文章风格上，《穀梁传》比较质朴，多注重经义本身，阐发较少，内容也简约，它的文字只有《公羊传》的二分之一。

二、《穀梁传》对《春秋》的解释

《穀梁传》作为解释《春秋》的著作之一，它在解释的风格上与《公羊传》非常相似，而与《左传》差异非常大。由于《左传》主要是通过史实来解释《春秋》的经文，《穀梁传》《公羊传》则是侧重阐发《春秋》大义，以至于《左传》一般被后人视为史学，而《穀梁传》《公羊传》被视为经学。当然，三者各有优长，缺一不可，对此正如清人皮锡瑞在其《经学通论》中所说："《春秋》有大义，有微言。大义在诛乱臣贼子，微言在为后王立法。惟《公羊》兼传大义、微言。《穀梁》不传微言，但传大义。《左传》并不传义，特以

---

① ［清］唐晏：《两汉三国学案》，台北世界书局，1979 年，第 1 页。

记事详赡有可以证《春秋》之义者。故三《传》并行不废。"① 也就是说，《春秋》"有大义，有微言"，既有批判乱臣贼子的，也有为后代君王立规矩的。作为解释《春秋》的三《传》，《公羊传》这两个维度都有，而《穀梁传》主要是在于批判乱臣贼子，而很少为后代君王立规矩，可谓破者多，立者少，而《左传》侧重通过史实来阐明《春秋》经义。但不论如何，《春秋》三传各有优长，并行不废。

（一）揭示《春秋》大义

古代的《春秋》学者对《穀梁传》传承《春秋》大义方面评价很高，如郑玄就曾在他的《六艺论》中说"《穀梁》善于经"，即精通《春秋》大义，能够很好地传承《春秋》的思想旨趣。《穀梁传》之所以能得到郑玄的高度评价，说明它在传承《春秋》大义方面做得比较到位。换句话说，《穀梁传》终篇都在强调《春秋》大义，宣扬君臣等级礼制等思想，而确立规矩之处较少。举例来说，同样都是对《春秋》经文开篇第一句"元年春，王正月"的解释，《公羊传》是这样说的：

> 元年者何？君之始年也。春者何？岁之始也。王者孰谓？谓文王也。曷为先言王而后言正月？王正月也。何言乎王正月？大一统也。公何以不言即位？成公意也。何成乎公之意？公将平国而反之桓。曷为反之桓？桓幼而贵，隐长而卑，其为尊卑也微，国人莫知。隐长又贤，诸大夫扳隐而立之。隐于是焉而辞立，则未知桓之将必得立也。且如桓立，则恐诸大夫之不能相幼君也，故凡隐之立，为桓立也。隐长又贤，何以不宜立？立適（嫡）以长，不以

---

① ［清］皮锡瑞：《皮锡瑞集》，岳麓书社，2012年，第1534页。

贤；立子以贵，不以长。桓何以贵？母贵也。母贵则子何以贵？子
以母贵，母以子贵。（隐公元年）

《穀梁传》的解释则是这样的：

> 虽无事，必举正月，谨始也。公何以不言即位？成公志也。焉
> 成之？言君之不取为公也。君之不取为公，何也？将以让桓也。让
> 桓正乎？曰不正。《春秋》成人之美，不成人之恶。隐不正而成之，
> 何也？将以恶桓也。其恶桓何也？隐将让而桓弑之，则桓恶矣。桓
> 弑而隐让，则隐善矣。善则其不正焉，何也？《春秋》贵义而不贵
> 惠，信道而不信邪。孝子扬父之美，不扬父之恶。先君之欲与桓，
> 非正也，邪也。虽然，既胜其邪心以与隐矣，已探先君之邪志而遂
> 以与桓，则是成父之恶也。兄弟，天伦也。为子受之父，为诸侯受
> 之君，已废天伦而忘君父以行小惠，曰小道也。若隐者，可谓轻千
> 乘之国，蹈道则未也。（隐公元年）

关于《春秋》经文第一句话的历史背景是这样的：鲁国的第十
三位国君鲁惠公，他曾娶宋国的孟子为夫人，但无子；孟子早死，
他就和陪嫁的媵妾声子生下隐公。根据《史记》的记载，隐公长大
之后，鲁惠公为他迎娶宋武公弟弟的女儿仲子作为妻子，等到仲子
来到鲁国的时候，惠公发现儿媳妇仲子很美，就将之夺下，立她为
夫人，并生了桓公。不论是鲁隐公，还是弟弟鲁桓公，他们都是鲁
惠公的媵妾所生，尊卑一样，只不过鲁隐公年长，鲁桓公年幼，鲁
隐公很疼爱年幼的鲁桓公。根据《左传》的记载，鲁惠公在去世前
立鲁桓公为太子，尽管他远远不如鲁隐公贤能，但因他年纪太小，
就由年长的隐公摄政。鲁惠公原本希望等到桓公年纪大了之后，隐
公再把君位让给弟弟桓公。

　　但实际上，历史的发展并没有按照既定的轨迹进行：鲁隐公掌权之后，很贤能，在公子翚的辅佐下，对外打了几次胜仗，国家治理得也非常好。公子翚就曾劝说鲁隐公，说，你的弟弟也慢慢长大了，你要赶紧把他除掉，这样你就不用把君位让给弟弟，自己可以不做摄政王而做真正的国君了，这样可以让我当太宰。而鲁隐公说，他就想着等鲁桓公长大，听父亲鲁惠公早先的安排，让位给鲁桓公，自己回家养老。公子翚害怕鲁桓公知道自己的想法杀了自己，于是，他就找到鲁桓公，污蔑说隐公想杀掉桓公，做真正的国君。于是在鲁桓公的默许下，公子翚就在鲁隐公祭祀的时候杀了他。

　　对于这件事，孔子《春秋》并没有直接说鲁隐公即位，也没有批判鲁隐公或鲁桓公，觉得这一年乏善可陈，就只是说"元年春，王正月"六个字。对于这六个字，《左传》以当时的史实作了详细的解释。《公羊传》对此则从正反两个方面作了全面的解释，既有大义，也有微言。比如它一开篇就强调"大一统"，意思是说，周朝的臣民都要遵守周代以天子为核心的等级秩序。另外，《公羊传》极力强调周朝嫡长子继承制度，它认为隐公虽然年长，但不是太子，桓公虽然年幼，而是太子，所以认为孔子《春秋》没有写隐公即位。不过，《公羊传》肯定了鲁隐公的高风亮节，说他"隐长又贤，诸大夫扳隐而立之。隐于是焉而辞立，则未知桓之将必得立也。且如桓立，则恐诸大夫之不能相幼君也，故凡隐之立，为桓立也"。意思是说，鲁隐公年纪大而且贤能，想着自己作为摄政王，未来还政给鲁桓公。如果让弟弟做国君，担心大臣又不能辅佐他。总之，高度称赞了鲁隐公。另外，《公羊传》又认为，尽管鲁隐公贤能，但是因为他的母亲声子是陪嫁的妾，地位卑贱；而鲁桓公的母亲仲子是夫人，地位尊贵，所以，按照周代嫡长子继承制的规则"立適（嫡）以长，不以贤；立子以贵，不以长"，这样一来，就出现了"子以母贵，母以子贵"的局面，鲁隐公就没有资格继承王位，而鲁桓公虽然年幼，但是却可以继承王位。

总之，《公羊传》通过有破有立的形式，既通过批判鲁隐公的形式，宣扬了周朝大一统、礼仪等级秩序，又为鲁桓公杀兄一事做了隐讳，并宣扬嫡长子继承制度。相比较而言，《穀梁传》通篇注重批判，在批判鲁隐公的同时，也极力批判鲁桓公。比如它认为鲁隐公让位给弟弟鲁桓公是不对的，对鲁隐公这种小恩小惠的让位做法持批判态度。我们先将《穀梁传》这段话翻译过来看一下：

> 即使没有事情发生，也一定要记载正月，是表示重视君王的开始。对鲁隐公为什么不记载"即位"二字呢？这是为了成全隐公的心愿。怎么算是成全隐公的心愿呢？是说隐公不想当国君。隐公不想当国君，这是为什么呢？他想把君位让给桓公。让给桓公对么？这是不对的。《春秋》都是成全人的好事，而不成全人的坏事，隐公的做法不对，为什么还要成全他呢？这是为了彰显鲁桓公的邪恶。为什么要彰显桓公的坏呢？隐公将要让位给桓公，桓公却杀了他，这就显出了桓公的邪恶。桓公弑兄，隐公谦让，这就是隐公好。隐公好，又认为他不对，是为什么呢？《春秋》崇尚礼义，不崇尚小恩小惠，伸张正义而不伸张邪恶。孝子彰显父亲的美名，但不能彰显父亲的坏名声。鲁惠公想把君位给桓公，这是不对的，是邪恶的。虽然这样，他既然战胜了邪恶的想法把君位给了隐公，隐公已经探测到父亲的邪恶想法，却还把君位让给桓公，这就铸成了父亲的恶名。兄弟是天然的亲属关系，做儿子的从父亲那里接受了一切，如同各国诸侯从天子那里接受一切一样。隐公废弃了兄弟的长幼顺序，忘记了君父，来行小恩小惠，这叫小德。像隐公这样的

人，可算是轻视君位的人，至于说履行正义之道，还没有做到。

从《穀梁传》的评价我们可以看出，它虽然肯定了鲁隐公的谦让美德，但是却认为鲁隐公没有及时制止其父亲鲁惠公打破嫡长子继承制度的邪恶做法。毕竟，鲁惠公可以将君位直接传给鲁桓公，以维护当时流行的嫡长子继承制度。所以，《穀梁传》并没有像《公羊传》那样肯定鲁隐公的善良做法，而是极力批评鲁隐公这种将错就错、小恩小惠的让位做法，认为他不能维护当时的嫡长子继承制度，故说他"若隐者，可谓轻千乘之国，蹈道则未也"。与此同时，《穀梁传》也极力批判鲁桓公，认为他杀死了自己的哥哥鲁隐公，所以它在解释《春秋》鲁桓公"元年春王"的时候，就直言不讳地批判鲁桓公：

> 桓无王，其曰王，何也？谨始也。其曰无王，何也？桓弟弑兄，臣弑君，天子不能定，诸侯不能救，百姓不能去，以为无王之道，遂可以至焉尔。元年有王，所以治桓也。正月，公即位。继故不言即位，正也。继故不言即位之为正，何也？曰，先君不以其道终，则子弟不忍即位也。继故而言即位，则是与闻乎弑也。继故而言即位，是为与闻乎弑，何也？曰，先君不以其道终，己正即位之道而即位，是无恩于先君也。（桓公元年）

在这里，《穀梁传》认为鲁桓公是弟弟杀死了自己的哥哥、臣子杀死了自己的君王，这样做不仅违背了礼制，更是违背了兄弟之间的情义。这样说的目的，还是进一步彰显鲁桓公的邪恶。

总的来说，从这个例子可以看出，《穀梁传》在解释《春秋》的时候，侧重批判那些违背人伦道德、等级礼仪的做法，这不仅涉及君臣，也涉及普通的中下级统治阶层。与《公羊传》不同的是，由于《穀梁传》侧重《春秋》大义，即批判乱臣贼子，而很少就如何做一个君王、臣子发表自己的看法，这也就是很多学者认为的《穀梁传》侧重传承《春秋》大义，而很少表达微言的情形。

（二）注解《春秋》史实

《穀梁传》在解经上，虽然与《公羊传》颇为近似，即都是通过设问的形式来解读《春秋》经文，它们之间在史实上也大多相同、相近，但也有一些相反甚至是对立的内容，故从汉代开始，历朝历代都有《公羊》《穀梁》各争高低的学术争论。

就《穀梁传》与《公羊传》的相同之处来说，它们尽管都是注释《春秋》的著述，但是在很多地方并没有对《春秋》经文进行解释，这样的情况有人统计多达一千零四十条左右，而且两条以上连续没有进行注解的也有九十五处之多。另外，《穀梁传》在一些历史事实上，与《公羊传》可以互相补充，因为两者在对《春秋》进行注解的时候，它们分别有传但彼此没有交叉的地方，分别是263条、90条。[①]

《穀梁传》与《公羊传》都对《春秋》经文的内容、思想作了解释，比如《春秋》桓公四年载："四年春正月，公狩于郎。"《公羊传》解释为："狩者何？四狩也，春曰苗，秋曰蒐，冬曰狩。常事不书，此何以书？讥。何讥尔？远也。诸侯曷为必田狩？一曰干豆，二曰宾客，三曰充君之庖。"《穀梁传》则解释为："四时之田，皆为宗庙之事也。春曰田，夏曰苗，秋曰蒐，冬曰狩。四时之田用三焉，唯其所先得，一为干豆，二为宾客，三为充君之庖。"这两部书对其

---

① 谢金良：《穀梁传开讲》，华东师范大学出版社，2011年，第6—7页。

中出现的礼制，都作了几乎一致的解释。

当然，在对一些事实的揭示上，《穀梁传》较《公羊传》更加清晰，这样就容易对孔子《春秋》的记载及评价有清晰的认知，如《春秋》桓公六年载："蔡人杀陈佗。"对此，《公羊传》解释为："陈佗者何？陈君也。陈君则曷为谓之陈佗？绝也。曷为绝之？贱也。其贱奈何？外淫也。恶乎淫，淫于蔡，蔡人杀之。"尽管《公羊传》做了价值判断，认为陈佗这个君王太淫贱了，所以被杀，但是具体淫贱为何，它没有解释。对此《穀梁传》的解释就比较清晰：

> 陈佗者，陈君也。其曰陈佗何也？匹夫行，故匹夫称之也。其匹夫行奈何？陈侯憙猎，淫猎于蔡，与蔡人争禽。蔡人不知其是陈君也，而杀之。何如知其是陈君也？两下相杀，不道。其不地，于蔡也。

从《穀梁传》的解释，我们可以看出，它不仅指出了陈佗作为君王喜欢打猎，还与蔡人争夺猎物，以至于被蔡人所杀，并认为，陈佗这种行为，实在是匹夫的行为，所以我们就此知道《公羊传》为什么称他淫贱了。

实际上，《穀梁传》与《公羊传》解释相同之处，多是名物典制、历史事实等方面较为固定的解释。而不同之处，主要是对当时历史事实的理解或价值判断，出现了一些偏差，从而造成了彼此之间的差异。从内容上来说，《穀梁传》多注重对礼仪的补充。《春秋》桓公三年载："九月，齐侯送姜氏于讙。"对此，《公羊传》的解释注重进行价值判断，其曰："何以书？讥。何讥尔？诸侯越竟送女，非礼也。此入国矣，何以不称夫人？自我言齐，父母之于子，虽为邻国夫人，犹曰吾姜氏。"《公羊传》认为齐侯送女儿出了国境是非礼行为，这属于价值判断。相比较而言，《穀梁传》则注重对礼仪的补充：

> 礼：送女，父不下堂，母不出祭门，诸母兄弟不出阙门。父戒
> 之曰："谨慎从尔舅之言！"母戒之曰："谨慎从尔姑之言！"诸母般
> 申之曰："谨慎从尔父母之言！"送女逾竟，非礼也。

《穀梁传》借此对当时的婚嫁礼制作了解释，认为按照当时礼制，嫁女时，父母都不应该出境，作为诸侯更是在国内即可，不可出国门。而且，父母在送女儿出嫁时，还要嘱咐一定要听公婆的话。《穀梁传》这样做，既是对礼制的补充，更体现了对人伦道德的关注。

《穀梁传》在思想的表达与倾向上与《公羊传》也多有不同，比如《春秋》宣公十五年载："冬，蝝生。"《公羊传》解释为：

> 未有言蝝生者，此其言蝝生何？蝝生不书，此何以书？幸之
> 也。幸之者何？犹曰受之云尔。受之云尔者何？上变古易常，应是
> 而有天灾，其诸则宜于此焉变矣。

对于蝝这个自然灾害，《公羊传》认为是天人感应的结果，因为当时的鲁宣公实行了初税亩，导致天灾的降临。但是《穀梁传》却没有推崇天人感应学说，而解释道："蝝非灾也。其曰蝝，非税亩之灾也。"它认为，这不是天人感应，也不是初税亩造成的，而是当时的自然灾害而已。由此可见《穀梁传》所代表的鲁学的质朴。

又比如《穀梁传》与《公羊传》同样都是解释《春秋》僖公二十二年经文"冬，十有一月己巳朔，宋公及楚人战于泓，宋师败绩"，《公羊传》的解释是：

> 偏战者日尔，此其言朔何？《春秋》辞繁而不杀者，正也。何

正尔？宋公与楚人期战于泓之阳。楚人济泓而来。有司复曰："请迫其未毕济而击之。"宋公曰："不可。吾闻之也，君子不厄人，吾虽丧国之余，寡人不忍行也。"既济，未毕陈，有司复曰："请迫其未毕陈而击之。"宋公曰："不可。吾闻之也，君子不鼓不成列。"已陈，然后襄公鼓之，宋师大败。故君子大其不鼓不成列，临大事而不忘大礼，有君而无臣。以为虽文王之战，亦不过此也。

《穀梁传》的解释则是：

日事遇朔曰朔。《春秋》三十有四战，未有以尊败乎卑，以师败乎人者也。以尊败乎卑，以师败乎人，则骄其敌。襄公以师败乎人，而不骄其敌，何也？责之也。泓之战，以为复雪之耻也。雪之耻，宋襄公有以自取之。伐齐之丧，执滕子，围曹，为雪之会，不顾其力之不足，而致楚成王，成王怒而执之。故曰，礼人而不答，则反其敬；爱人而不亲，则反其仁；治人而不治，则反其知。过而不改，又之，是谓之过。襄公之谓也。古者被甲婴胄，非以兴国也，则以征无道也，岂曰以报其耻哉？宋公与楚人战于泓水之上，司马子反曰："楚众我少，鼓险而击之，胜无幸焉。"襄公曰："君子不推人危，不攻人厄。须其出。"既出，旌乱于上，陈乱于下。子反曰："楚众我少，击之，胜无幸焉。"襄公曰："不鼓不成列。"须其成列而后击之，则众败而身伤焉，七月而死。倍则攻，敌则战，少则守。人之所以为人者，言也。人而不能言，何以为人？言之所以为言者，信也。言而不信，何以为言？信之所以为信者，道也。信而不道，何以为道？道之贵者时，其行势也。

从上面的解释我们可以看出，《穀梁传》《公羊传》对泓水之战的态度截然不同，对宋襄公的评价也是差异非常大。《穀梁传》认为宋襄公虽败犹荣，他信守承诺，非常讲诚信，为人处世符合道义。

《公羊传》则肯定了宋襄公对礼仪的重视。两相比较，《穀梁传》更强调道德层面，而《公羊传》更强调礼仪层面。

　　总的来说，虽然《穀梁传》不是通过历史事实来解释《春秋》的，但它在很多历史事实的叙述上也表现出了自己独特的风格，尤其是在价值评价上，它不仅与《左传》不同，更与《公羊传》不同，体现了独有的特色及价值倾向，这为我们深入理解《春秋》提供了重要的路径。

三、《穀梁传》与古代思想文化

　　孔子《春秋》以及《春秋》三传在价值体系上基本都是以周代礼制为核心①，基本目的都是维护尊卑有序的王权等级秩序。这里所说的周代礼制，不仅仅是以王权为中心的政治体制，也包括具体的日常礼仪规范，更包括礼制、礼仪背后的观念与意义，即等级、规范的观念与大一统的王道政治理念。就《穀梁传》来说，它与《公羊传》解经的形式及思想非常接近，不过与《公羊传》相比，它也有自己独特之处，比如它更加重视亲亲之道，重视宗法伦理。不过，对亲亲之道的重视，也离不开对秩序、礼仪的肯定，其最终目的也是维护当时的社会秩序。

（一）等级礼制

　　宣扬礼制、维护等级秩序，是孔子《春秋》最基本的特征，目

───────────────

　　① 当然，由于《公羊传》《穀梁传》在汉代初年写定，在一定程度上已经掺入了春秋以后的很多新观念。

的就是想发挥其规范君臣、以史为鉴的政治功能，最终实现上古三代的王道社会理想。这一点正如司马迁所指出的：

> 夫《春秋》，上明三王之道，下辨人事之纪，别嫌疑，明是非，定犹豫，善善恶恶，贤贤贱不肖，存亡国，继绝世，补敝起废，王道之大者也。（《史记·太史公自序》）

司马迁认为，孔子作《春秋》就是想通过书写历史的形式，来正名分、辨别是非对错、惩恶扬善，从而重建新的社会政治秩序，最终目的就是实现王道政治理想。

孔子这种宣扬礼制的思想被《春秋》三传所继承和发展，比如《穀梁传》解释《春秋》经文宣公十五年"王札子杀召伯、毛伯"一事时，就说：

> 两下相杀，不志乎《春秋》，此其志，何也？矫王命以杀之，非忿怒相杀也，故曰以王命杀也。以王命杀，则何志焉？为天下主者，天也，继天者，君也，君之所存者，命也。为人臣而侵其君之命而用之，是不臣也；为人君而失其命，是不君也。君不君，臣不臣，此天下所以倾也。

翻译过来便是说：双方互相争杀，是不应该记载在《春秋》一书中的，这里为什么要记载呢？就是因为臣子假借天子的命令杀人，并不仅仅只是出于愤怒杀人，所以说是假借天子的命令杀人。假借天子的命令杀人，为什么要记载下来呢？因为天下的主人是天，秉承天命的是君主，君主的存在，就在于他有发布上天命令的权力。作为臣子，擅自借用君主的名义发布命令，他就不像个臣子；作为君主，失掉了发布命令的权力，就不像个君主。君主不像个君主，臣子不像个臣子，这就是天下所以倾覆、混乱的原因。《穀梁传》在这里认为，君权神授，臣子不可以随便篡夺。如果臣子篡夺君权，就会导致君不君、臣不臣的混乱局面。《穀梁传》这样解释，在一定程度上继承了孔子《春秋》正名、正责任的思想，即宣扬孔子所要维护的"君君、臣臣、父父、子子"的等级秩序。

《穀梁传》除了在具体的人物与事件上宣扬周礼之外，也以礼、非礼等作为对人物言行、历史事实进行价值判定的标准，比如：

> 秋，武氏子来求赙。武氏子者，何也？天子之大夫也。天子之大夫，其称武氏子，何也？未毕丧，孤未爵。未爵使之，非正也。其不言使，何也？无君也。归死者曰赙，归生者曰赗。曰归之者，正也。求之者，非正也。周虽不求，鲁不可以不归。鲁虽不归，周不可以求之。求之为言，得不得未可知之辞也。交讥之。（隐公三年）
>
> 五年春，公观鱼于棠。《传》曰：常事曰视，非常曰观。礼，尊不亲小事，卑不尸大功。鱼，卑者之事也，公观之，非正也。（隐公五年）
>
> 九月，齐侯送姜氏于讙。礼：送女，父不下堂，母不出祭门，诸母兄弟不出阙门。父戒之曰："谨慎从尔舅之言！"母戒之曰："谨慎从尔姑之言！"诸母般申之曰："谨慎从尔父母之言！"送女逾竟，非礼也。公会齐侯于讙。无讥乎？曰为礼也。齐侯来也，公之逆而会之可也。夫人姜氏至自齐。其不言翚之以来，何也？公亲受之于齐侯也。子贡曰："冕而亲迎，不已重乎？"孔子曰："合二姓之好，以继万世之后，何谓已重乎？"（桓公三年）
>
> 秋，筑王姬之馆于外。筑，礼也。于外，非礼也。筑之为礼，何也？主王姬者必自公门出。于庙则已尊，于寝则已卑，为之筑，节矣。筑之外，变之正也。筑之外，变之为正，何也？仇雠之人，非所以接婚姻也。衰麻，非所以接弁冕也。其不言齐侯之来逆，何

也？不使齐侯得与吾为礼也。（庄公元年）

冬，公如齐纳币。纳币，大夫之事也。礼有纳采，有问名，有纳征，有告期。四者备，而后娶，礼也。公之亲纳币，非礼也，故讥之。（庄公二十二年）

二十有四年春，王三月，刻桓宫桷。礼：天子之桷，斫之砻之，加密石焉。诸侯之桷，斫之砻之。大夫斫之。士斫本。刻桷，非正也。夫人，所以崇宗庙也，取非礼与非正而加之于宗庙，以饰夫人，非正也。刻桓宫桷，丹桓宫楹，斥言桓宫，以恶庄也。（庄公二十四年）

八月，丁丑，夫人姜氏入。入者，内弗受也。日入，恶入者也。何用不受也？以宗庙弗受也。其以宗庙弗受，何也？娶仇人子弟，以荐舍于前，其义不可受也。戊寅，大夫宗妇觌，用币。觌，见也。礼：大夫不见夫人，不言及，不正其行妇道，故列数之也。男子之贽，羔、雁、雉、腒。妇人之贽，枣、栗、锻（腶）脩。用币，非礼也。用者，不宜用者也。大夫，国体也，而行妇道，恶之，故谨而日之也。（庄公二十四年）

三月，作丘甲。作，为也。丘为甲也。丘甲，国之事也。丘作甲，非正也。丘作甲之为非正，何也？古者立国家，百官具，农工皆有职以事上。古者有四民：有士民，有商民，有农民，有工民。夫甲，非人人之所能为也。丘作甲，非正也。（成公元年）

冬，楚子、蔡侯、陈侯、许男伐郑。公至自会。陈铖宜咎出奔楚。叔孙豹如京师。大饥。五谷不升为大饥。一谷不升谓之嗛，二谷不升谓之饥，三谷不升谓之馑，四谷不升谓之康，五谷不升谓之大侵。大侵之礼，君食不兼味，台榭不涂，弛侯，廷道不除，百官布而不制，鬼神祷而不祀，此大侵之礼也。（襄公二十四年）

从上面的引文，我们可以看出，《穀梁传》通过"礼也""非礼也""正也""非正也"等形式来宣扬礼治，宣扬何为正确的礼仪规范，何为错误的礼仪规范，这些都旨在宣扬礼仪等级秩序，极力维护社会统治。

《穀梁传》除了宣扬等级礼制，还注重从伦理道德的角度来维护等级秩序，比如《穀梁传》在隐公二年中说："礼：妇人谓嫁曰归，反曰来归。从人者也。妇人在家制于父，既嫁制于夫，夫死从长子。妇人不专行，必有从也。"意思是说，按照礼仪的规定，女子出嫁叫作"归"，被休遣回娘家叫作"来归"。妇人是需要服从、依从他人的，没有出嫁的时候，需要受到父亲的管束；已经出嫁了，就要受到丈夫的管束；丈夫死了，就要听从长子的话。女子不能擅自行事，必须有所依从。

《穀梁传》所说的妇女"三从"，再加上《周礼》中所说的妇女"四德"（德，对丈夫忠贞、孝顺公婆、会相夫教子；言，说话要得体，该说的说、不该说的不说；容，保持端庄，和颜悦色；功，古代男主外，女主内，妇女要采桑养蚕、织布做饭等），就是中国女子需要遵守的三从四德，三从四德产生于中国古代特定的历史条件下，曾对中国古代社会政治的稳定起到了一定的作用。

总而言之，《春秋》及其三传之中，记载了大量僭越礼制的事情，反映了春秋时期社会政治乱象丛生以及礼坏乐崩的现状，其中叙述最多的是君臣事迹，尤其是臣子越礼的历史事实。就《穀梁传》来说，通篇记载大量违背礼仪的言行、史实，旨在极力维护当时的大一统、等级秩序以及宗法伦理思想，这相对于《公羊传》来说，显得更为质朴，但也缺乏积极的建章立制等思想，体现了鲁学的基本特质。无论如何，《穀梁传》传承了孔子《春秋》的思想，更是对上古三代礼乐文明的尊崇。

（二）尊王攘夷

尊崇礼制、尊崇王权，是孔子《春秋》与三传的基本主题，它们都希望建立以天子为核心的等级秩序，即一切权力集中在天子手中，建立一个金字塔式的王权体制社会，这其实就是上古以来最为流行的大一统观念。

大一统观念的本质就是尊王，尽管这在孔子《春秋》中没有直接体现，但由于孔子生在乱世，王权衰微，礼坏乐崩，天下四分五裂，社会政治秩序非常混乱，孔子显然是希望恢复西周大一统盛世时期的封建格局，推行王道政治，以挽救民生疾苦，这正如司马迁评价孔子《春秋》所说："贬天子，退诸侯，讨大夫，以达王事而已矣。"意思就是说，孔子作《春秋》的目的是要恢复天子像个天子、诸侯像个诸侯、大夫像个大夫，尊卑有序的王道社会。

孔子大一统、尊王的思想，被《春秋》三传作了进一步的诠释。《穀梁传》在多处强调了对天子的尊崇：

> 天子无事，诸侯相朝，正也。考礼修德，所以尊天子也。诸侯来朝，时正也。特言，同时也。累数，皆至也。（隐公十一年）

> 无中事而复举诸侯，何也？尊王世子，而不敢与盟。尊则其不敢与盟，何也？盟者，不相信也，故谨信也，不敢以所不信而加之尊者。桓，诸侯也，不能朝天子，是不臣也。王世子，子也，块然受诸侯之尊己而立乎其位，是不子也。桓不臣，王世子不子，则其所善焉，何也？是则变之正也。天子微，诸侯不享觐，桓控大国，扶小国，统诸侯，不能以朝天子，亦不敢致天王，尊王世子于首戴，乃所以尊天王之命也。世子含王命会齐桓，亦所以尊天王之

命也。世子受之可乎？是亦变之正也。天子微，诸侯不享觐，世子受诸侯之尊己，而天王尊矣，世子受之可也。（僖公五年）

讳会天王也。天王守（狩）于河阳。全天王之行也。为若将守而遇诸侯之朝也，为大土讳也。水北为阳，山南为阳。温，河阳也。壬申，公朝于王所。朝于庙，礼也，于外，非礼也。独公朝与？诸侯尽朝也。其日，以其再致天子，故谨而日之。主善以内，目恶以外。言曰公朝，逆辞也，而尊天子。会于温，言小诸侯。温，河北地，以河阳言之，大天子也。日系于月，月系于时。壬申，公朝于王所，其不月，失其所系。以为晋文公之行事为已慎矣！晋人执卫侯，归之于京师。此入而执，其不言入，何也？不外王命于卫也。归之于京师，缓辞也，断在京师也。卫元咺自晋复归于卫。自晋，晋有奉焉尔。复者，复中国也。归者，归其所也。诸侯遂围许。遂，继事也。曹伯襄复归于曹。复者，复中国也。天子免之，因与之会。其曰复，通王命也。遂会诸侯围许。遂，继事也。（僖公二十八年）

黄池之会，吴子进乎哉！遂子矣。吴，夷狄之国也，祝发文身。欲因鲁之礼，因晋之权，而请冠、端而袭。其藉于成周，以尊天王。吴进矣！吴，东方之大国也，累累致小国以会诸侯，以合乎中国。吴能为之，则不臣乎？吴进矣！王，尊称也。子，卑称也。辞尊称而居卑称，以会乎诸侯，以尊天王。吴王夫差曰："好冠来！"孔子曰："大矣哉！夫差未能言冠而欲冠也。"（哀公十三年）

《穀梁传》是对《春秋》的解释，更是对春秋时期周王室衰微、诸侯混战以及礼治紊乱的反思。所以，《穀梁传》继承了孔子《春秋》尊王的思想，极力宣扬周天子以及维护周天子的礼仪制度，如引文中所说"考礼修德，所以尊天子也"。这里也提到了"天王狩于河阳"一事，说的是晋文公称霸中原之后，本来想去觐见周襄王，以增加自己的权威，但是周襄王却亲自来到河阳这个地方，变成了周襄王觐见晋文公了。这自然失了礼节。为了挽回周襄王的面子、维护周代礼仪，孔子《春秋》就将这件事写成"天王狩于河阳"，意思是天子到河阳去狩猎、视察晋国，顺便接见了晋文公。这样就一举两得。换句话说，孔子通过曲笔的形式，维护了周天子的权威和周代礼仪。

另外，《穀梁传》尊王的另一面，便是对少数民族的防备与贬低，这就是"攘夷"。攘夷的目的在于保存中原礼乐文化及文明。如《穀梁传》多次宣扬攘夷思想：

> 楚人者，楚子也。其曰人，何也？人楚子，所以人诸侯也。其人诸侯，何也？不正其信夷狄而伐中国也。（僖公二十七年）

> 冬，十月，楚人杀陈夏徵舒。此入而杀也，其不言入，何也？外徵舒于陈也。其外徵舒于陈，何也？明楚之讨有罪也。丁亥，楚子入陈。入者，内弗受也。日入，恶入者也。何用弗受也？不使夷狄为中国也。纳公孙宁、仪行父于陈。纳者，内弗受也。辅人之不能民，而讨，犹可；入人之国，制人之上下，使不得其君臣之道，不可。（宣公十一年）

> 郑伯髡原如会，未见诸侯；丙戌，卒于操。未见诸侯，其曰如会，何也？致其志也。礼：诸侯不生名。此其生名，何也？卒之名也。卒之名，则何为加之如会之上？见以如会卒也。其见以如会卒，何也？郑伯将会中国，其臣欲从楚，不胜其臣，弑而死。其言不弑，何也？不使夷狄之民加乎中国之君也。其地，于外也。其日，未逾竟也。日卒，时葬，正也。陈侯逃归。以其去诸侯，故逃之也。（襄公七年）

遂，直遂也。其曰遂何？不以中国从夷狄也。公至自会。会夷狄不致，恶事不致，此其致何也？存中国也。中国有善事，则并焉。无善事，则异之，存之也。汲郑伯，逃归陈侯，致相之会，存中国也。（襄公十年）

不日卒而月葬，不葬者也。卒而葬之，不忍使父失民于子也。晋人、齐人、宋人、卫人、郑人、曹人、莒人、邾人、滕人、薛人、杞人、小邾人会于澶渊，宋灾故。会不言其所为，其曰宋灾故，何也？不言灾故，则无以见其善也。其曰人，何也？救灾以众。何救焉？更宋之所丧财也。澶渊之会，中国不侵伐夷狄，夷狄不入中国，无侵伐八年，善之也，晋赵武、楚屈建之力也。（襄公三十年）

这几个例子都在强调夷狄乃落后民族甚至是低等民族的思想，如"不正其信夷狄而伐中国"，就是对崇信夷狄而讨伐中国的做法表示否定；"不使夷狄为中国"，说的是不让夷狄以及夷狄的观念在中国盛行；"不使夷狄之民加乎中国之君"，就是不让夷狄的民众随意欺凌中原君王，等等。总之，在《春秋》及《穀梁传》看来，夷狄不懂也不践行礼乐文化，所以与中原礼乐之邦比较起来非常落后。这也是当时一种普遍的文化观念，这种观念的依据就是西周时期盛行的礼乐文化。换句话说，攘夷的本质还是尊崇中原礼乐文化、维护以周天子为首的周朝等级秩序与大一统王朝。

总之，《春秋》及《穀梁传》都在宣扬尊王攘夷，极力维护华夏民族自古以来的礼乐文明，同时排斥周边少数民族的侵扰。这其实就是儒家所常说的"华夷之辨"。华夷之辨是尊王攘夷的内在根据，尊王攘夷是华夷之辨的外在体现。

（三）以德治国

孔子作《春秋》，一方面在于维护周代礼制，另一方面希望借此恢复上古三代的王道政治。王道政治社会的特点，不仅需要社会政治有序，而且需要统治者注重人的价值与人伦道德，即希望社会各阶层之间相互关爱、相互尊重、相互包容，这其实也就是孔子所宣扬的仁爱、仁学的思想。仁学的基本要求就是要以人为本、以德治国。这种思想也被《穀梁传》所继承与发展。

在《穀梁传》中，不仅强调以人为本，而且更强调民众的作用，而淡化君主的作用，即君民之间，强调以民为本。《穀梁传》更是明确地提出"民者，君之本也"，其文曰：

> 冬，楚人伐宋，围闵。伐国不言围邑，此其言围，何也？以吾用其师，目其事也，非道用师也。公以楚师伐齐，取穀。以者，不以者也。民者，君之本也。使民以其死，非其正也。公至自伐齐。恶事不致，此其致之，何也？危之也。（僖公二十六年）

在这里，《穀梁传》明确提出了人民才是国君治理天下的根本所在，所以只有妥善役使民力才能维护自己的统治。《穀梁传》这里所说的"民"，主要是社会中下层的士农工商，而不是贵族阶层[①]。不仅如此，《穀梁传》在多处都提到了民众的重要性或者宣扬以民为本的做法：

> 夏，六月，公会齐侯、宋公、陈侯、郑伯，同盟于幽。同者，

---

　① 《穀梁传》说："古者有四民：有士民，有商民，有农民，有工民。"（《春秋穀梁传注疏·成公元年》）可以看出，民包括士、农、工、商四个阶层，不再是贵族阶层，而是社会中下层百姓。

有同也，同尊周也。于是而后授之诸侯也。其授之诸侯，何也？齐侯得众也。桓会不致，安之也。桓盟不日，信之也。信其信，仁其仁。衣裳之会十有一，未尝有歃血之盟也，信厚也。兵车之会四，未尝有大战也，爱民也。（庄公二十七年）

二十有九年春，新延厩。延厩者，法厩也。其言新，有故也。有故则何为书也？古之君人者，必时视民之所勤：民勤于力，则功筑罕；民勤于财，则贡赋少；民勤于食，则百事废矣。冬筑微，春新延厩，以其用民力为已悉矣。（庄公二十九年）

秋，筑台于秦。不正罢民三时，虞山林薮泽之利，且财尽则怨，力尽则怼。君子危之，故谨而志之也。或曰：倚诸桓也。桓外无诸侯之变，内无国事，越千里之险，北伐山戎，为燕辟地。鲁外无诸侯之变，内无国事，一年罢民三时，虞山林薮泽之利，恶内也。（庄公三十一年）

夏，五月庚寅，宋公兹父卒。兹父之不葬，何也？失民也。其失民何也？以其不教民战，则是弃其师也。为人君而弃其师，其民孰以为君哉！（僖公二十三年）

冬，十月，郓溃。溃之为言，上下不相得也。上下不相得则恶矣，亦讥公也。昭公出奔，民如释重负。（昭公二十九年）

在这里，《穀梁传》不仅宣扬以民为本，更是认为还要与民共利，比如一起分享山林川泽，还要使民以时，不能使用民众不顾农时，等等。

正因为《穀梁传》对民众颇为重视，强调"以民为本"，所以，后来的学者在强调以民为本的思想的时候，一般都会引述《穀梁传》作为政治见解的经典依据，如《宋书·志第七·礼四》载：

至太康九年，改建宗庙，而社稷坛与庙俱徙。乃诏曰："社实一神，其并二社之礼。"于是车骑司马傅咸表曰："《祭法》二社各有其义。天子尊事郊庙，故冕而躬耕也者，所以重孝享之粢盛，致殷荐于上帝也。《穀梁传》曰：'天子亲耕，以供粢盛。'亲耕，谓自报，自为立社者，为籍而报也。国以人为本，人以谷为命，故又为百姓立社而祈报焉。事异报殊，此社之所以有二也。"

车骑司马傅咸在引经据典发表自己看法的时候，援引《穀梁传》"天子亲耕，以供粢盛"以强调天子对农业的重视。

正是由于《穀梁传》强调以德治国、以民为本，所以它在多处都宣扬道义、德义等思想，如在解释《春秋》隐公元年经文中云"《春秋》贵义而不贵惠，信道而不信邪"。又比如：

秋，八月壬午，大阅。大阅者何？阅兵车也。修教明谕，国道也。平而修戎事，非正也。（桓公六年）

戊寅，大夫、宗妇觌，用币。觌，见也。礼：大夫不见夫人，不言及，不正其行妇道，故列数之也。（庄公二十四年）

不与齐侯专封也。其言城之者，专辞也。故非天子不得专封诸侯，诸侯不得专封诸侯，虽通其仁，以义而不与也。故曰：仁不胜道。（僖公二年）

冬，楚人伐宋，围闵。伐国不言围邑，此其言围，何也？以吾用其师，目其事也，非道用师也。（僖公二十六年）

纳者，内弗受也。辅人之不能民，而讨，犹可；入人之国，制人之上下，使不得其君臣之道，不可。（宣公十一年）

十有二年春，周公出奔晋。周有入无出。其曰出，上下一见之也。言其上下之道无以存也。上虽失之，下孰敢有之？今上下皆失之矣。（成公十二年）

冬，十月，葬蔡灵公。变之不葬有三：失德不葬，弑君不葬，

灭国不葬。然且葬之，不与楚灭，且成诸侯之事也。（昭公十三年）

秋，公会齐侯、莒子、邾子、杞伯、盟于邿陵。公至自会。居于郓。公在外也。至自会，道义不外公也。（昭公二十六年）

四年春，王二月庚戌，盗弑蔡侯申。称盗以弑君，不以上下道道也。内其君而外弑者，不以弑道道也。《春秋》有三盗：微杀大夫谓之盗，非所取而取之谓之盗，辟中国之正道以袭利谓之盗。（哀公四年）

从上面可以看出，《穀梁传》重视道义、德义，尤其是对"道"颇为重视，此道包含着天道、人道，包含着对礼仪的重视，更是对秩序的关注，不仅是对国家秩序，也包含着对个人道义的重视。比如《穀梁传》记载了鲁僖公元年，鲁国公子友攻打莒国，捕获大夫莒挐，两人相搏斗的事情，批判了当时鲁国大夫公子友不守道义的行为。其文曰：

莒无大夫，其曰"莒挐"，何也？以吾获之目之也。内不言获，此其言获，何也？恶公子之绐。绐者奈何？公子友谓莒挐曰："吾二人不相说，士卒何罪？"屏左右而相搏，公子友处下。左右曰："孟劳！"孟劳者，鲁之宝刀也。公子友以杀之。然则何以恶乎绐也？曰：弃师之道也。

公子友认为，鲁国和莒国之间的矛盾，是他和莒国的大夫莒挐之间的矛盾，和普通士兵没有关系。于是，两人约定让士兵不要参与，他们两人单独决斗，结果公子友打不过莒挐。在这个时候，公子友的手下就提醒他说，赶快用自己的宝刀"孟劳"。公子友醒悟过来，随即用刀杀了莒挐。《穀梁传》记载这个史实就是想揭露公子友欺骗莒挐、不讲道义的行为。因为两个人之间事先约好了进行平等、公正的决斗，不要他人帮忙，但公子友违背了自己的诺言，在打不过对方的情况下，用刀杀了莒挐。这其实讽刺了公子友卑劣的行径，同时也表明作为武士，就应当遵守诺言、光明正大，遵守武士精神。否则，即使胜利了，也令人不齿。这种武士精神对中国古代甚至日本的武侠、武士有深远的影响，成为长期以来被信奉的比武做人的基本原则。

总的来说，《榖梁传》对道义非常尊崇，道义包含着对礼仪的重视，更包含着人们对道德、伦理的关注。相比较《公羊传》政治性、制度性非常强的特征而言，《榖梁传》显得更加圆融，它兼容了道德、礼仪与秩序三者，既体现了传统人文精神，也体现了制度规则的重要性。

四、古代《榖梁》学史略

（一）两汉

《春秋》学的真正开始发展是在汉代，不过《春秋》三传发展状况不一样。其中，《公羊传》率先在汉景帝时被立为博士。《榖梁》学在发展上整体不如《公羊》学。对此《汉书·儒林传》有详细的记载：

> 瑕丘江公，受《榖梁春秋》及《诗》于鲁申公，传子至孙为博
> 士。武帝时，江公与董仲舒并。仲舒通《五经》，能持论，善属文。
> 江公呐（讷）于口，上使与仲舒议，不如仲舒。而丞相公孙弘本为
> 《公羊》学，比辑其议，卒用董生。于是上因尊《公羊》家，诏太
> 子受《公羊春秋》，由是《公羊》大兴。太子既通，复私问《榖梁》

而善之。其后浸微，唯鲁荣广王孙、皓星公二人受焉。

从以上内容可以看出，在汉武帝时期，瑕丘江公作为《穀梁传》的传承者，由于他口才不好，以至于与传承《公羊传》的董仲舒辩论时处于下风，加上当时承相公孙弘支持《公羊传》，由此《公羊传》在当时被君臣尊崇，"由是《公羊》大兴"。这一时期，《穀梁传》不被人重视，只有鲁地的荣广王孙、皓星公两人研习之。

到了汉宣帝时期，统治阶层内部矛盾突出，于是强调礼义道德、宗法伦理的《穀梁传》开始受到统治阶层的重视。在汉宣帝甘露三年（前51）召开的石渠阁会议上，《公》《穀》两派展开辩论，《穀梁》学派开始占据上风。汉宣帝时期《穀梁传》之所以被重视，原因在于它对宗法伦理的重视，正如有的学者所总结的：

> 尽管《穀梁》学总的来说敌不过《公羊》学，但由于它宣扬儒家的宗法伦理思想，重视礼治，提倡礼教，较之《公羊》学直截（接）强调拨乱反正，对于强化大一统的中央集权统治要温和一些，在社会稳定之时，更适应统治者的需要。所以西汉宣帝倍加青睐，使《穀梁》学大盛，在一段时间内取代了《公羊》学的正统地位。[1]

相对于《公羊传》来说，《穀梁传》更加注重家庭伦理，这更符合汉宣帝时期的政治需要，所以很快得到了最高统治者的认可。此后《穀梁传》被立为官学，设立专经博士。但是，随后《穀梁传》的发展还是不及《公羊传》。可以说，在西汉时期，除了汉宣帝时《穀梁传》得到重视之外，其他时期都非常衰微。

---

[1] 谢金良：《穀梁传开讲》，华东师范大学出版社，2011年，前言，第7页。

到了东汉，精通《穀梁》学的人寥寥无几。之所以如此，与东汉初年光武帝重设今文十四家博士而没有《穀梁传》有直接的关系，对此《后汉书·儒林传序》记载云：

> 昔王莽、更始之际，天下散乱，礼乐分崩，典文残落。及光武中兴，爱好经术，未及下车，而先访儒雅，采求阙文，补缀漏逸。先是四方学士多怀协图书，遁逃林薮。自是莫不抱负坟策，云会京师，范升、陈元、郑兴、杜林、卫宏、刘昆、桓荣之徒，继踵而集。于是立《五经》博士，各以家法教授，《易》有施、孟、梁丘、京氏，《尚书》欧阳、大小夏侯，《诗》齐、鲁、韩，《礼》大小戴，《春秋》严、颜，凡十四博士，太常差次总领焉。

从这里可以看出，光武帝时期虽然重振经学，立了五经博士，并有十四家之多，但是《穀梁传》却不在其中。原因在于光武帝喜好谶纬，但《穀梁传》博士及其先师皆不通此道，以至于《公羊》学继续占上风。还有便是《公羊》学派学者对《穀梁》学持续打压，朝廷不重视《穀梁传》，直接导致《穀梁》学在东汉前期的发展受到致命的影响。

到汉章帝时期，为了推动今古文经学家的合流，整合诸家，才诏令各家经师选拔弟子学习古文经学，所以《穀梁传》《左传》《毛诗》等都受到了关注，《后汉书·儒林传序》称：

> 建初中，大会诸儒于白虎观，考详同异，连月乃罢。肃宗亲临称制，如石渠故事，顾命史臣，著为通义。又诏高才生受《古文尚书》《毛诗》《穀梁》《左氏春秋》，虽不立学官，然皆擢高第为讲郎，给事近署，所以网罗遗逸，博存众家。

汉章帝时期，皇权开始受到世家豪族的威胁，毕竟以谶纬为特征的今文经学是以服务于王权为宗旨的，而今古文之间的争论势必对王权的巩固产生一定的消解作用。所以随着皇权受到来自豪强地主们的挑战，汉章帝希望通过白虎观会议，重新整合今古文经学，在思想上统一并强化王权专制下的集权统治。所以，当时今古文经学都得到了重视。白虎观会议虽没有从根本上解决今古文之争，但却让学者们意识到兼采两家之长才是今后经学发展的必由之路。

汉章帝以后，《穀梁传》受到了一些学者的关注，但远不及《公羊传》发达。加上当时《左传》学兴起与《公羊》学派打压，也消解着《穀梁传》的存在与发展。由于《穀梁传》不在学官，汉灵帝时期的"熹平石经"自然也没有刊刻《穀梁传》。

（二）魏晋南北朝隋唐

在魏晋南北朝隋唐时期，《穀梁》学的研究进入新阶段，并产生了在后世影响深远的重要著述，如东晋范宁《春秋穀梁传集解》、唐代杨士勋《春秋穀梁传注疏》等著述，以及中唐"啖赵学派"的系列著述等。

范宁（339—401），是东晋人，曾做过临淮太守、豫章太守等职。他是《后汉书》作者范晔之祖父。范宁推崇儒学，反对何晏、王弼等人的玄学，曾说："时以浮虚相扇，儒雅日替，宁以为其源始于王弼、何晏，二人之罪深于桀纣。"（《晋书·范宁传》）与此同时，范宁认为当时注解《穀梁传》者尽管有十多家，但都很浮浅，于是撰《春秋穀梁传集解》十二卷。这部书是今存最早的《穀梁传》注解，清代阮元将它收入《十三经注疏》中。

《穀梁传》虽然是《春秋》三传之一，但从两汉开始，它的影响力就远不及《左传》《公羊传》。在汉魏时期，虽然注解《穀梁传》

的也有多家，但都没有产生像何休《公羊解诂》、服虔与杜预的《左传》注本那样系统的注书。晋元帝建立东晋之初，设立《周易》《尚书》《毛诗》《周礼》《礼记》《左传》《论语》《孝经》各经的博士，却没有设立《穀梁传》博士，就是因为"《穀梁》肤浅，不足置博士"（《晋书·荀崧传》），也就是说，《穀梁传》研究没有产生很好的著述及成就，所以不能设置博士。也正因如此，范宁打算认真研习《穀梁传》，对此他在《集解序》中就说得很清楚：

> 《左氏》则有服、杜之注，《公羊》则有何、严之训。释《穀梁传》者虽近十家，皆肤浅末学，不经师匠。

在这种情况下，范宁在家学传统的影响下，苦心孤诣，历经多年，最终撰写完成了《春秋穀梁传集解》一书。

《春秋穀梁传集解》这部书有自己的注解特色。一方面，范宁兼采《左传》《公羊传》来解释《穀梁传》。当然，范宁虽然专心注解《穀梁传》，但并没有打压《左传》《公羊传》。他采取的是"择善而从"的态度，对此他在《序》中就作了说明："凡传以通经为主，经以必当为理。夫至当无二，而三传殊说，庸得不弃其所滞，择善而从乎？既不俱当，则固容俱失。若至言幽绝，择善靡从，庸得不并舍以求宗，据理以通经乎？""《左氏》艳而富，其失也巫；《穀梁》清而婉，其失也短；《公羊》辩而裁，其失也俗。若能富而不巫，清而不短，裁而不俗，则深于其道者也。"他认为如果能够兼采《春秋》三传之长，就能深刻领悟《春秋》之大义。另一方面，范宁也兼采汉魏以来的诸家解释，广泛吸收汉代以来诸多学者的成果。这样一来，范宁《穀梁传集解》作为现存《穀梁传》最早的注本，保存了汉魏时期大量的注解成果，为我们了解汉魏《穀梁》学提供了丰富的史料。

南北朝时期，《左传》学流行，而《穀梁》学基本上处于废置的状态，以至于到了隋代，《穀梁》学彻底衰微，如《隋书·经籍志》记载云："至隋，杜氏盛行，服义及《公羊》《穀梁》浸微，今殆无师说。"

到唐代，经学进入一个新的统一时代。不过，朝廷对于《春秋》三传依然推崇《左传》，并产生了由孔颖达主持编纂的、以杜预《春秋左传集解》为基础的《春秋左传注疏》（也称《春秋左传正义》），该书随后被颁行天下，成为科举考试必读书。《穀梁》学方面的成就，主要体现为杨士勋以范宁《春秋穀梁传集解》为基础所作的《春秋穀梁传注疏》一书，这部书简洁、顺畅，非常精审。

杨士勋，生卒年事迹均不详。孔颖达在其《春秋左传正义·序》中提到他："虽课率庸鄙，仍不敢自专，谨与朝请大夫国子博士臣谷那律、故四门博士臣杨士勋、四门博士臣朱长才等，对共参定。"可知杨士勋是四门博士。四门博士是北魏开始设立的学官名，在隋代隶属于国子监，唐代隶属于太学，专门负责教授七品以上侯伯子男的子弟以及有才干的庶人子弟。由此可见，杨士勋是唐代李世民贞观时期的四门博士，参与编纂过《春秋左传正义》，是唐初知名的《春秋》学者。

《穀梁传注疏》共十二卷，《新唐书·艺文志》《郡斋读书志》《直斋书录解题》《宋史·艺文志》等都有著录。这部书是杨士勋在范宁《穀梁传集解》的基础上，兼采郑玄、何休、糜（麋）信、徐邈、杜预等人的观点，并广征博引《左传》《公羊传》《三礼》《史记》《国语》等文献而成。这部书由于是杨士勋一人所作，故没有《左传正义》丰富，但也颇有可观之处，如四库馆臣所评价的："其书不及颖达书之赅洽，然诸儒言《左传》者多，言《公》《穀》者少，既乏凭藉之资，又《左传》成于众手，此书出于一人，复鲜佐助之力，详略殊观，固其宜也。"[①]

在中唐安史之乱爆发之后，学者们开始反思包括《五经正义》在内的经学体系，并就《春秋》学提出了一系列新的思想与方法，其中代表性的人物就是啖助、赵匡、陆淳等人，史称"啖赵学派"。对于《穀梁》学而言，影响最大的便是被作为三传之一，融入《春秋》的解释与思想建构之中，亦即在"会通三传"观念的影响下，《穀梁》学成为《春秋》学的重要组成部分，由此出现了冯伉《三传异同》、刘轲《三传指要》、韦表微《春秋三传总例》、陈岳《春秋折衷论》等一批著述。这种会通三传的发展模式，直接影响了两宋乃至元明清时期的经学。

（三）宋元明清

两宋时期，随着朝廷内忧外患的加剧，《春秋》学成为显学，而此时的《春秋》学基本上是对中唐"啖赵学派"思想与方法的继承。《穀梁》学也由此得到继续传承与发展。所以，在两宋时期出现了一批会通三传的著述，比如刘敞《春秋权衡》、叶梦得《春秋谳》、胡安国《春秋传》、陈傅良《春秋后传》等等。

实际上，《穀梁》学之所以在宋代发展水平一般，这与理学的兴起有直接的关系。随着程朱理学成为颇有影响力的学说之后，《四书》学开始取代《五经》学成为当时经学的主导，而本来式微的《穀梁》学更是被边缘化。在以理学为指导思想的胡安国《春秋传》

[①] 《四库全书总目提要》卷二十六《春秋穀梁传注疏》提要。

一书中，《穀梁》学只是其中一小部分思想的来源而已，对此正如晁公武《郡斋读书志》所言："其传《春秋》事，按《左氏》义，取《公》《穀》之精者，采孟子、庄周、董仲舒、王通、邵尧夫、程明道、张横渠、程正叔之说以润色之。"①

胡安国之后诸儒的著述，如杨时《春秋说》、张九成《春秋讲义》、吕祖谦《东莱博议》、魏了翁《春秋要义》等，在《春秋》学的传承与发展上，与胡安国《春秋传》颇有一致之处，都注重从理学的角度出发来注解《春秋》。

到了元明时期，胡安国《春秋传》被作为科举考试必读书，当时的家铉翁《春秋详说》、俞皋《春秋集传释义大成》、程端学《春秋三传辨疑》、李廉《春秋诸传会通》、汪克宽《春秋胡传附录纂疏》、童品《春秋经传辨疑》、熊过《春秋明志录》、杨于庭《春秋质疑》等著述，都是羽翼胡《传》而作。明成祖时期编撰的《五经大全》，其中《春秋大全》基本上便是沿袭元人汪克宽《春秋胡传附录纂疏》。可以说，元明时期，《春秋》学的发展基本上墨守宋代仪轨，很少有发明，成为《春秋》学史上的衰微时期。

清代《穀梁》学的发展，可以分为两个阶段。第一阶段是清代中前期，主要出现了一批注重考证的学者及著述，比如顾炎武、王夫之、黄宗羲、毛奇龄、惠栋、王引之、焦循等等，他们不仅考证《春秋》及《穀梁传》中的名物、典制、地理、礼法等内容，还就其中的错谬进行考辨，如俞汝言《春秋四传纠正》除了纠正《穀梁传》中的错谬，对胡安国《春秋传》的错讹之处也多有考辨纠正。另外，

---

① [宋] 晁公武撰，孙猛校：《郡斋读书志校证》卷三《〈胡氏春秋传〉解题》，上海古籍出版社，1990年，第119页。

在清代中前期，还出现了一批专门以《穀梁》学为题的著述，比如张尚瑗《穀梁折诸》、惠栋《穀梁古义》、齐召南《春秋穀梁传注疏考证》等等。可以说，清代中前期学者基于考证的方法，不仅进一步注解、丰富完善了《穀梁》学，而且极大地推动了《春秋》学的传承与发展。当然，他们在理论上创见、发明甚少。

第二阶段为清代后期，《穀梁》学的传承与发展出现了新的繁盛景象①。如柳兴恩《穀梁大义述》、钟文烝《春秋穀梁经传补注》、廖平《春秋穀梁传条例》《春秋穀梁传条指》、孙诒让《穀梁传注疏校记》等。可以说，在清代后期，《穀梁》学随着今文经学及《公羊》学的兴盛而发展，并迎来了它发展的鼎盛时期，正如文廷海在其《清代春秋穀梁学研究》中所总结的："道、咸以后，在今文经学复兴和'汉学'适度活跃的大背景下，春秋穀梁学迎来了大发展，其学者之众，治学路数之多，著述数量之大，以及学术成果水平及其价值之高，可谓前所未有。"

参考文献

（一）基础文献

［汉］何休注，［唐］徐彦疏：《春秋公羊传注疏》，《十三经注疏》本，杭州：浙江古籍出版社，1998年版。

［晋］杜预注，［唐］孔颖达疏：《春秋左传正义》，《十三经注疏》本，杭州：浙江古籍出版社，1998年版。

［晋］范宁集解，［唐］杨士勋疏：《春秋穀梁传注疏》，《十三经注疏》本，

---

① 关于清代后期的《穀梁》学，可参考文廷海《清代春秋穀梁学研究》，巴蜀书社，2006年，第140—380页。

杭州：浙江古籍出版社，1998 年版。

[南朝梁] 沈约撰：《宋书》（全八册），北京：中华书局，1974 年版。

[宋] 洪迈撰，孔凡礼点校：《容斋随笔》，北京：中华书局，2015 年版。

（二）研究论著

承载：《春秋穀梁传译注》，上海：上海古籍出版社，2004 年版。

戴维：《春秋学史》，长沙：湖南教育出版社，2004 年版。

傅隶朴：《春秋三传比义》，北京：中国友谊出版公司，1984 年版。

秦平：《〈春秋穀梁传〉与中国哲学史研究》，北京：中华书局，2012 年版。

沈玉成、刘宁：《春秋左传学史稿》，南京：江苏古籍出版社，1992 年版。

文廷海：《清代春秋穀梁学研究》，成都：巴蜀书社，2006 年版。

刘黎明：《〈春秋〉经传研究》，成都：巴蜀书社，2008 年版。

谢金良：《穀梁传开讲》，上海：华东师范大学出版社，2011 年版。

杨德春：《〈春秋穀梁传〉研究》，保定：河北大学出版社，2017 年版。

赵伯雄：《春秋学史》，济南：山东教育出版社，2004 年版。

赵生群：《〈春秋〉经传研究》，上海：上海古籍出版社，2000 年版。

赵友林：《〈春秋〉三传书法义例研究》，北京：人民出版社，2010 年版。

论　语

孔子是中国伟大的思想家、教育家、政治家，儒家学派的创始人。《论语》作为孔子思想的重要载体，成为研究孔子与六经思想最重要的入门书籍，正如汉代赵岐在其《孟子题辞》中所说："《论语》者，五经之馆辖，六艺之喉衿也。"① 他说，《论语》对于五经、六艺来说就像馆辖之于车轮、领子之于衣服一样重要，言外之意，《论语》就是研习五经的关键与入门之书。从汉代儒家学说被确立为官方学说之后，《论语》作为孔子学说的重要载体，也受到朝野上下的广泛重视，宋代宰相赵普曾有"半部《论语》治天下"的说法。可以说，《论语》对中国两千多年的思想文化、伦理道德、社会政治、教育学术等多个方面都产生了深远的影响。正如康有为所说："盖千年来，自学子束发诵读，至于天下推施奉行，皆以《论语》为孔教大宗正统，以代六经。"②《论语》不仅在国内影响深远，而且在国外也广为人所知，被西方人称为中国的"圣经"。

《论语》并不仅仅只是记载孔子与弟子们对话那么简单，它反映了以孔子为核心的儒家学者对以往传统文化、治国理政等思想的反思与重建，从而将传统的王官之学儒学化，形成了新的文化模式及治国理念。儒学一方面通过将礼学转化为仁学，以强化上古以来的人文精神；另一方面通过加强对传统君子、士大夫道德层面的要求，强化了统治阶层的主体意识，这自然为以后华夏文化从礼乐文化转向德性文化提

---

① ［汉］赵岐注，［宋］孙奭疏：《孟子注疏》，《十三经注疏》本，北京大学出版社，1999年，第8页。

② ［清］康有为：《康有为集·〈论语注〉序》，广东人民出版社，2018年，第189页。

供了推动力。可以说，秦汉以后流行了上千年的华夏文化正是通过儒学转化成了汉文化，而汉文化的内在核心及精髓就是儒家文化。

一、《论语》的成书与孔子

《论语》这部书是孔子思想的集中体现，但是自古以来有关《论语》的成书及作者始终有争议。另外，《论语》作为孔子思想的集中体现，如何理解孔子儒学依然是我们解读《论语》的重要出发点与思考点。

（一）《论语》的成书及作者

一般认为，《论语》一书是由孔子弟子及其再传弟子所编撰，全书一共20篇，492章，一万五千字左右。有学者将前十篇称为"上论"，后十篇称为"下论"。《论语》的名称，最早见于《礼记·坊记》：

> 子曰："君子弛其亲之过，而敬其美。"《论语》曰："三年无改于父之道，可谓孝矣。"

从这里可以看出，成书于战国时期的《礼记》已引用《论语》，这就说明至少在战国时期，《论语》这个书名已经存在，或者说《论语》已经编撰成书了。

为什么这部书要称为"论语"，自古以来就有很多种解释。尤其是在"论"的理解上，就有"伦理"说，"追论"说，"多义"说，"言理"说，"讨论"说，"选择"说等等多种解释①。在中国古代影响比较大的解释出自东汉班固《汉书·艺文志》，它说：

---

① 唐明贵：《〈论语〉学的形成、发展与中衰——汉魏六朝隋唐〈论语〉学研究》，中国社会科学出版社，2005年，第23页。

　　《论语》者，孔子应答弟子时人及弟子相与言而接闻于夫子之语也。当时弟子各有所记，夫子既卒，门人相与辑而论纂，故谓之"论语"。

　　后来颜师古《汉书注》中说："辑与集同，纂与撰同。"就是说，集合并加以选择编纂。班固这段话翻译过来便是说：《论语》是一部包括孔子与弟子、当时人的问答，孔子弟子之间相互交流以及众弟子亲自听到孔子话语的书。孔子在世时，众弟子都有语录记载，孔子去世后，众弟子共同集合这些语录并加以选择编纂，所以称之为"论语"。班固在这段话中，将"论"解释为"论纂"，就是加以选择编撰的意思。"语"就是问答之语。这个观点比较客观公允，所以在后世影响比较大。一般学者都采用这个说法。

　　其实如果就字义来解释，"论语"的"论"就应当是班固所说的"论纂"，即选择编辑之意。"语"则并不仅仅是语录，还是上古以来流行的一种重要的体裁。《国语·楚语上》中记载楚国大夫申叔时曾谈论如何教导太子时就说道："教之语，使明其德，而知先王之务，用明德于民也。"《国语》最著名的注释家韦昭就解释说："语，治国之善语。"① 就是说，"语"这种史书体例就是上古时期古圣贤王有关治国理政的语录。那么，《论语》这部书自然就是有关以孔子为核心的有关治国理政的语录。

　　对于《论语》一书的编纂者，历代学者也是众说纷纭。今天有学者对之进行研究，作了归纳总结②。不管如何，一般学者都主张

---

① 《国语》卷十七《楚语上》，上海古籍出版社，2015年，第355页。
② 唐明贵：《〈论语〉学的形成、发展与中衰——汉魏六朝隋唐〈论语〉学研究》，第29页。

《论语》是孔子弟子及再传弟子编纂而成，但究竟具体是指谁，有很多说法。在汉唐之际，一般都认为是子夏等人编纂了《论语》。如朱彝尊《经义考》著录了《毖纬》一书，这部书引《论语崇爵谶》中的一句话，说"子夏六十四人共撰仲尼微言"①。唐陆德明《经典释文》曾援引郑玄所云，也认为《论语》为仲弓、子游、子夏等人所撰。

但是，自唐代的柳宗元开始，提出了新的说法，他认为是曾子弟子编纂了《论语》。理由如下。第一，孔子弟子中曾子最小，他比孔子小四十六岁，孔子去世时他才二十六岁，最有可能最后编纂《论语》。第二，《论语》记载了曾子临终前与鲁国孟敬子的谈话，而这个时候孔子的其他弟子差不多都已经去世了，这说明《论语》中所记载的这条最晚的语录，应当由曾子的弟子记录整理。第三，《论语》书中记录最多的言行属于孔子，其次便是曾子，曾子言行最多，说明他最受重视，这除了曾子弟子所为没有别人。第四，《论语》记载孔门弟子的言行记录，只有曾子才被称呼为"子"，其他都直呼其名或称字。"子"是尊称，说明曾子弟子出于尊敬曾子，所以称他为"子"。综合这四条理由，柳宗元推断认为"卒成其书者，曾氏之徒也"②，意思是说，最终编撰成《论语》一书的，是曾子的弟子。今人杨伯峻基于此，经过考证认为《论语》成书在公元前 400 年左右，相当于战国早期。

后来，宋代的理学奠基人程颐受到柳宗元的启示，提出了《论

---

① ［清］朱彝尊：《经义考》卷二百六十七《论语崇爵谶》提要，中华书局，1998年，第 1349 页。

② ［唐］柳宗元著，逸凡点校：《柳宗元集》卷四《论语辨》，新世纪出版社，1997年，第 35 页。

语》乃是曾子、有子的弟子所编撰。因为在《论语》中，除了曾子被称为子，有子也被称为子①。后来，朱熹肯定了程颐的观点，也认为《论语》是曾子、有子的弟子所编。随着程朱理学成为官方学说，《论语》是曾子弟子所编纂的观点得到进一步强化，这在中国古代后期产生了深远的影响。即使在今天，也有很多学者认同这一说法。总的来说，孔子去世后，他在日常生活中的一些谈话和思想，被弟子们记录下来，后来被曾子等人汇集，并最终由曾子的弟子进行最后的整理和编纂，而成《论语》一书。

（二）孔子的生平事迹

《论语》是孔子及其弟子的言行录，其中很多地方都记载了孔子和他的弟子的一些情况，这为我们深入了解孔子及儒家思想提供了重要的线索。正如孟子所说"知人论世"，我们要想了解《论语》与儒家的思想，就必须先了解孔子的生平与思想，只有这样我们才能更加深入地解读《论语》以至孔子所删定的六经。

《论语》一书主要记载的是孔子中晚年的事情。所以对于孔子中年以前的事迹，我们需要借助其他文献进行了解。根据相关史书记载，孔子的祖先是殷商王室微子启的后代，而微子启算是孔子第十四世祖。所以孔子也说自己是殷商人，"丘也，殷人也"（《礼记·檀弓上》）。

微子启是商纣王的同父异母的哥哥，由于商纣王暴虐无道，微子启离开了他。西周建立以及周公旦辅佐周成王平定三监之乱后，

---

① 《二程集·程氏外书》卷六，第378页。程颐云："《论语》，曾子、有子弟子论撰，所以知者，唯曾子、有子不名。（伊川）"

由于"兴灭继绝"的传统，微子启于公元前 1114 年被分封到商朝的旧都商丘，建立宋国，并被周王室允许用天子礼乐祭祀商朝祖先，与周为客。

弗父何的曾孙正考父（孔子七世祖），辅佐过宋国戴公、武公、宣公三朝君主，相传《诗经》中《商颂》就是他为了纪念殷商祖先所作（后来，孔子删《诗经》的时候，保留了这些篇章，毕竟它们记载了自己祖先的丰功伟绩，以此也可以展现自己伟大的身世）。他本人非常有学问，而且谦逊有礼，他在家庙中的鼎上铸上铭训，说：

> 一命而偻，再命而伛，三命而俯。循墙而走，亦莫余敢侮。饘于是，鬻于是，以糊余口。（《春秋左传正义·昭公七年》）

这句话实则是对自我的警诫，就是提醒自己，每次接受任命提拔的时候，一次要比一次谨慎，开始是低头，其后是曲背，最后是弯腰，连走路都靠墙走，谁也不敢欺负我。生活中只要能喝粥充饥就可以了，不要有太多的欲望。

正考父的儿子孔父嘉（孔子六世祖，因距离宋国始祖超过五世，子孙就以孔为姓），在宋穆公时期担任大司马。后来，宋穆公临终托孤将宋殇公托付给他。孔父嘉的妻子很美丽，宋国太宰华督羡慕不已，于是他攻杀孔父嘉，并夺走了孔父嘉的妻子。此事被宋殇公所知，华督担心自己的安危，于是将宋殇公也杀了。

孔父嘉的曾孙孔防叔为了躲避华督的迫害，就逃到了鲁国，做了防地的大夫，并以"孔"为姓，故被后世称为孔防叔。孔防叔就是孔子的曾祖父。孔防叔生伯夏，伯夏生叔梁纥，是为孔子的父亲。叔梁纥是个低级军官，不过打仗却非常勇猛，后被升任为陬邑大夫。

叔梁纥的发妻是施氏，一连生了九个女儿。叔梁纥后娶妾，生了一子，即第十个孩子才是儿子，叫孟皮，字伯尼。但是孟皮是个残疾人（跛子），行动不便。施氏由于孩子太多，操劳过度，中年去世。于是叔梁纥在六十多岁的时候，又找了一位年龄不到二十岁的女子颜徵在。由于男女年龄相差太大，按照当时的礼仪，这桩婚姻遭到了社会的议论。还有一种说法，就是没有经过正式婚聘礼仪就同居，而生孔子，另外还有很多说法。总之，他们的结合与孔子的出生似乎就不合礼仪。后来司马迁《史记·孔子世家》就用"（叔梁）纥与颜氏女野合而生孔子，祷于尼丘得孔子"来描述孔子的出生情况。意思是说，叔梁纥和颜徵在两个人曾经到尼丘山祈祷，野合而生孔子。孔子出生后，取名叫丘（一方面表示孔子是父母在尼丘山祈祷的结果，还有便是《史记》所说，孔子的头顶中央凹陷，四周隆起，形状像尼丘山，故名）。孔子，字仲尼，"仲"是老二的意思，因为孟皮排行老大。孔子三岁的时候，父亲去世。孔子十七岁的时候，三十多岁的母亲颜徵在也去世了。

孔子在贤淑母亲的教导下从小就喜欢礼仪文化。当然，这和孔子所生活的鲁国有直接的关系。鲁国是周公的封地，拥有其他诸侯国所不能享用的天子礼仪与典章制度，将周代礼乐文化保存得非常完整。比如《左传》记载说，在孔子八岁的时候，吴国的公子季札曾经到鲁国，欣赏了鲁国乐师演奏的《周南》《召南》《大雅》《小雅》等宫廷音乐。《左传》又记载说，在孔子十一岁的时候，晋国使臣韩宣子曾经到鲁国，在鲁国太史那里见到了《易象》与鲁国史书《春秋》，感到非常钦佩，并说："周礼尽在鲁矣。吾乃今知周公之德与周之所以王也。"（《春秋左传正义·昭公二年》）意思是说，周朝的礼仪尽在鲁国了，我今天才知道周公的品德和周所以为王的原因了。这两件事情说明，周代礼乐传统文化在鲁国保存得相当完备，而且历史非常悠久。

正是在这样的环境熏陶下，孔子自小便非常重视礼仪，《史记·孔子世家》记载说："孔子为儿嬉戏，常陈俎豆，设礼容。"意思是说，孔子从小就对礼仪发生了浓厚的兴趣，与儿童玩耍时，常把祭祀时存放祭祀用品的俎、豆等礼器摆列出来，练习磕头行礼。《论语》还记载说他"入太庙，每事问"，就是说，孔子到了祭祀场合，对各种礼仪、礼器都非常好奇，非常谦虚地向人请教。可以说，孔子从小对礼仪非常重视，并好学不倦，不耻下问。然而孔子家境不好，所以在青少年时候，曾经做过管仓库、牛羊牲畜以及协助别人承办祭祀、丧葬、婚嫁等很多"低贱"的工作，但也正是这些经历，使孔子对人事社会、民生民情有了深入的了解，这对他以后仁学思想的提出有重要的价值与意义。

相传孔子十九岁的时候，娶了宋国人亓官氏之女为妻，一年后生了孔鲤，字伯鱼。到了孔子中年，他已经在鲁国很出名，孔子也曾说："吾十有五而志于学，三十而立。"（《论语·为政》）这个时候，齐景公与齐相晏婴访问鲁国，他们还曾问礼于孔子。也正是在这一时期，鲁国发生了鲁昭公与其权臣季氏之间的冲突，最终鲁昭公败逃到了齐国，季氏当权。在这种情形下，孔子也到了齐国，并接触到了齐景公。齐景公对孔子有很好的印象，并准备重用孔子，但遭到了晏婴的反对，孔子无奈，只好离开齐国，回到鲁国。在鲁国的十多年里，他收徒讲学，传道授业，并提升自己，实现了"四十而不惑，五十而知天命"的境界。

等到孔子四十七岁的时候，他出任中都宰（鲁国都城曲阜的行政长官），这是孔子平生第一次真正做官，于是他奋发有为，《史记》称他在中都宰期间，"一年，四方皆则之"。由于政绩突出，随后孔子又被任命为司空（主管建筑的官员）、司寇、大司寇（主管司法的最高官员）等。在这期间，孔子在夹谷之会中，迫使齐国接受了鲁国的条件，即归还被侵占的汶上三地。由于孔子在夹谷之会中的功绩，他获得了鲁定公、季桓子的信任，定公任命五十三岁的孔子任代宰相，即代理季桓子主持鲁国政务。在这期间，即鲁定公十二年（前498），孔子主持堕三都，即毁掉三桓在鲁国的军事城堡，目的就是要削弱三桓的势力。尽管取得了一定的成绩，但并没有真正实现孔子废除家臣当权的理想。也正是由于堕三都损害了三桓的利益，孔子失去了季桓子的信任。

在孔子五十五岁的时候，齐国派人给鲁国送来了美女、车马，目的就是让鲁定公、季桓子等统治阶层沉溺于声色而荒芜政事。鲁定公接受了齐国的女乐，开始荒废政事，国内政治斗争也开始加剧，孔子遭到了排挤。在这种情况下，孔子开始带着弟子周游列国。孔子及弟子们途经卫、曹、宋、郑、陈、蔡、楚七个诸侯国，皆没有人采用他的主张，大都对他采取了"敬而远之"的态度。孔子六十八岁的时候，回到鲁国，整理各种文献尤其是六经，同时教育弟子，传授儒学，直到病逝。

二、《论语》内容与中华传统文化

《论语》是孔子思想最集中的载体，其中也包括孔子弟子如子夏、子张、子贡、曾子、有子等人的思想。可以说，《论语》是春秋时期思想观念的一个折射，或者说代表了"轴心时代"儒家一派的理念。与《论语》产生同一时代，也出现了《道德经》，在世界上其他各国还出现了《荷马史诗》《奥义书》等经典。更为重要的是，随着《论语》的出现，它作为儒家文化的核心经典，始终得到了朝野上下的重视，并由此也影响了中华文化、中华文明的发展，促使中华文化一脉相承，在世界民族史上独树一帜。

（一）孔子及弟子言行

在《论语》这部书中，我们可以了解中晚年的孔子及弟子们的一些生活、学习、从政、教育等方面的事情。从这部书中，我们首先会发现孔子是一个非常好学的人。他始终将学习看成是一件非常快乐的事情，他曾说："学而时习之，不亦说乎？"意思是说，经常学习、经常温习与实践，不是一件很快乐的事情吗？《论语·述而》还记载了孔子评价自己爱好学习的事情：

> 叶公问孔子于子路，子路不对。子曰："女奚不曰，其为人也，发愤忘食，乐以忘忧，不知老之将至云尔。"

这里说的意思是：有一次，楚国大夫叶公曾向孔子弟子子路打听孔子的情况，子路没有告诉他，回去后，子路告诉了孔子。孔子听后很不高兴，说，子路你为什么不告诉叶公，我这个人其实学习非常用功，废寝忘食，由于学习很快乐，就把一切忧虑都忘了，甚至连自己快要老了都不知道。当然，孔子在这里不是自我夸耀，而是希望有人赏识自己，尽快展现自己的才能，实现自己的社会政治理想。

实际上的确如此，孔子自幼好学，即使到了晚年，也依旧好学不倦，《史记·孔子世家》说孔子，"晚而喜《易》……读《易》，韦编三绝"。"三"是虚指，指多次的意思，就是说孔子晚年非常喜欢《周易》，反复阅读，以至于把穿《周易》竹简用的牛皮带子都磨断了多次，可见他读书是多么用功。正是因为孔子不断地学习，活到老、学到老，以至于掌握了丰富的知识，很多人以为孔子是"生而知之"（即天生就懂得一切）的圣人，但是孔子却非常谦虚地说："我非生而知之者，好古，敏以求之者也。"（《论语·述而》）意思是说，我不是生来就懂得很多知识的，只不过是非常喜欢传统文化，非常勤奋地去学习、探索罢了。孔子好学不倦，不断地提升自己、完善自己，其目的就是能够重振周代礼乐文明，重建如同西周那样有序的社会政治秩序。

孔子由于好学、谦虚，最终成为一代伟大的思想家、教育家，但他并不就是一个不近人情、没有情趣的人，相反，他是一个非常和蔼可亲的人。《论语·述而》记载说孔子："子温而厉，威而不猛，恭而安。"这句话可以理解为，孔子和人说话的时候，语气非常温和而且很有礼貌，表面上看起来很威严，但是并不令人害怕，反而给人一种庄重而安详的感觉。这就说明，孔子是一位很有内涵、平易近人、温文尔雅的大学者。

不仅如此，孔子还是一个非常率真的性情中人，也有自己的喜怒哀乐，比如《论语》记载说宰予大白天睡觉，孔子就骂他是朽木与粪土，《公冶长》篇云：

> 宰予昼寝。子曰："朽木不可雕也，粪土之墙不可杇也！于予与何诛。"子曰："始吾于人也，听其言而信其行；今吾于人也，听其言而观其行。于予与改是。"

这段话翻译过来便是说：宰予白天睡大觉。孔子就说："腐烂的木头不能用来雕刻，肮脏的土墙不能用来粉刷装修！对于宰予这样的人，我还有什么好说的呢？"又说："起初我对于人，听了他说的话就相信他的行为；现在我对于人，听了他说的话还要观察他的行为。这就是由于宰予这件事而改变的。"在我们今天看来，白天睡觉有利于养生，但是对于勤奋的孔子而言，白天睡觉无疑是浪费时间，可以看出孔子对待弟子非常严格，希望他们都能够早日成才。又比如当孔子最得意的弟子颜回去世后，孔子就哭得非常伤心。《论语·先进》篇记载说："颜渊死，子曰：'噫！天丧予！天丧予！'"意思是说，颜回死了，孔子哭着说："老天要断送我啊，老天要断送我啊！"（当然，孔子所难过的，还应当是自己的儒道没有传人了）从孔子的伤心可以看出，他是个性情中人，有喜怒哀乐，也有悲欢离合。

总之，孔子是一个非常勤奋好学的人，也是一个执着、向善的人，更是一个有情感、懂得人情的人，并不是一个冷漠的人，更不是后世所说的伪善的卫道者。由于不断努力提升自己，孔子最终成为千古圣人，对此正如司马迁评价时所说："天下君王至于贤人众矣，当时则荣，没则已焉。孔子布衣，传十余世，学者宗之。自天子王侯，中国言六艺者折中于夫子，可谓至圣矣！"（《史记·孔子世家》）也就是说，帝王将相成就自己的很多，但是很多都成了过眼云烟，只有孔子传了十多代，还有人学习、尊崇他，将他看成是文化、道德的典范。后来的帝王给孔子加了很多封号，比如"大成至圣文宣王""至圣先师"等。

《论语》除了记载孔子，也记载了很多他的弟子的言行，比如对好学的颜回，孔子就评价说：

> 子曰：贤哉！回也。一箪食，一瓢饮，在陋巷。人不堪其忧，回也不改其乐。贤哉！回也。（《雍也》）

从这里我们可以看出，孔子认为颜回非常贤能，住在简陋狭小的巷子里，用竹筒子盛饭吃，用瓢舀水喝，一点都不计较生活条件的艰苦，依旧专心于学习，并以此为乐。在孔子眼中，颜回是他最得意的弟子。孔子曾经和子贡两个人聊天，子贡说自己不如颜回，"回也闻一以知十，赐也闻一以知二"，就是说，颜回听到一个事情或道理，就能推出或想出十个来，子贡自己只能想出两个。孔子也认为自己和子贡一样，都不如颜回，"弗如也，吾与女弗如也"（《公冶长》）。然而不幸的是，颜回三十一岁就去世了，孔子为此哭天抢地。颜回被后世列为七十二贤之首，尊为"复圣"。

曾参，姓曾，名参，字子舆，《论语》中称为曾子，这可能和《论语》是曾子弟子编撰的有关系。曾子是孔子门下最重要的弟子之一，他注重道德修养，尤其注重内心反省，及时完善自我，他曾说：

吾日三省吾身：为人谋而不忠乎？与朋友交而不信乎？传不习乎？（《学而》）

这句话翻译过来便是说，我每天多次反省自己，为别人办事是不是尽心竭力了呢？和朋友交往是不是做到诚实可信了呢？老师传授给我的学业是不是及时复习了呢？可以看出，曾子不断反省自我，自觉自律，后来他把这种思想方法传给了孔子的孙子子思，子思又传给了孟子，从而形成了影响后世深远的思孟学派。曾子注重道德修养，尤其注重孝道，相传《孝经》就是曾子所作。

有若，姓有名若，称有子。他曾提出"礼之用，和为贵"等学说。孔子去世后，弟子们十分想念孔子，因为有若气质、长相特别像孔子，于是大家想推举他当老师，对待他像对待孔子一样。这在一定程度上说明有子学问很高，深得众弟子的欣赏。这一想法遭到了曾子的反对，说孔子道德文章谁也不能替代，所以没有成功。其实孔子之后，孔门弟子分为很多派，曾子反对，其实也是孔学门派斗争的一个外在体现。

子夏，姓卜名商，字子夏，是春秋末年卫国人，是孔子晚年最得意的弟子。在孔子去世后，他就到魏国西河一带招收弟子，传播儒学，开创了"西河学派"，培养了一大批的治国人才，比如像李悝（李悝被认为是法家学派的始祖）、吴起、段干木、田子方等有影响的人物。子夏精通六经，在孔门弟子中以"文学"（即经学）著称，汉代以后的很多学者都认为，儒家经学就是经过子夏传到后世的，如东汉徐防说过："《诗》《书》《礼》《乐》，定自孔子；发明章句，始自子夏。"（《后汉书·徐防传》）后来南宋洪迈在《容斋随笔》中说得更具体："孔子弟子惟子夏于诸经独有书，虽传记杂言未可尽信，然要为与它人不同矣，于《易》则有《传》，于《诗》则有《序》。而《毛诗》之学，一云子夏授高行子，四传而至小毛公，一云子夏传曾申，五传而至大毛公。于《礼》则有《仪礼·丧服》一篇，马融、王肃诸儒多为之训说。于《春秋》，所云'不能赞一辞'，盖亦尝从事于斯矣。公羊高实受之于子夏，穀梁赤者，《风俗通》亦云子夏门人。于《论语》，则郑康成以为仲弓、子夏等所撰定也。"[①]在洪迈看来，《易传》《诗序》《毛诗》《仪礼》《公羊传》《穀梁传》《论语》等儒家经典的传承都与子夏有一定的关系，虽然这个观点并不为大家所一致认可，但也说明了子夏对于孔子儒家经学的传承贡献最大。

---

① ［宋］洪迈撰，孔凡礼点校：《容斋随笔》，容斋续笔卷十四，中华书局，2015年，第309页。

　　子贡，复姓端木，名赐，字子贡，春秋末年卫国人。他长期追随孔子，在《论语》中他和孔子的对话最多。子贡最擅长外交和经商，后来成为一代富商，《史记·货殖列传》说他"家富累千金"。孔子也曾称赞他，《论语》记载说："子曰：回也其庶乎，屡空。赐不受命，而货殖焉，亿则屡中。"（《先进》）孔子说，颜回的道德学问也算是够高的了，但是却经常穷苦潦倒。子贡这个人不安于命运而去囤积居奇，善于做生意，以至于经常能够赚到很多钱。子贡很有经济头脑，以至于他想把鲁国每月初一祭祀祖先的羊也免去，这自然让孔子不高兴，说，子贡你虽然在乎那只羊的价值，可是我更在乎祭祀礼仪。《论语》原文说："子贡欲去告朔之饩羊。子曰：'赐也，尔爱其羊，我爱其礼。'"（《八佾》）

　　子路，他曾长期追随孔子，在孔门弟子中，年龄最长，性格非常直率。比如孔子去了卫国，要见掌实权的卫灵公夫人南子，希望推行自己的政治主张。子路就很生气，认为南子名声不好会败坏孔子名声，或认为孔子另有所图，害得孔子不得不对天发誓，说自己若有做得不对的地方，就请上天惩罚我，如《雍也》中孔子所说"予所否者，天厌之！天厌之！"子路性格直率，同时也敢作敢为，孔子周游列国，主张行不通，于是孔子打算到海外去传道，在他看来，真正能够跟随他的只有子路。《公冶长》篇记载说："子曰：道不行，乘桴浮于海。从我者，其由与？"子路后来在卫国的内乱中被杀，去世之前依旧不忘老师孔子的教导"君子死，冠不免"，最终被剁为肉酱，子路也算是实现了孔子"杀身成仁"的理想。孔子由于连续受到得意弟子颜回、儿子孔鲤死亡的精神打击，加上子路的被杀，于是在子路死后的第二年去世了。

　　闵损，字子骞，他非常孝顺，《论语·先进》中就记载孔子曾称赞他说："孝哉！闵子骞，人不间于其父母昆弟之言！"意思是说，闵子骞真是一位大孝子啊，人们都不怀疑他的父母兄弟对他的表扬。一般来说，自己父母都会言过其实地表扬自己的孩子，这在真实性上就会打折扣，但是闵子骞的确因孝悌而赢得了父母兄弟的赞扬。相传，闵子骞小的时候，母亲去世，他的父亲又娶了一位妻子，并生了两个儿子。后母经常虐待闵子骞，冬天为他所做的衣服里没有丝绵只有芦花，闵子骞的父亲知道后，准备休掉这个妻子。闵子骞就哭着劝说父亲不要这样做，因为这样一来两个弟弟就要受罪了。闵子骞的故事后来被收入《二十四孝》中，成为中国古代孝子的典范。

子张，即颛孙师，字子张，春秋末期陈国人。子张出身非常微贱，比孔子小四十八岁，师从孔子为学，终身没有做官。他喜欢学习，每次孔子一讲什么话，他就顺手记下来。平时喜欢思考，强调做人要忠、信。孔子去世之后，他就招收弟子传播儒学，并创立了子张学派（即"子张之儒"）。《韩非子·显学》记载，孔子去世后，儒学分为八派，其中子张学派是孔门八派之首，可以看出子张在当时影响非常大。

总而言之，孔子弟子三千，贤者七十有二，这些弟子各有特点，各有成就，也正是这些弟子，使孔子思想得以继承与发展。

（二）孔子论政治

孔子强调，治国理政不能靠刑罚、法律，而要靠统治者自身的德行、智慧及思想去治国，如他明确强调说："为政以德，譬如北辰，居其所而众星共之。"（《论语·为政》）在他看来，为政以德是治国的基本原则，只有坚持这个原则，整个国家社会才会处于有秩序的状态。"为政以德"强调的是人们的道德自觉，而非外在控制，故孔子说：

> 道之以政，齐之以刑，民免而无耻；道之以德，齐之以礼，有
> 耻且格。（《论语·为政》）

孔子认为，虽然老百姓也会遵守政令、刑罚，但如果是被迫的，百姓不会有廉耻之心，即缺乏对政令、刑罚的敬畏与自觉；相反，如果统治者重视教化、道德与礼仪，让百姓知道政令、刑罚本身是利国利民利己的，他们自然会遵守，而且是出自内心的道德自觉。

当然，孔子的"为政以德"只是治国理政的大纲，它的内涵很丰富，包括以君王为首的统治阶层的德行提升、重视孝道、以民为本、道德教化、选贤与能、法先王等多个面向，其中提升统治者自身的道德水准是最为核心的。孔子曾反复强调，统治者自身行为要端正，所谓"政者，正也"，"其身正，不令而行；其身不正，虽令不从"。他认为，政治就是要端正自己，统治者自身行得端正，即使没有下达明令，百姓也都会自觉遵守政令；如果统治者自己做得不好，即使三令五申，也没有人听从。

孔子为政以德的理念，核心其实就是要提升统治阶层的道德境界，而为政以德的思想源于他的仁学。"仁"是孔子思想的核心，在《论语》之中，孔子的各类思想都有"仁"的存在，"仁"学实则是关于人的学问，即《礼记·中庸》引孔子语所说："仁者，人也。"即作为一个仁人一定要关注人，更要"爱人"，又如孔子所说："仁者爱人。"孔子之所以重视人，是因为在孔子的时代，社会秩序紊乱，战争不断，赋税徭役增多，百姓生活艰难。从《诗经》国风中我们就可以看到，当时的平民由于受政治动荡、苛捐杂税、战争兵乱等因素影响，生活处于苦难之中，人及人的存在陷入空前的困境

之中。

在孔子看来，民众是社会的基础，民众也是治国理政的重点。只要百姓生活富足，信赖统治阶层，那么统治者自然能获得他们的支持。如《论语·颜渊》篇中记载：

> 哀公问于有若曰："年饥，用不足，如之何？"有若对曰："盍彻乎？"曰："二，吾犹不足，如之何其彻也？"对曰："百姓足，君孰与不足？百姓不足，君孰与足？"

鲁国国君哀公向有若问道："灾荒年月，国家用度不足，怎么办呢？"有若回答说："为什么不实行十分抽一的税率呢？"哀公说："十分之二的税率，我还感到不足，怎么能实行十分之一税呢？"有若回答说："如果百姓富足，国君怎么会感到不足？而如果百姓贫困，国君又怎么会感到富足？"在这里，有若认为应当以民为本，百姓是立国之本。尽管这里说的是有若的思想，但他与孔子以民为本的思想一脉相承，故也可以看成孔子以民为本的思想。

孔子不仅反对剥削民众，而且还强调一定要藏富于民、教化民众。如孔子曾周游列国到了卫国，他看到卫国人多，就与弟子冉有有了一番谈话。《论语·子路》篇载：

> 子适卫，冉有仆。子曰："庶矣哉！"冉有曰："既庶矣，又何加焉？"曰："富之。"曰："既富矣，又何加焉？"曰："教之。"

孔子的民本思想，即强调要增加百姓的财富，让民众过上丰衣足食的生活，这与后来孟子所说的富民思想有一致之处。不仅如此，孔子认为还要及时教化民众，让民众知道礼义廉耻等思想，从而方便管理与统治。所以在《论语·泰伯》篇中孔子也说道："民可，使由之；不可，使知之。"就是说，民众认为可以，就让他们跟着走；

民众不认可，就要给他们讲道理，从而达到有教化的状态。

孔子重视民众，这也是对上古以来民本思想的继承与发展，更是对春秋时期民本思想的深刻体悟，换言之，民心向背是政治兴衰的重要体现，如在《颜渊》篇中，孔子曾与弟子子贡这样说道：

> 子贡问政。子曰："足食，足兵，民信之矣。"子贡曰："必不得已而去，于斯三者何先？"曰："去兵。"子贡曰："必不得已而去，于斯二者何先？"曰："去食。自古皆有死，民无信不立。"

在孔子看来，治国理政民心向背至关重要，所以在面对粮食、军事、民心向背的时候，孔子最重视民心向背，即使缺衣少食、军事薄弱，也要争取获得民众支持，那才是至关重要的。

在孔子看来，作为统治阶层，诚信非常重要，这是得到百姓拥护、自己能够令行禁止的重要保障，所以在《论语》中多处都提到"信"，如：

> 子曰："人而无信，不知其可也。大车无輗，小车无軏，其何以行之哉？"（《为政》）
>
> 子曰："古者言之不出，耻躬之不逮也。"（《里仁》）
>
> 子曰："君子义以为质，礼以行之，孙以出之，信以成之。君子哉！"（《卫灵公》）
>
> 子夏曰："君子信而后劳其民，未信则以为厉己也；信而后谏，未信则以为谤己也。"（《子张》）

孔子非常重视统治者的诚信，并强调说话需谨慎、有诚信。对于言行关系，孔子强调"敏于事而慎于言"（《学而》），"君子欲讷于言而敏于行"（《里仁》），"先行其言而后从之"（《为政》）。作为君子一定要言行符合道义、仁义、礼义，还要言语谦逊、为人诚信。

在孔子仁学之中，孝弟即孝道是整个学说的核心或者说基石。《论语·学而》有句话这样说道：

> 有子曰："其为人也孝弟而好犯上者，鲜矣。不好犯上而好作乱者，未之有也。君子务本，本立而道生。孝弟也者，其为仁之本与。"

这句话尽管是孔子弟子有子对孝悌的理解，但传达的实是孔子的思想，《礼记·中庸》也提到孔子所言，"仁者，人也，亲亲为大"。在孔子看来，孝悌是实现仁德、仁政的根本和前提。人只有孝顺父母，尊敬兄长，才具备做一个仁人的基本素养。按照孔子仁学的思维逻辑，如果人人都是仁者，那么社会就会实现大治、实现孔子所追求的王道。

在孔子看来，即使不能亲自参与社会政治的治理，如果自己能够尽心孝顺父母、尊敬兄长，本身就是参与政治。可以说，孝道本身就具有政治性。《论语·为政》记载说：

> 或谓孔子曰："子奚不为政?"子曰："《书》云：'孝乎惟孝，友于兄弟。'施于有政，是亦为政，奚其为为政?"

有人对孔子说："你什么不从事政治呢?"孔子回答说："《尚书》上说，'孝就是孝敬父母，友爱兄弟'。把这孝悌的道理施于政事，也就是从事政治，又要怎样才能算是为政呢?"这句话就反映了孔子以孝治国的思想，在他看来，治理国家要以孝为根本，只有孝顺父母、尊敬兄长的人才有资格担当国家的官职，这也是孔子"德治"思想的体现。

那么，孔子要建立的理想社会政治到底是什么样的呢? 孔子作为一代思想家，对他之前的"仁"与"礼"进行了重新解释，并围绕着仁、礼、德、义、忠、信等概念、范畴、命题，建构了新的思想体系——仁学。这个思想体系的最终目标，就是要实现上古尧舜的王道政治，即孔子所说的大同社会。在《礼记·礼运》中记载了孔子的"大同"理想：

> 大道之行也，天下为公，选贤与能，讲信修睦。故人不独亲其亲，不独子其子，使老有所终，壮有所用，幼有所长，矜寡孤独废疾者，皆有所养。男有分，女有归。货恶其弃于地也，不必藏于己；力恶其不出于身也，不必为己。是故谋闭而不兴，盗窃乱贼而不作，故外户而不闭，是谓大同。

建立大同社会是孔子的社会政治理想，它其实就是仁与礼的最高融合。大同社会的特征就是：天下人与人之间充满了关心与友爱，到处都是温情脉脉，每个人都有自己的归宿，每个人都安于本分，做着自己力所能及的事情。这种社会既是对黄帝、尧、舜社会与上古三代夏商周王道政治的美化，也是孔子心中仁与礼进行整合后形成的最终结果。正是这个理想目标，决定了孔子的仁学思想体系的具体内容。

（三）孔子论做人

仁，是孔子学说的核心范畴，也是他反复强调的人格理想。做一个仁人，是其仁学的目标。但是，仁缺乏统一的内涵，如《论语》中孔子在回答弟子的时候便有不同的解释：

> 樊迟……问仁。曰："仁者先难而后获，可谓仁矣。"（《雍也》）
> 颜渊问仁。子曰："克己复礼为仁。"（《颜渊》）

　　仲弓问仁。子曰:"出门如见大宾,使民如承大祭。己所不欲,勿施于人。在邦无怨,在家无怨。"(《颜渊》)

　　司马牛问仁。子曰:"仁者,其言也讱。"(《颜渊》)

　　樊迟问仁。子曰:"爱人。"(《颜渊》)

　　樊迟问仁。子曰:"居处恭,执事敬,与人忠。"(《子路》)

　　子张问仁于孔子。孔子曰:"能行五者于天下为仁矣。""请问之。"曰:"恭、宽、信、敏、惠。恭则不侮,宽则得众,信则人任焉,敏则有功,惠则足以使人。"(《阳货》)

　　从上面的问答,我们可以看出,孔子针对不同人的发问,对仁的解释都不一样,即使是面对樊迟的同样的问题,不同时候回答也不同。不过,整体来看,仁的内涵体现为对礼仪的遵循,也体现为对人的关爱,还是一个人为人处世的基本德行,这些都是仁的体现。实际上,从仁人的要求来看,爱人即重视关爱他人,是一个仁人的基本内涵。当然,爱人首先要从自己做起,孔子在《孝经》中就说道,"身体发肤,受之父母,不敢毁伤,孝之始也","天地之性,人为贵",等等。

　　毕竟,孔子仁学旨在解决人与人、人与社会之间的关系,本质上是要解决人自身的问题。如《礼记·中庸》所说:"仁者,人也。"就是说,仁者就是做一个真正的人。什么是真正的人?孔子认为那就是充满温情且有社会责任感的人,如许慎《说文解字》所说的:"仁,亲也。从人,从二。"孔子之所以强调人要有温情,很大程度上是因为春秋时期,人与人之间的关系已经开始淡漠,宗法制度也失去了传统意义上对家族、亲人的关照。尽管孔子讲仁学的最终目的是恢复礼制、维护社会秩序,但是在他看来,没有仁爱的社会,就不是一个好社会,所以他说:"人而不仁,如礼何? 人而不仁,如乐何？"（《八佾》）可以说，仁是礼存在的内涵，而礼是仁的最终目的。

孔子认为，仁就是关爱他人，但不是一视同仁，更不是后来墨子所说的"兼爱"，而是爱有差等的。最大限度地抑制自己的欲望，遵守礼仪规范，才是仁人，所谓"克己复礼为仁"（《颜渊》）。克己，就是当表达自己意愿的时候，一定要自觉遵循礼制，这才是一个仁人该做的事。

在《论语·颜渊》篇中有孔子与弟子颜回的一段对话。颜回问老师，如何成为一个仁人呢？孔子说，只有充分尊重礼仪规范，才能称得上是一个仁人：

> 颜渊问仁。子曰："克己复礼为仁。一日克己复礼，天下归仁焉。为仁由己，而由人乎哉？"颜渊曰："请问其目。"子曰："非礼勿视，非礼勿听，非礼勿言，非礼勿动。"颜渊曰："回虽不敏，请事斯语矣。"

在这里，颜回问什么是仁。孔子说："克制自己的欲望，使言行都符合礼仪，这就是仁。一旦这样做了，天下的人都会成为仁人的。成为仁人靠自己，难道还依靠别人吗？"颜回说："请问践行仁德的具体细目是什么？"孔子说："不合乎礼的东西不要看，不合乎礼的话不要听，不合乎礼的话不要说，不合乎礼的行为不要做。"颜回说："我虽然不聪敏，我会按照您的话去做的。"

孔子对礼仪的重视，实际上也是对社会秩序的重视，他不仅反复倡导礼仪的重要性，而且他本人身体力行，注重礼仪，如《先进》篇中记载了这样一件事：

> 颜渊死，颜路请子之车以为之椁。子曰："才不才，亦各言其

　　子也。鲤也死，有棺而无椁。吾不徒行以为之椁。以吾从大夫之
　　后，不可徒行也。"

　　　　颜渊死，门人欲厚葬之，子曰："不可。"门人厚葬之。子曰：
　　"回也视予犹父也，予不得视犹子也。非我也，夫二三子也！"

　　这两段话的大意是说：颜渊去世了，（他的父亲）颜路请求孔子
卖掉他的车子，给颜渊买个外棺。孔子说："（虽然颜渊和鲤）一个
有才一个无才，但他们都是子辈。如果孔鲤死了，有棺无椁，那我
也不能卖掉自己的车子步行来给他买椁，因为我身在大夫之列，根
据礼仪，是不能步行的。"颜回去世了，弟子想厚葬他，孔子说：
"不可以。"最后弟子还是厚葬了颜回。孔子说："颜回曾把我看成他
的父亲，而我却不能把他看成儿子。厚葬不是我的主意，是那些弟
子要这样啊！"在这里，孔子尽管非常欣赏颜回，但根据礼仪，孔子
并没有厚葬颜回，由此可见孔子对礼仪的尊崇。颜回是孔子最得意
的弟子，孔子并没有因此而卖掉自己的车子。即使是对自己的儿子，
也是如此。毕竟，孔子身为大夫，不能步行，否则违背礼制。由此
可见，孔子对礼仪的尊崇，超过了人情。

　　孝是做人的根本，正如孔子弟子有若所说，"孝为仁之本"。《论
语》记载了有子的话：

　　　　有子曰："其为人也孝弟，而好犯上者，鲜矣。不好犯上，而
　　好作乱者，未之有也。君子务本，本立而道生。孝弟也者，其为仁
　　之本与。"（《学而》）

　　这句话翻译过来便是："孝顺父母，顺从兄长，而喜好触犯上层
统治者，这样的人是很少见的。不喜好触犯上层统治者，而喜好造
反的人，是没有的。君子专心致力于根本的事务，根本建立了，治

国理政的原则也就有了。孝顺父母，顺从兄长，这就是仁的根本啊！"在有子看来，人如果能够在家中对父母尽孝，对兄长顺服，那么他在外就可以对国家尽忠，孝悌是尽忠的前提，而尽忠则是孝悌的最终目的。

正是由于孝悌之道非常重要，它是做一个仁人的起点与基本要求，所以，《论语》中多次提到了孝道：

> 事父母，能竭其力。（《学而》）
>
> 父母，唯其疾之忧。（《为政》）
>
> 子游问孝，子曰："今之孝者，是谓能养。至于犬马，皆能有养。不敬，何以别乎？"（《为政》）
>
> 子夏问孝，子曰："色难。有事，弟子服其劳；有酒食，先生馔，曾是以为孝乎？"（《为政》）

就是说，孝顺父母涉及各个方面，不仅仅体现在对父母日常生活起居的关照上，更为主要的是要发自内心地对父母恭敬。当然，孝顺并不是一味地顺从，而是要有原则的，父母有过错时就要委婉劝诫，比如孔子说："事父母几谏，见志不从，又敬不违，劳而不怨。"（《里仁》）但如果父母做了违法之事，作为子女也要基于孝道，为父母掩饰这样的过错，如《子路》中记载：

> 叶公语孔子曰："吾党有直躬者，其父攘羊，而子证之。"孔子曰："吾党之直者异于是，父为子隐，子为父隐，直在其中矣。"

在孔子看来，真正的孝道是要基于宗法制度，维护家族亲人之间的伦理情感，要"亲亲相隐"，即"父为子隐，子为父隐"。虽然这有悖于社会秩序，但也是对亲情、人伦的维护，更是孔子仁义思想的展现。

　　当然，孔子所说的孝道，并不是一味地基于宗法制度、人伦道德而强调仁爱、关爱，仍是要以礼法、社会秩序为准绳，如在《阳货》中，孔子认为孝道不能变通，而是要遵守一定的礼仪：

　　　　宰我问："三年之丧，期已久矣。君子三年不为礼，礼必坏；三年不为乐，乐必崩。旧谷既没，新谷既升，钻燧改火，期可已矣。"子曰："食夫稻，衣夫锦，于女安乎?"曰："安。""女安则为之。夫君子之居丧，食旨不甘，闻乐不乐，居处不安，故不为也。今女安，则为之。"宰我出，子曰："予之不仁也！子生三年，然后免于父母之怀。夫三年之丧，天下之通丧也。予也有三年之爱于其父母乎?"

　　宰予曾白天睡大觉，孔子曾严厉批评他，认为他是朽木不可雕、粪土之墙不可杇之人。现在，宰予又怀疑为父母服丧三年太浪费时间，而且其间还要过着苦行僧的生活，他觉得为父母服丧一年就够了。孔子说，如果你不想那样做，觉得服丧一年还吃喝玩乐，能够心安理得，那就去做吧。宰予不爱听老师的话，出门去了，孔子说，宰予真不是个人呀，他的父母养育他三年，而为父母守丧三年是天下的通礼，现在他居然不愿去做。同样，在《孝经》之中，孔子也强调践行孝道要遵守礼制，比如父母去世之后，要葬之以礼、祭之以礼，所谓："子曰：'孝子之丧亲也，哭不偯，礼无容，言不文，服美不安，闻乐不乐，食旨不甘，此哀戚之情也。三日而食，教民无以死伤生。毁不灭性，此圣人之政也。丧不过三年，示民有终也。为之棺椁衣衾而举之，陈其簠簋而哀戚之，擗踊哭泣，哀以送之；卜其宅兆，而安措之；为之宗庙，以鬼享之；春秋祭祀，以时思之。生事爱敬，死事哀戚，生民之本尽矣，死生之义备矣，孝子之事亲

终矣。'"(《孝经·丧亲章》)

在《论语》中，多次记载了孔子对中庸之道的重视，比如他认为作为一个君子一定要文质彬彬，《雍也》篇中记载云："子曰：'质胜文则野，文胜质则史。文质彬彬，然后君子。'"在孔子看来，文乃礼仪，质乃仁义，这两者都是为人处事必备的原则，但是两者之间一定要保持张力，唯有"文质彬彬"，即文质搭配得当，才是一个君子所应该具备的。

在孔子看来，中庸是一种非常重要的品质，非常难得，《雍也》记载："子曰：'中庸之为德也，其至矣乎！民鲜久矣。'"在孔子的思想体系中，中庸之道不是折中、一分为二，也不是不讲原则、八面玲珑的"乡愿"，而是一种动态的平衡，一种做人做事保持有情有义、合情合理的度。在《论语》中多次记载关于孔子中庸之道的言行及评价等，如《先进》篇记载：

> 子贡问："师与商也孰贤？"子曰："师也过，商也不及。"曰："然则师愈与？"子曰："过犹不及。"

子贡问："子张与子夏两个人谁更贤明？"孔子说："子张过一些，而子夏常不足。"子贡说："那么，子张是不是更好一些？"孔子说："过头和不足都是一样的。"这里的"过犹不及"，反映了孔子认为做人做事要秉承中庸之道的原则。

孔子始终强调，作为一个优秀的士大夫、一个君子，不论是在生活中，还是在具体的工作中，都应当具备正直的品质，如《宪问》篇中记载：

> 或曰："以德报怨，何如？"子曰："何以报德？以直报怨，以德报德。"

有人问孔子："用恩德报答怨恨，怎么样呢？"孔子说："那用什么报答恩德呢？应该用正直报答怨恨，用恩德报答恩德。"孔子的这种以正直报答怨恨的做法，实际上是对那些没有感恩之心、品德低下之人的抵制与批判。所以，他希望结交正直的朋友：

> 孔子曰："益者三友，损者三友。友直，友谅，友多闻，益矣。友便辟，友善柔，友便佞，损矣。"（《季氏》）

孔子说："有益的朋友有三种，有害的朋友有三种。结交正直的朋友，诚信的朋友，知识广博的朋友，是（对人）有益的。结交阿谀奉承的人，结交表面奉承而背后诽谤的人，结交花言巧语的人，是（对人）有害的。"孔子这里虽然是在谈交友，但实则是在强调为人一定要有正直、诚信、智慧三种品质。

另外，在孔子所处的春秋时期，功利主义非常盛行。利，是一个人对名、位、财富、欲望的追求与满足，对于人的这些欲望，孔子并没有否定，也不讳言对它们的追求。只不过，在孔子看来，一个真正的君子应当是以"义"为统领或衡量的标准，即采取"见利思义""义然后取"的态度：

> 富与贵，是人之所欲也；不以其道得之，不处也。贫与贱，是人之所恶也；不以其道得之，不去也。君子去仁，恶乎成名？君子无终食之间违仁，造次必于是，颠沛必于是。（《里仁》）
> 君子喻于义，小人喻于利。（《里仁》）
> 饭疏食饮水，曲肱而枕之，乐亦在其中矣。不义而富且贵，于我如浮云。（《述而》）
> 邦有道，贫且贱焉，耻也；邦无道，富且贵焉，耻也。（《泰伯》）
> 见利思义，见危授命，久要不忘平生之言，亦可以为成人矣。

《宪问》）

　　义然后取，人不厌其取。(《宪问》)

　　子曰："君子谋道不谋食。耕也，馁在其中矣；学也，禄在其中矣。君子忧道不忧贫。"(《卫灵公》)

　　从孔子的这些言语中，我们可以看出，孔子对富贵、名利等都不否定，也认为追求富贵、名利、美食、享乐等，是人的正常欲望，但是这一切都要以"义"为规范和引领。

　　孔子的学说，就是希望每一个人都做仁人。仁人是一个最基本的人格理想，所谓"仁者爱人"。相对而言，仁在孔子学说中占有更加基础与核心的地位，所谓"人而不仁，如礼何？人而不仁，如乐何？"(《八佾》)

　　孔子重视人，强化了上古以来的人文精神，所以他希望人人都能够做仁人。"不仁者，不可以久处约，不可以长处乐。"(《里仁》)"里仁为美，择不处仁，焉得知？"(《里仁》)"君子去仁，恶乎成名？君子无终食之间违仁，造次必于是，颠沛必于是。"(《里仁》)"知者动，仁者静；知者乐，仁者寿"(《雍也》)"知者不惑，仁者不忧，勇者不惧。"(《子罕》)在孔子看来，只有做一个仁人，才能体会到活着的快乐，才会长寿，不仅没有烦恼，也没有对死亡的恐惧。总之，只有仁人才能真正体会到活着的价值与意义，"志士仁人，无求生以害仁，有杀身以成仁"(《卫灵公》)。

　　在孔子的思想体系中，仁人的境界太高，一般人实在难以达到，即使是孔子自己，他也自谦说道："若圣与仁，则吾岂敢？"(《述而》)那么究竟谁才是真正的仁人呢？在孔子看来，只有管仲才是仁人。《论语·宪问》记载："子路曰：'桓公杀公子纠，召忽死之，管仲不死。'曰：'未仁乎？'子曰：'桓公九合诸侯，不以兵车，管仲之力也。如其仁！如其仁！'"管仲之所以是仁人，并不是因为他的德行（他曾经侍奉公子纠，后来又转而侍奉公子纠的敌人公子小白；他还曾违背礼制，家有三归），而是因为他的政治功绩：管仲曾辅佐齐桓公进行政治、经济、军事等多方面的改革，使得齐国一跃成为春秋第一霸主。总之，在孔子心中，真正的仁人并不一定是道德高尚，而是能够将内圣外王之道，即儒家学说，运用到现实社会中让天下百姓都受到恩泽，让华夏文化、文明真正得到传承、发展。当然，这并不是说仁人不可造就，孔子曾说："仁远乎哉？我欲仁，斯仁至矣。"（《述而》）"为仁由己，而由人乎哉？"（《颜渊》）

孔子倡导仁学，注重修德与实践，鼓励人成为仁人，但是孔子的最终目的是希望每个人成为圣人，这实际上也是先秦时期人人期待的人格理想，如《周易·乾·文言》就说"圣人作而万物睹"，《老子》第二十二章也说"是以圣人抱一为天下式"，这里的"圣人"实际上就是与"道"合一的人格理想，所谓"圣人者，道之极也"（《史记·礼书》）。在孟子看来，孔子就是一个圣人，《孟子·万章下》中说道："孔子，圣之时者也。"后来司马迁《史记》也将孔子尊为"至圣"。原因就是，相对于孔子之后至司马迁时代的学者而言，孔子的确成为划时代的人物：

> 天下君王至于贤人众矣，当时则荣，没则已焉。孔子布衣传十余世，学者宗之。自天子、王侯，中国言六艺者，折中于夫子。可谓至圣矣。（《史记·孔子世家》）

孔子追求圣人的人格，或者说，孔子被后人孟子、司马迁等人推尊为圣人。随后，孟子继续彰显孔子的思想，进而被称为"亚圣"。孔孟之所以都被尊称为圣人，很大程度上是因为他们尤其是孔子，在上古时期注重天地鬼神的时代，能够肯定人文精神及人的价值与意义，从而推动了中华文明的发展，对此正如有的学者所总结的：

> 孔子何以被称为圣人，而孟子又何以被尊为亚圣呢？我们仅仅从孔、孟人学思想的角度，也可以看出，出现这样的情况，是有一定的历史原因的。……具体说来，在商、周宗教思想的氛围中，孔子运用自己的理性能力，反思（"思"）人的共性或本性，发现人的一般意义与价值，论证而且求证了人在自然界，在上帝、天命等面前不可忽略的地位，空前挺立了人的尊严。他是中国古代发现"人"的意义的第一人。当时的人或后人将他尊为圣人，可以说曲折地肯定了孔子人学思想的贡献，自觉或不自觉地肯定了他推动中国文明发展的历史贡献。①

孔子作为轴心时代的圣人，鉴于当时依然非常浓厚的泛神论，他在以往人文精神的基础上通过倡导仁学、儒学的形式，进一步反思人性与人的价值，"空前挺立了人的尊严"，为之后中国古代哲学的发展、中华文化的模式奠定了全新的基础。由此，孔子也被视为"轴心时代"中国哲学的突破者。

（四）孔子论学习

孔子非常重视学习，一生好学不倦，发愤忘食，乐以忘忧。在孔子看来，学习非常重要，学习是改变偏执、愚昧、粗鲁的重要方式：

---

① 张茂泽、郑熊：《孔孟学述》，三秦出版社，2003年，前言。

> 子曰："由也，女闻六言六蔽矣乎？"对曰："未也。""居，吾
> 语女。好仁不好学，其蔽也愚；好知不好学，其蔽也荡；好信不好
> 学，其蔽也贼；好直不好学，其蔽也绞；好勇不好学，其蔽也乱；
> 好刚不好学，其蔽也狂。"（《阳货》）

孔子非常看重学习，他从六个方面来探究学习的重要性，他认为仁爱、智慧、诚信、正直、勇敢、刚毅等品质的培养，都需要通过学习来完成。换句话说，在孔子看来，道德品质的培养也离不开学习，当然，这种学习并不是简单的读书识字，而是在知识学习基础上的道德反省、实践与感悟提升。

孔子为学非常广博，不仅有礼乐射御书数，还有各种为政、为人的规则道理，都是他学习的范围。在所有学习的内容中，孔子对传统文化格外重视，他曾说自己"述而不作，信而好古"（《述而》）。好古乃好王官之学、先王之道，所以孔子一生都在研究王官"六经"，宣扬圣人之道，并在晚年整理并诠释"六经"，创立了儒学。当然，"述而不作"只是孔子的谦虚，他本人其实是"述中有作""作中有述"或曰"寓作于述"。

孔子重视启发式教学，尤其强调学生应该举一反三，唯有如此，才能真正获得对知识的领悟与掌握，正如《述而》篇中所载：

> 子曰："不愤不启，不悱不发。举一隅不以三隅反，则不复也。"

在这里，孔子非常强调为学者一定要有主动学习的态度，在学习的时候一定要主动思考，举一反三，唯有如此，才能让老师有教下去的欲望，为学者也才能真正成就自己。

在孔子看来，学习不是被动的、坐等灌输式的学习，而是要学会主动思考，《学而》篇中记载孔子对子贡学习《诗经》的评价，其

文曰：

> 子贡曰："贫而无谄，富而无骄，何如？"子曰："可也。未若贫而乐，富而好礼者也。"子贡曰："《诗》云：'如切如磋，如琢如磨。'其斯之谓与？"子曰："赐也，始可与言《诗》已矣，告诸往而知来者。"

子贡请教孔子，孔子做了解释，由此也启发了子贡，子贡就想到了《诗经》中"如切如磋，如琢如磨"的话，即作为君子一定要不停地切磋琢磨自己，不断地提升自己的道德修养。为此，孔子对子贡的好学敏求非常欣赏，认为他能够举一反三，通过一个基本问题反省出一个哲理问题。

孔子认为，学习至关重要，它是为人处世乃至实现个人价值的重要前提，而学习不仅包括知识性的内容，还包括自身道德境界的提升，故《论语》一开篇的《学而》篇中就提到了这样的理念：

> 子曰："学而时习之，不亦说乎？有朋自远方来，不亦乐乎？人不知而不愠，不亦君子乎？"

孔子认为，只有学习并实践，才能真正提升自己，让自己变得更加完善，成就君子品质，这样一来，"人不知而不愠"，便是学习之后乐道的呈现。这就表明通过学习，能让自己变得高雅，不以物喜，不以己悲。

在孔子看来，他懂得很多礼仪也都是学习的结果，更是不断实习、实践的结果。当然，对于礼仪，孔子并不是强调一味地墨守成规，而是强调创新、活学活用。如《子路》篇中记载了孔子对弟子的教育："子曰：诵《诗》三百，授之以政，不达；使于四方，不能专对；虽多，亦奚以为？"孔子强调，诵读《诗经》要活学活用，而不能为了读诗而读诗，学习要提升思想与能力，而不是死读书。

孔子注重学习与实践，其目的就是将礼仪道德化，并将其作为个人的品质与德行要求。换言之，孔子将学习看成是修身、修德与明道的重要方式。可以说，在孔子看来，修德的目的，也即学习的重要结果，是切实提高人的境界：

> 子曰："德之不修，学之不讲，闻义不能徙，不善不能改，是吾忧也。"（《述而》）

在孔子看来，道德的提升才是为学的关键所在，也是比学习、实践更为重要的所在。他认为修德是长期的，也是需要不断谦虚好学的：

> 子曰："三人行，必有我师焉，择其善者而从之，其不善者而改之。"（《述而》）

在孔子看来，学习无所不在，而提升自己的德行，是为学的重要目的。可以说，孔子将修德视为为学的重要目的，认为唯有内圣才能实现外王，才能真正齐家、治国、平天下。所以，《大学》中就将修齐治平作为为学的"规模"，其中修身是第一要务。

（五）孔子论教育

教育的宗旨到底是什么呢？在孔子看来，教育的目的在明道、传道、行道。所谓明道，就是要以知晓圣人之道为旨归进行学习，对道的追求是人生最大的理想，甚至超越了生死。所以，《里仁》篇载孔子说："朝闻道，夕死可矣。"意思是说，一旦明白了道，即使当天死了也是值得的。同样，《述而》篇也记载了孔子的话，"志于道，据于德，依于仁，游于艺"，这里孔子也强调要以明道为人生的志向。

另外，孔子所处的时代正好处于社会转型时期，教育也并非专属于官方贵族，很多平民也有了受教育的机会，所以在孔子的弟子之中，有贵族，也有平民。孔子有自己的教育原则，即"有教无类"（《卫灵公》）。所谓"有教无类"，就是人人都有受教育的机会，不分人群贵贱。可以说，在教育对象上，孔子打破了过去官学只服务于贵族子弟的做法，他兴办私学，提倡"有教无类"，即只要是人，无论是贵族还是平民，不论出身、贫富、地域、民族、年龄等，都有接受教育的权利。比如孔子弟子绝大部分都是平民，如颜回、子路、曾子、仲弓等，还有贵族出身的孟懿子、南宫敬叔、司马牛等，还有商人出身的子贡等。

孔子之所以重视对不同人群的教育，是因为教化是社会秩序稳定、人伦道德敦化的重要手段。《子路》篇中记载：

> 子适卫，冉有仆。子曰："庶矣哉！"冉有曰："既庶矣，又何加焉？"曰："富之。"曰："既富矣，又何加焉？"曰："教之。"

孔子到了卫国，卫国当时人口很多，他的弟子冉有就问，卫国人这么多，如果富裕了之后，怎么办呢？孔子说，教化他们啊。在孔子看来，人民富裕之后，不能让他们放纵自己，而是要教育他们知礼仪、明道理。

孔子教育弟子讲究因材施教，他曾说："中人以上，可以语上也；中人以下，不可以语上也。"（《雍也》）在这里，"中人"指的是中等智力的人，"中人以上"即聪明人，孔子认为可以告诉他高深的道理。这就表明，孔子认为人的智力是有差别的，有上中下之分。所以，在这种背景下，孔子教育弟子多强调"因材施教"。

孔子注重因材施教，主要是弟子们性格、智力各异，只有在充分了解他们性格、才能的基础之上，才能更好地进行教育。对此，《先进》篇中记载了孔子对弟子们的分析："柴也愚，参也鲁，师也辟，由也喭。"孔子认为，高柴愚笨，曾参迟钝，颛孙师偏激，仲由鲁莽。既然知道了弟子不同的个性，在具体教学过程中，就可以有分别地对待了。比如在同样一件事情上，孔子对待子路、冉有的态度方法就有不同：

> 子路问："闻斯行诸?"子曰："有父兄在，如之何其闻斯行之?"
>
> 冉有问："闻斯行诸?"子曰："闻斯行之。"
>
> 公西华曰："由也问'闻斯行诸'，子曰'有父兄在'；求也问'闻斯行诸'，子曰'闻斯行之'。赤也惑，敢问。"子曰："求也退，故进之；由也兼人，故退之。"（《先进》）

子路问："听到了一个道理就要实践它吗?"孔子说："有父兄在，怎么能听到了就实践呢?"冉有也问："听到了一个道理就去实践它吗?"孔子说："听到了就去实践它。"公西华说："子路问'听到了一个道理就去实践它吗'，你说'有父兄在'；冉有也问'听到了一个道理就去实践它吗'，你说'听到了就去实践它'。这使我感到很迷惑，我想问为什么?"孔子说："冉有做事退缩，所以要鼓励他；子路好胜过人，所以要约束他。"在这里，孔子强调因材施教，鉴于子路冒进，所以用"父兄在"来约束他的言行；对于退缩不自信的冉有，则积极鼓励他进取。

孔子重视教育，重视人才培养，在所教育的内容之中，他非常强调德育。在《论语·雍也》中，孔子就曾对子夏说，"女为君子儒，无为小人儒"。意思是说，要做道德境界高的儒者，"君子儒"是孔子教育要实现的一个重要目标。孔子之所以注重道德教育，这和他本人是儒家的创始人有直接的关系。

在《论语》之中，有学者统计，君子出现了 107 次[①]，其中绝大多数指的都是有道德有才华的人。在孔子之前，君子一般指的是贵族阶层，是个政治概念。但在孔子的学说中，他赋予了君子以新的内涵，即君子是德才兼备的人，由此君子变成了一个道德概念。不过，《论语》中所出现的大部分"君子"，都是指既有道德同时又有政治理想的人。换言之，孔子赋予了当时统治阶层更多的道德要求，希望他们提升自己的人文精神及道德境界：

君子食无求饱，居无求安，敏于事而慎于言，就有道而正焉，可谓好学也已。（《学而》）

君子之于天下也，无适也，无莫也，义之与比。（《里仁》）

君子义以为质，礼以行之，孙以出之，信以成之，君子哉。（《卫灵公》）

君子怀德，小人怀土；君子怀刑，小人怀惠。（《里仁》）

君子义以为上。（《阳货》）

君子博学于文，约之以礼。（《雍也》）

君子思不出其位。（《宪问》）

君子敬而无失，与人恭而有礼。（《颜渊》）

君子周而不比，小人比而不周。（《为政》）

君子和而不同，小人同而不和。（《子路》）

可以托六尺之孤，可以寄百里之命，临大节而不可夺也。君子

① 夏传才：《论语讲座》，广西师范大学出版社，2007年，第80页。

人与？君子人也。（《泰伯》）

　　君子尊贤而容众，嘉善而矜不能。（《子张》）

　　孔子对传统有地位的君子赋予了更多的道德要求，这些道德要求涉及做人、做事等各个方面，比如要注重以人为本、博学重礼、表里如一、言行谨慎等等。

　　在孔子眼中，作为一个君子，不仅是拥有了德行、才华与地位，更为主要的是一定要治国平天下。如在《宪问》篇中，孔子与子路这样说道：

　　　子路问君子。子曰："修己以敬。"曰："如斯而已乎?"曰："修己以安人。"曰："如斯而已乎?"曰："修己以安百姓。修己以安百姓，尧舜其犹病诸?"（《宪问》）

　　孔子认为，作为君子，除了修身、齐家之外，更为主要的是要"安人""安百姓"，这实际上就是《礼记·大学》中所说的修身、齐家、治国平天下三个维度。也就是说，君子并不仅是自我完善，还要兼济众生，即孔子的"内圣外王之道"。

　　在孔子看来，教育的目的就是要培养君子，即做"君子儒"，君子儒不仅体现为道德境界的高超，更体现为博学多能，也体现为勇于实践，对此正如孔子所言："君子道者三，我无能焉：仁者不忧，知者不惑，勇者不惧。"（《宪问》）可以说，实现君子儒，既是孔子教育的目的，更是他对弟子们言传身教所要达到的效果。作为君子，最终目的是要服务于社会政治，实现仁政理想及建立一个王道社会。

（六）孔子论交往

　　在人际交往方面，孔子也提到了很多原则，这里所说的人际交往包括很多内容，比如和自己父母交往、和上级下级交往、和朋友交往、和一般人交往等等。

如何和父母交往呢？孔子认为，作为子女，首先要孝顺父母，这是对仁人最基本的要求，孝顺父母不只是要为父母端茶倒水、提供衣食，更为主要的是要内心虔诚、心怀诚敬，《论语·为政》篇中记载说：

> 子游问孝，子曰："今之孝者，是谓能养。至于犬马，皆能有养。不敬，何以别乎？"

这段话的大致意思是说：子游问，怎么才算是孝顺父母呢？孔子回答说，现在人们一说孝顺，都以为只是给父母提供吃喝、提供钱财就行了。但如果不尽心尽力、心存虔诚的话，这和饲养狗和马有什么区别呢？因为饲养狗和马也会让它们吃饱喝足。可以看出，孔子认为，孝顺父母一定要恭敬、虔诚，而不能流于形式。

另外，假如父母犯错误、犯法了，儿女应怎么办？孔子认为，一定要委婉地劝说。《论语·里仁》篇中就记载说："子曰：'事父母几谏。见志不从，又敬不违，劳而不怨。"就是说，侍奉父母、孝顺父母，如果发现父母有做得不对的地方，应该委婉地劝说。即使父母比较固执，不愿听从，那你也要对父母恭恭敬敬，不要触犯他们，惹他们生气，而且内心不能有抱怨。孔子反对借助第三方力量去纠正父母的错误，比如向官府或他人揭发父母的过失。《论语·子路》篇中就记载了一件事，说明了孔子的立场：

> 叶公语孔子曰："吾党有直躬者，其父攘羊，而子证之。"孔子曰："吾党之直者异于是：父为子隐，子为父隐，直在其中矣。"

意思是说，叶公告诉孔子说，我家乡有个正直的人，他父亲偷了别人的羊，他就亲自去官府告发和作证。孔子说，我家乡正直的人和你说的不一样：父亲为儿子隐瞒，儿子为父亲隐瞒，这才是正直的表现。可以看出，孔子希望父子之间要相互包容，即使对方有了错误和过失，也要相互包容，甚至是包庇。孔子一直崇尚正直，他曾说"人之生也直"，就是说人的一生应当正直无私，但这里他为什么要赞成父子相互包庇呢？因为在孔子看来，父子这种人伦关系太重要了，没有父子就没有君臣，没有君臣就没有社会政治，所以在孔子思想中，人伦道德要超越社会规范和法律条文。孔子这种"亲亲相隐"的原则，对中国古代人伦道德、法律规范影响非常深远。

在与其他人交往时，孔子强调一定要和有道德的人待在一起，因为"里仁为美"，意思是说，居住在有仁德风气的地方才是好的。同时，孔子希望有德之人要和女人、小人保持一定的距离，孔子曾经说过："唯女子与小人为难养也，近之则不孙，远之则怨。"（《阳货》）意思是说，女人和小人是很难教养的，与他们太近，他们就不尊重你；疏远他们，他们又怨恨你。言外之意，保持一定的距离是最好不过的了。不管怎么说，孔子认为人应多一些良知益友，《论语·季氏》篇中孔子说："益者三友，损者三友。友直，友谅，友多闻，益矣。友便辟，友善柔，友便佞，损矣。"孔子说，对自己有帮助的朋友有三种，对自己有害的朋友也有三种。与正直的人为友，与诚实的人为友，与知识广博的人为友，这些都是对自己有帮助的朋友；不要与阿谀奉承的人为友，不要与虚情假意的人为友，不要与夸夸其谈的人为友，这些都是对自己有害的朋友。

在和他人交往的过程中，有了怨恨怎么办呢？在孔子看来，要以德报德、以直报怨，反对以德报怨、以怨报怨，《论语·宪问》中说："或曰：'以德报怨，何如？'子曰：'何以报德？以直报怨，以德报德。'"有人问孔子，用恩德回报怨恨，怎么样呢？孔子说，你用恩德回报怨恨，那么你拿什么回报恩德呢？正确的做法应当是，用公正回报怨恨，用恩德回报恩德。

尽管孔子反复强调个人与他人的关系，但孔子更看重自身修养与自我的提升，比如孔子多次强调做人要讲"忠信"，他从四个方面来教育弟子，即"文、行、忠、信"，其中"文"就是六艺、六经的知识教育；行，就是社会实践，即如何行礼，如何遵守礼仪，如何提升自己的执政能力，等等；忠，不仅是忠诚，更主要的是要尽心尽力做好自己分内的事情；信就是诚信，要信守承诺，言而有信，孔子认为如果一个人不讲诚信、没有信用，就好像一辆车缺少了关键零件，无法行走一样，他曾说，"人而无信，不知其可也。大车无輗，小车无軏，其何以行之哉？"（《为政》）。

（七）孔子论哲学

天道性命、宗教鬼神方面的内容，孔子很少谈到，孔子弟子子贡就曾评价说："夫子之文章，可得而闻也；夫子之言性与天道，不可得而闻也。"（《论语·公冶长》）这里的"文章"，不是我们今天所理解的文章，而是孔子的学问、言行、性情、人格等方面，这些都是"可得而闻"的，也就是可以感知和学习的；"性与天道"就是人性善恶与天地宇宙万物的运行之道，这方面"不可得而闻"，就是说孔子很少讲这些。子贡的这句话是比较客观的，但是后人一般都有误解，把"夫子之言性与天道，不可得而闻"，理解为孔子只讲形而下的仁义道德、礼仪规范，而从来不讲形而上的天道性命、宗教鬼神，这其实是错误的。

大家都知道，中年的孔子积极进取，希望社会变革，希望按照自己的理想改造社会，建立一个上古三代一样的王道社会。于是，基于这个理想，他提出了一系列的政治理念及具体做法，其中包括培养一批优秀的社会管理者。所以，孔子主要教育弟子们如何学习知识、培养能力、提升道德、做好工作，然后服务于现实社会政治，而很少谈天道鬼神之类的事情。孔子自己也曾说"未能事人，焉能事鬼"，"未知生，焉知死"，就是说人间的事情都没有办好，哪有闲心谈论鬼神及来世。所以他主张"敬鬼神而远之"，就是说对鬼神要敬畏，但是要保持一定的距离。

当然，孔子生不逢时，他的理想都没有实现，即使周游列国，也没有得到认可。孔子回到鲁国之后，开始注重系统总结自己的学说，开始反思自己的思想，开始谈天道性命，这一点在《论语》中体现得比较少，而在后来出土的文献中有所体现，比如简帛《易传》。其中说孔子晚年喜欢《周易》，喜欢探究其中的思想义理，并对天道性命、宗教鬼神作了系统的解说，从而形成了我们今天看到的《易传》（当然这个《易传》经过了后人的加工）。总的来说，中年前后的孔子更多注重的是现实政治问题的解决，到了晚年，更多探讨的则是天道性命、宇宙社会等高深理论。

孔子之所以对天命产生"敬而远之"的思想，与他所处的春秋时代人们的天命观有直接的关系，这一时期人们普遍怀疑天神的主宰力，如子产所言"天道远"，《诗经》也有对天的质疑[1]。鉴于此，

---

[1] 如《诗经·小雅·节南山》就反映了对天命的质疑与对其不作为的控诉："……天方荐瘥，丧乱弘多。民言无嘉，憯莫惩嗟。……昊天不佣，降此鞠讻。昊天不惠，降此大戾。君子如届，俾民心阕。君子如夷，恶怒是违。不吊昊天，乱靡有定。式月斯生，俾民不宁。忧心如酲，谁秉国成？不自为政，卒劳百姓。"

孔子反而强调天命，对天道鬼神非常恭敬，《论语·八佾》记载云："祭如在，祭神如神在。子曰：吾不与祭，如不祭。"这里体现了孔子对鬼神的敬畏与虔诚。同样，在这篇中还有记载云：

> 王孙贾问曰："'与其媚于奥，宁媚于灶'，何谓也？"子曰："不然！获罪于天，无所祷也。"

在这里，孔子表现出对天命鬼神的敬畏，认为无论如何都要对鬼神、天地持敬畏的态度，而不是有选择的、功利的态度。此外，孔子对一切涉及祭祀天地鬼神的事情、礼仪都非常恭敬，《八佾》篇记载："子贡欲去告朔之饩羊。子曰：赐也！尔爱其羊，我爱其礼。"这里也极力凸显了孔子对天地鬼神的恭敬。孔子曾说："君子有三畏：畏天命，畏大人，畏圣人之言。"（《季氏》）体现了他对天命的敬畏。

实际上，孔子在推崇天命、敬畏上天的时候，并没有迷信上天及天命，而是乐天知命，将天命作为内化于心的信念，积极入世，成就圣人品质。换言之，孔子在敬畏天命的同时，也时刻将个人的责任、德行与天命紧密结合起来，提升自己的德行、才能及为国为民服务的使命意识，他甚至认为自己是上天委派来完成传承天命、圣人之道的重任的，《子罕》篇中记载：

> 子畏于匡，曰："文王既没，文不在兹乎？天之将丧斯文也，后死者不得与于斯文也；天之未丧斯文也，匡人其如予何？"

大意是说，孔子在匡地受到威胁，他说："周文王去世以后，礼乐文化不都在我身上吗？上天如果要消灭这种文化，那我就不可能掌握这种文化了；上天如果不消灭这种文化，那么匡人又能把我怎么样呢？"在这里，孔子坚信自己是周代礼乐文化的传承者，一切遭遇都是天意，所以在任何情况下他都镇定自若。

人与人之间的关系最终构成了整个社会与国家，由于孔子儒学是入世的，注重社会政治的治理，故它最关注人与人之间的关系。一般来说，人与人之间的学问就是仁学。仁学并不是孔子的原创，只不过是他对上古以来仁学的继承与发展，而这个仁学的核心就是孝道，亦即从孝顺父母开始做起，对此正如孔子弟子有子所说孝为"仁之本"。

孔子重视孝道，在政治现实中，具有一定的合理性与可操作性。毕竟，人人都有父母，而父母是维系整个家庭的核心所在，扩而言之，一个一个的家庭又构成了整个社会国家，所以从家庭开始，仁学才更加有现实意义。孔子所说的"孝"，首先是一种对父母在物质、精神上的回报，《为政》篇中对此多有记载：

> 孟武伯问孝。子曰："父母唯其疾之忧。"
>
> 子游问孝。子曰："今之孝者，是谓能养。至于犬马，皆能有养。不敬，何以别乎？"
>
> 子夏问孝。子曰："色难。有事，弟子服其劳；有酒食，先生馔，曾是以为孝乎？"
>
> 孟懿子问孝。子曰："无违。"樊迟御，子告之曰："孟孙问孝于我，我对曰'无违'。"樊迟曰："何谓也？"子曰："生，事之以礼；死，葬之以礼，祭之以礼。"
>
> 或谓孔子曰："子奚不为政？"子曰："《书》云：'孝乎惟孝，友于兄弟，施于有政。'是亦为政，奚其为为政？"

从以上这些言论中，我们可以看出，孔子所说的孝道，最基本的内容便是让弟子们真心、虔诚地对待父母的身体健康，为其提供物质保障；另外，践行孝道，不能违背国家的制度规范，要在制度规范"礼"的框架内进行，也就是说，个人、家庭的利益不能超越社会国家的利益。在孔子看来，孝道就是最基本的政治，所以他认为即使不能外出做官，但是只要在家践行孝悌，也是政治行为。总之，我们可以看出，孔子对人与人之间的关系，最为关注的是个人与父母之间的关系，更加看重的是作为社会细胞的家庭生活中人的言行与责任，然后推己及人。这也是孔子儒家反复强调的修齐治平的理念。也就是说，它将个人、家庭、社会、政治紧密结合起来，形成一个有机的整体。

个体完成了修身及尽到了家庭责任之后，便要开始处理社会上人与人之间的关系，这就是对他人的爱、尊敬及对礼仪的把握。其中仁爱是前提与基础，所以孔子说："人而不仁，如礼何？人而不仁，如乐何？"（《八佾》）

孔子对待人与人之间的关系，比如君臣之间，强调相互性，如《论语·八佾》记载了他与定公的对话：

> 定公问："君使臣，臣事君，如之何？"孔子对曰："君使臣以礼，臣事君以忠。"

在这里，孔子将君臣之间的关系平等化，认为君臣之间尽管存在着礼仪上的差异，但在人格上是平等的，所以他们之间的关系是相互的，君主对待臣子要有礼仪，而臣子对待君王要恪尽职守、精忠报国。

孔子强调人活着的意义和价值，注重人本身的提升，以及对道德仁义、社会规则的自觉践行，《里仁》篇中记载孔子对富贵、贫贱及人生存状态的表达：

> 子曰："富与贵，是人之所欲也，不以其道得之，不处也。贫

与贱，是人之所恶也，不以其道得之，不去也。君子去仁，恶乎成名？君子无终食之间违仁，造次必于是，颠沛必于是。"

孔子认为人活着应当追求富贵，去除贫贱，但是应当以符合"道"的方式进行。这里的"道"就是孔子所讲的人道，人道包括对礼义的践行、对他人的关爱等等。总之，在孔子看来，不论出于何种目的，人都应当把仁爱作为基本品质，而不能有丝毫的违背与废弃。

在孔子眼中，"道"至高无上，是人活着的意义，也就是说，符合道义、追求道义、践行道义，这就是人与动物的不同，正如他所说"朝闻道，夕死可矣"（《里仁》），体现了对"道"的重视与尊崇。基于对道的践行，最终要达到的境界便是"仁人"。仁人在孔子的心中至高无上，非一般人可及。《公冶长》篇中记载了这样一段话：

孟武伯问："子路仁乎？"子曰："不知也。"又问。子曰："由也，千乘之国，可使治其赋也，不知其仁也。""求也何如？"子曰："求也，千室之邑，百乘之家，可使为之宰也，不知其仁也。""赤也何如？"子曰："赤也，束带立于朝，可使与宾客言也，不知其仁也。"

孟武伯分别问了孔子关于弟子子路、冉求、公西华这三个人，孔子认为他们三人可以管理军政、总揽内政、负责外交，三人各有所长，但是他们是不是就拥有仁德，孔子并没有给予肯定回答。这就说明，拥有行政才能并非就有仁德，可见仁德的境界很高，非一般人所能达到。

三、古代《论语》学史略

《论语》在战国初期完成了原本的编撰，然后就在学者中间流传，但当时它还没有被称为"经",而只是辅助理解经典的"传"或"记"。

（一）汉唐之际

在汉代,《论语》与《孝经》都属于启蒙读物,深受朝野的重视。汉文帝时期,《论语》《孝经》《孟子》《尔雅》一起立博士[①]。从汉初开始,便有诸多学者为《论语》作章句、注解。如孔安国对《论语》的注解,后世称之为《论语孔氏训解》,是已知最早的《论语》注解本。这本书早已经亡佚,不过在何晏《论语集解》等文献中,还能见到孔安国对《论语》的部分注解。另外,影响较大的还有郑玄,郑玄作为东汉末年的经学大师,超越门派、古今的偏见,兼采各家所长,对《论语》进行重新注解,从而形成了《论语注》一书。随着郑玄《论语注》的流行,其他《论语》注解本逐渐衰微不传。遗憾的是,郑玄《论语注》在唐五代已经亡佚。不过,在敦煌和日本发现了一些唐写本的《论语注》残卷,估计还保存着十之六七的内容。

到了魏晋南北朝时期,《论语》注解数量繁多,据朱彝尊《经义考》来看,有八十多部。但真正对后世影响较大的主要是魏何晏《论语集解》与皇侃《论语义疏》。就何晏《论语集解》而言,根据唐代陆德明《经典释文·序录》中所说:"魏吏部尚书何晏集孔安国、包咸、周氏、马融、郑玄、陈群、王肃、周生烈之说,并下己意,为《集解》。正始中上之,盛行于世,今以为主。"[②] 意思是说,

---

① 《孟子注疏·题辞解》:"孝文皇帝欲广游学之路,《论语》《孝经》《孟子》《尔雅》皆置博士。"

② [唐]陆德明:《经典释文》卷一《注解传述人》,上海古籍出版社,2013年,第61页。

何晏汇集了汉代以来很多家的注解，作了《论语集解》一书。这部书是现存最早的《论语》注释本，它保存了大量汉魏时期的古人注释，是研究汉魏时期《论语》学的重要文献。何晏之后，东晋江熙也曾作《论语集解》，这部书汇集了魏晋时期十三家注解《论语》的成果。

何晏《论语集解》成书之后，并立为官学，流传到了南朝梁，南朝梁人皇侃便以何晏、江熙两人的《论语集解》为基础，兼采魏晋南北朝时人注解，作《论语义疏》。皇侃《论语义疏》书成之后，便流行于世。"著录于隋唐《志》，引证于陆氏《释文》，被引于五代邱光庭之《兼明书》，载于宋晁公武之《郡斋读书志》、尤袤之《遂初堂书目》。南宋之初，中国当尚有存者，陈氏《书录解题》漏之。乾淳以后，学者一无征引，其后不久遂亡。"① 皇侃《论语义疏》在唐代还流传到了日本，而且非常盛行。宋以后，在中国大陆就失传了。到了清代，浙江余姚人江鹏从日本将皇侃《论语义疏》带回国内，后被乾隆时期鲍廷博著录于《知不足斋丛书》之中，并收入《四库全书》，从而为学者所熟知。

到了唐代，《论语》不太受重视，注解不多，所谓"隋唐以降，《论语》之学式微"②。在唐代初年，陆德明《论语音义》非常重要，这部书虽然只是《经典释文》的一部分，而且没有对《论语》进行系统的注解，但它保存了汉唐之际丰富的旧注释与异文。另外，陆德明在《经典释文·序录》中对唐代以前《论语》学的发展情况作了系统梳理。可以说，陆德明对《论语》学所作的这些贡献，为我

---

① ［日］内藤虎次郎等著，江侠庵编译：《先秦经籍考》，上海文艺出版社，1990年，第70页。
② ［清］刘师培著，陈居渊注：《经学教科书》，上海古籍出版社，2006年，第79页。

们研究《论语》提供了很大的帮助。除了陆德明《经典释文》之外，对后代影响比较大的便是中唐韩愈、李翱两人合撰的《论语笔解》一书。这部书对汉魏之际的《论语》注释作了很多考证，并指出了很多的错谬之处，除此之外，他们还根据自己的理解对《论语》作了新的解释，这种阐发《论语》思想的经学方法，和以往注重注释、训诂相比，无疑是一种创新。可以说，从研究方法上而言，《论语笔解》可以说是《论语》学史上汉学转向宋学过程中的重要著述。

（二）宋元明

到了宋代，《论语》开始受到朝野上下的重视。其中影响比较大的，如宋真宗时期，邢昺吸收了皇侃《论语义疏》的很多内容，为何晏《论语集解》作新的义疏，即《论语注疏》（也称《论语正义》）。这部书除了进一步解释《论语》与《论语集解》中的名物、典制之外，还在此基础上进行思想发挥，成为宋代经学由注疏之学转向义理之学的代表作。正如四库馆臣所评价的："今观其书，大抵剪皇氏之枝蔓而稍传以义理。汉学、宋学兹其转关。是疏出而皇《疏》微，迨伊、洛之说出而是疏又微。""其书于章句训诂名物之际详矣。"①

北宋中后期，经学义理之学非常兴盛，并转向对性理之学的探讨，作为宋代理学的奠基人二程，他们用理学来解读《论语》，开创了之后以"理"解经的先河。随后，随着二程洛学的兴盛，以"理"解读《论语》成为《论语》学的新特征。当时的程门弟子如谢良佐、杨时、尹焞、游酢等人都有《论语》著述行于世。

---

① 《四库全书总目提要》卷三十五《论语正义》提要。

到了南宋，朱熹兼采汉唐诸儒如孔安国、马融、何晏、陆德明、邢昺等人的《论语》注解，又吸收了宋代理学家如程颐、程颢、张载、王雱、晁说之、吕大临、谢良佐、杨时、胡寅、吕祖谦等人的《论语》学成果，耗四十多年的心血，最终写成了《论语集注》一书。这部书既注重文字训诂，又注重思想义理，可以说是宋代以前《论语》学的集大成之作。南宋末年，朱熹《论语集注》并立为官学。

元明时期，《论语》学基本上没有什么著述，多是羽翼朱熹《论语集注》而为。

（三）清代

清代《论语》学较以往来说，不论是在著述数量上，还是在研究内容、方法上，都有巨大的不同。另外，清代《论语》学在很多情形下，继续以《四书》学的形式出现。对于清代《论语》学的传承与发展及重要著述，刘师培《经学教科书》有所总结，其曰：

> 国初之儒，治《论语》者，咸宗朱注，空言义理。及刘台拱（作《论语骈枝》）、方观旭（作《论语偶记》）、钱坫（作《论语后录》）、包慎言（作《论语温故录》）始宗汉注治《论语》。而刘宝楠《论语正义》以何晏《集解》为主，集众说之大成。后刘逢禄（作《论语述何》)、宋翔凤（作《论语发微》)、戴望（作《论语注》）咸以《公羊》述《论语》，别成一家言，而焦循《论语通释》析理尤精。江永《乡党图考》，亦究心名物制度。继起之书，有黄式三《论语后案》，力持汉宋之平，时有善言。
>
> 近儒虽多宗汉学，然以《学》《庸》《论》《孟》为四书，仍多沿宋儒之号。毛奇龄作《四书改错》，排斥朱注不遗余力。而阎若

璩《四书释地》、翟灏《四书考异》、凌曙《四书典故覈》考证亦精，皆宗汉注而排斥宋注者也。①

从刘师培的总结，我们可以看出，清代《论语》学的研究也分为大体三个阶段。清初学者受到当时学术界风气的影响，一般都会宗主朱学，代表性的著述如有毛奇龄《四书改错》、阎若璩《四书释地》等。也有一部分学者推崇阳明学。到了清代乾嘉时代，学者们基本上多以考据为主，代表性的著述如刘宝楠《论语正义》等。道咸以降，学者们虽然注重思想义理，但也基本上以考据为主，代表性的著述如黄式三《论语后案》等。大体上来说，清代《论语》学有以下几类著述。

（1）注解类《论语》学著作。代表性著述是刘宝楠所撰《论语正义》二十四卷，后来其子刘恭冕补充完整。之所以作这部书，是因为刘宝楠认为汉唐学者过于拘泥于章句训诂，而宋元明的学者又太过于注重思想义理，所以他兼采汉、宋两派优长，重新注解《论语》。他依焦循作《孟子正义》之法，作《论语正义》。不过，刘宝楠后来因病而停止写作，由他的儿子刘恭冕（1821—1880）继续写成。所以这部书实际上是刘宝楠父子二人所共著。这部书的特点在于汇集了汉人旧说，详细考证字词、名物与典章制度，另外，还吸收了宋代以来的很多思想义理，打破了汉、宋门户之见，既有详细的考证，又有新的思想发挥，由此成为清代最完善的《论语》注解本。

刘宝楠（1791—1855），字楚桢，号念楼，江苏宝应（今扬州）人。道光二十年（1840）进士，历任文安、元氏、三河、宝坻等县知县。曾撰有《论语正义》《释谷》《殉扬录》《宝应图经》等多种。

---

①　［清］刘师培著，陈居渊注：《经学教科书》，第138页。

（2）考辨类《论语》学著作。其中考证类代表作如冯登府《论语异文考证》、阮元《论语注疏校勘记》、叶德辉《日本天文本论语校勘记》，等等。辨析类的代表作，如丁晏《论语孔注证伪》，这部书分析认为孔安国《古文论语注》是王肃的伪作；而崔适《论语足征记》一书经过考证则认为《古文论语注》是刘歆伪造，只不过是假托孔安国。除此之外，还有乾嘉之际袁枚、赵翼、崔述等人对《论语》真实性的考证。

（3）辑佚类《论语》学著作。这类著述非常多，如惠栋、王谟、孔广林、宋翔凤、马国翰、黄奭、王仁俊等人都曾做过有关《论语》的辑佚工作，主要是针对郑玄《论语注》。在这些人中间，马国翰的功劳最大。

参考文献

（一）基础文献

［魏］何晏注，［宋］邢昺疏：《论语注疏》，《十三经注疏》本，杭州：浙江古籍出版社，1998 年版。

［唐］李隆基注，［宋］邢昺疏：《孝经注疏》，《十三经注疏》本，杭州：浙江古籍出版社，1998 年版。

［宋］朱熹撰：《四书章句集注》，北京：中华书局，2012 年版。

［宋］洪迈撰，孔凡礼点校：《容斋随笔》，北京：中华书局，2015 年版。

［清］刘宝楠撰，高流水点校：《论语正义》，北京：中华书局，1990 年版。

［清］康有为著，郑力民编：《康有为集》，广州：广东人民出版社，2018 年版。

［清］朱彝尊撰：《经义考》，北京：中华书局，1998 年版。

（二）研究论著

程树德撰，程俊英、蒋见元点校：《论语集释》，北京：中华书局，1990

年版。

单承彬：《论语源流考述》，长春：吉林人民出版社，2002 年版。

蒋鸿青：《汉代至北宋〈论语〉学史考论》，北京：社会科学文献出版社，2017 年版。

李泽厚：《论语今读》，北京：三联书店，2004 年版。

林存光、郭沂：《孔子评传》，北京：中国社会出版社，2010 年版。

刘方炜：《孔子纪：学术思想的启门与文化制度的创设》，桂林：广西师范大学出版社，2009 年版。

于承武：《〈论语〉衍释》，北京：北京出版社，2004 年版。

蒙培元：《蒙培元讲孔子》，北京：北京大学出版社，2005 年版。

孙钦善：《论语本解》，上海：上海古籍出版社，2009 年版。

唐明贵：《论语学史》，北京：中国社会科学出版社，2009 年版。

唐明贵：《〈论语〉学的形成、发展与中衰——汉魏六朝隋唐〈论语〉学研究》，北京：中国社会科学出版社，2005 年版。

徐刚：《孔子之道与〈论语〉其书》，北京：北京大学出版社，2009 年版。

夏传才：《论语讲座》，桂林：广西师范大学出版社，2007 年版。

杨伯峻：《论语译注》，北京：中华书局，2009 年版。

朱华忠：《清代论语学》，成都：巴蜀书社，2007 年版。

张茂泽、郑熊：《孔孟学述》，西安：三秦出版社，2003 年版。

［日］内藤虎次郎等著，江侠庵编译：《先秦经籍考》，上海：上海文艺出版社，1990 年影印版。

［美］H. G. Creel（顾理雅）著，高专诚译：《孔子与中国之道——现代欧美人士看孔子》，太原：山西人民出版社，1992 年版。

［美］郝大维、安乐哲著，蒋弋为、李志林译：《孔子哲学思微》，南京：江苏人民出版社，2012 年版。

［美］郝大维、安乐哲著，何金俐译：《通过孔子而思》，北京：北京大学出版社，2005 年版。

孝　经

孝道是中国古代最重要的道德规范，也是政治教化的根本立足点，《孝经》中就说："夫孝，德之本也，教之所由生也。"（《开宗明义章》）"人之行，莫大于孝。"（《圣治章》）中国古人也常说"百善孝为先"。中国古代强调以孝治天下，孝道渗透到了社会各个层面，如人伦道德、社会政治、思想文化、法律法规、民风民俗，等等。讲孝道，可以说是中华民族精神最突出的体现。

《孝经》成为中国古代宣扬"孝道"最重要的经典，一直传承不衰。它是十三经中篇幅最短的一部，共有 1800 个字左右。文章尽管短小，但它却是孔子仁学思想的浓缩与精华，是孔子晚年思想最突出的体现。在中国古代，它一直受到朝野上下、黎民百姓的高度重视，成为中国古代最流行的经典之一。

一、《孝经》作者及其今古文的传承

《孝经》在十三经中最为特殊，它直接被称为"经"，不像《诗经》《易经》《书经》等称谓都是后来形成的。这主要和《孝经》的内容与思想有直接的关系，如班固《汉书·艺文志》就说："夫孝，天之经，地之义，民之行，举大者言，故曰《孝经》。"意思是说，孝道是贯通天地人、天经地义的真理，是做人最基本的道德规范，所以称为经。《孝经》尽管短小，但是有关它的作者、成书时代、文字异同、版本流传等情况，一直以来却争论不休，成为《孝经》学史上的一件公案。

（一）孔子作《孝经》

最早记载《孝经》作者的是司马迁《史记》。《史记·仲尼弟子列传》中说："孔子以为（曾子）能通孝道，故授之业，作《孝经》。"这句话可以有两种理解：1. 孔子作《孝经》。意思是说，孔子认为曾子最能精通孝道，所以传授给他孝的思想，因此自己作《孝经》。2. 曾子作《孝经》。意思是说，孔子认为曾子最能精通孝道，所以授给他孝的思想，后来曾子根据孔子的思想作《孝经》。

实际上，根据后来班固《汉书》的记载，应当是孔子作《孝经》。毕竟在很多经学问题上，司马迁、班固前后非常一致，比如在《周易》《诗经》《尚书》《周礼》《仪礼》等作者问题上，两者都很一致，由此我们判断，司马迁、班固对于《孝经》作者的认识也应该是一致的。

班固《汉书》认为是孔子作《孝经》。如《汉书·艺文志》中就曾说："《孝经》者，孔子为曾子陈孝道也。"另外，班固在《白虎通》中也说："（孔子）已作《春秋》，复作《孝经》何？"[①] 东汉末年的郑玄也认为孔子作《孝经》，他在其《六艺论》中也说："孔子以六艺题目不同，指意殊别，恐道离散，后世莫知根源，故作《孝经》以总会之。"（《孝经注疏·御制序并注》）北宋邢昺也认为孔子作《孝经》，他曾说："夫《孝经》者，孔子之所述作也。"（《孝经注疏·序》）另外，还有西晋陈寿，隋代刘炫，唐代陆德明，南宋真德秀，元代陈继儒，明黄道周、吕维祺、王伟，清代阮元等等，都认为《孝经》是孔子所作。可以说，在中国古代，孔子作《孝经》是

---

① ［清］陈立撰，吴则虞点校：《白虎通疏证》卷九《五经》，中华书局，1994年，第446页。

最主流的观点。

在中国古代，除了大部分人认为孔子作《孝经》之外，还有很多别的观点，影响比较大的有两种：一种是曾子作《孝经》，一种是曾子门人作《孝经》。就曾子作《孝经》而言，如唐代孔颖达《古文孝经·序》就说："（孔）夫子告其（曾子）谊，于是曾子喟然，知孝之为大也，遂集而录之，名曰《孝经》，与《五经》行于世。"马宗霍《中国经学史》一书也认可此说。

就曾子门人作《孝经》而言，这个说法在宋代以后影响非常大。如宋人胡寅说："《孝经》非曾子所自为也。曾子问孝于仲尼，退而与门弟子言之，门弟子类而成书。"① 晁公武《郡斋读书志》也持此说。朱熹《孝经刊误》在解读第一章《开宗明义》时也说："此一节，夫子、曾子问答之言，而曾氏门人之所记也。……自汉以来，诸儒传诵，莫觉其非，至或以为孔子之所自著，则又可笑之尤者。"② 在这里，朱熹对孔子作《孝经》给予了明确的否定，认为《孝经》是曾子弟子所作。元代董鼎、明代项霖也都主张此说。近人梁启超在《古书真伪及其年代》中也认为《孝经》是曾子门人所作。

除了以上三种说法之外，还有很多别的观点。如宋代冯椅认为《孝经》为子思所作。又如宋代司马光、清代毛奇龄、《四库全书》编者、近人张舜徽等，则认为《孝经》是孔子门人或后传七十弟子所作，不专指曾子一人。另外，还有元代熊禾、徐贯，明代归有光、朱鸿等人，认为《孝经》是齐鲁一带的儒生所作。还有近人王正己《孝经今考》，认为《孝经》的思想接近孟子，所以认定《孝经》有

---

① ［清］朱彝尊：《经义考》卷二百二十二。
② ［宋］朱熹著，朱杰人、严佐之、刘永翔主编：《朱子全书》第24册，《晦庵先生朱文公文集》卷六十六，上海古籍出版社、安徽教育出版社，2002年，第3205页。

可能是孟子弟子所作，等等。

　　尽管有各种说法，但他们绝大部分人都没有提出非常确凿而充足的证据来论证自己的观点，以否定孔子作《孝经》这个观点。比如有的学者否定孔子作《孝经》，就说既然是孔子作《孝经》，那么为什么在《孝经》中称曾参为曾子，难道孔子也对弟子尊称为"子"吗？这不符合当时的称谓习惯。其实这种观点缺乏基本的常识，即先秦文献在流传过程中，不断地被后人修订、整理是很正常的事情。加上儒家学派后来成为显学，甚至是官方学说，将孔子及其弟子的名或字，改为子，比如说将仲尼改为孔子、曾参改为曾子、孟轲改为孟子、荀卿改为荀子，等等，也都属情理之中的事情，所以，我们就不能因为简单的一点就否定孔子作《孝经》的历史事实。这正如我们不能仅凭《文言》《系辞》之中有"子曰"，就否定孔子作《易传》的道理一样。总而言之，在没有出现更有力的证据之前，我们认为是孔子作《孝经》。只不过，我们需要明确的是，《孝经》的形成也应当有原本和定本两个阶段，其形成过程类似《左传》。孔子曾作原本《孝经》，并在去世之前传授给了曾子，曾子在去世之前又传授给了自己的弟子。在传承过程中，《孝经》肯定经过了不断的修订、编辑，最终形成了我们今天看到的定本《孝经》。尽管有后学弟子的很多修正，但并没有改变孔子原本《孝经》的整体框架以及孔子孝道的基本体系。

　　孔子是什么时候作《孝经》的呢？它的成书时间是在孔子作《春秋》之后。《春秋》成书于鲁哀公十四年（前481）。汉代《孝经纬》①

---

　　① 《孝经纬》云："孔子作《春秋》，制《孝经》，即成，使七十二弟子向北长跪折而立，使曾子抱《河洛》事北向，孔子斋戒，簪缥笔，依绛单衣，向北辰而拜，告备于天曰：'《孝经》四卷、《春秋》、《河洛》凡八十一卷，谨以备。'"

与《白虎通》① 都说先有《春秋》后有《孝经》，可以说《孝经》是孔子晚年的作品，它的地位由此可以看出要高于《春秋》。

为什么要作《孝经》？孔子一生以兴复周礼为己任，希望重建上古三代的王道社会，但是始终没有成功。到了晚年，他从社会政治治理的根本入手，继承了上古以来以孝治天下的政治理念，并进行了系统的阐释，这就是《孝经》。正如明代吕维祺在《孝经本义》一书中所说：

> 昔者，尧之时雍，本于亲睦；舜之风动，本于克谐。以至三代圣王，莫不以孝为治天下之本。世衰道微，大义日晦，孔子欲以此道治天下，而道不果行，乃作《孝经》，以传曾子。

> 谨按《孝经》大意，孔子为明先王以孝立教而发。孝，德之本；教所由生，其纲领也，自身体发肤，至未之有也。皆言孝，德之本，而教在其中，自甚哉。孝之大也，至名立于后世矣。皆言教所由生，而本于孝。②

吕维祺对孔子作《孝经》的原因作了分析，认为孔子倡导一生的王道礼乐没有实现，于是晚年的时候，对上古以来治国理念进行反思，吸收了以往孝治的思想，作《孝经》，并传给曾子。这就是说，孔子晚年的思想有了重要的转变，即由注重礼制、德治，转向了孝治，他将仁学与礼学融入孝道之中，毕竟孝道更加切实、更加容易执行。

可以说，在《孝经》学史上，孔子对《孝经》、孝道的创作与阐

---

① 《白虎通·五经》中说："（孔子）已作《春秋》，复作《孝经》何？欲专制正。于《孝经》何？夫孝者，自天子下至庶人，上下通《孝经》者。夫制作礼乐，仁之本，圣人之德已备。"

② 邓永俭主编：《河洛文化与闽台文化》，河南人民出版社，2008年，第739页。

发有承上启下的重要意义。首先，孔子编撰《孝经》一书，将上古以来的孝道作了进一步的提炼和升华。《孝经》是中国古代孝经学史上的经典之作，是《孝经》学产生的文献依据。可以说，没有孔子就没有《孝经》，没有《孝经》就没有所谓的《孝经》学，孝道的推广就要受到某种程度的影响。其次，在孝道的阐发上，较以往更加广泛而且深刻。一方面，孔子扩大了孝的对象，不仅要孝顺父母等长辈，还要尊敬、忠于君主、上级；另一方面，扩大了孝的内涵，即孝不仅是要虔诚赡养父母，还要移孝于忠，遵守礼法规定，安心做好本职工作，进而建功立业，维护王权。最后，孔子将孝看成是仁的根本，即弟子有子所说的"孝悌也者，其为仁之本"。既然，孝是仁的根本，那么孝道便是仁学的根本。孝道既然是仁学的根本，那么作为仁学一部分的孝道，就具有了仁学的本质特征。

（二）曾子的孝行、孝道

孔子为什么要将《孝经》或孝道传授给曾子，或者说，为什么后人多认同《孝经》就是曾子所作？这其实和曾子孝顺父母，对孝道有深刻的理解与体验有直接的关系，正如《史记》说曾子"能通孝道"。具体来说，曾子本人是中国古代孝子的典范，他的孝行十分有名。如他一生对父母都非常恭敬，与父母在一起都不敢大声说话，做什么事情都要请示父母。父母活着的时候，他遵循"父母在不远游"的原则，放弃了多次去异地做官的机会。又如，曾子一生奉养父母，让自己的父母每顿饭都有酒有肉，而他自己的生活却非常节俭。又如，在曾子三十一岁的时候，父亲去世了，曾子七天都没有喝一点汤水，并执着地守孝三年。在他母亲去世之后，有一次他吃生鱼，感觉味道非常鲜美，但却很快就把它吐了出来，别人问是什么原因呢？他说："我母亲活着的时候都没有尝过生鱼的味道，而我现在却吃着鲜美的生鱼，内心自然很难过，所以就把它吐出来了。"从此以后，他再也不吃生鱼了。后来，很多孝子都向他学习，只要父母没有吃过的美味，自己也就从来不吃。另外，曾子父母都去世以后，曾子每次观看别人的丧礼，都会止不住地想起自己的父母，经常泪流满面、暗自伤心。总而言之，曾子将孝看成是修身养性、成就仁人的根本，以实践孝道作为实现自己人生价值的基础与起点，最终成为孔子所说的仁人。

　　曾子一生孝顺父母，孔子晚年传授给他《孝经》、孝道是自然而然的事情。还有一个重要原因便是，孔子晚年最得意的弟子、儒学的接班人颜回去世了，讲究孝道的曾子自然是孔子传道的最佳人选。还有便是，孔子晚年对自己的仁学进一步思考、反省，并从形而上的角度对仁学、孝道作了系统的阐释，将仁学具体化为孝道，相比较而言，孝道比仁学更加容易理解和实践，何况曾子是众弟子中最小的，所以孔子希望曾子将自己的思想传承下去，等等。也正是以上这些原因，孔子将《孝经》、孝道传授给曾子，希望他能将"以孝治天下"的理念传承下去，服务于后世社会政治。

　　实际上，孔子之后，儒家学派的很多弟子也都对《孝经》、孝道作了深入的研究，曾子就是其中最重要的一位。根据《汉书·艺文志》的记载，他曾有《曾子》十八篇传世，但后来此书失传。另外，清人朱彝尊在其《经义考》中认为，孔子门人子夏的弟子魏文侯曾作过《孝经传》，其乃后来今文《孝经》的前身[①]。而宋代朱熹则认

---

　　① 朱彝尊《经义考》卷一载，"卫（魏）文侯所受，颜芝所藏，唐石台所勒，此《今文孝经》也"。

为《大学》一篇乃是曾子所作，这对后世影响很大。《孝经》尽管不是曾子所作，但现存的《大戴礼记》中，《曾子本孝》《曾子立孝》《曾子大孝》《曾子事父母》等篇章，被认为是曾子所作，可以看成是他对《孝经》、孝道的理解与诠释。

就曾子的孝道而言，首先，在曾子看来，孝是天地之间永恒的真理：

> 曾子曰："夫孝，置之而塞乎天地，溥之而横乎四海，施诸后世而无朝夕。推而放诸东海而准，推而放诸西海而准，推而放诸北海而准。《诗》云：'自西自东，自南自北，无思不服。'此之谓也。"（《礼记·祭义》）

在曾子看来，孝道是人类永恒的行为准则，是天地之间的根本法则，是放诸四海而皆准的真理。从这可以看出，曾子将孝道提升到了至高的地位，这无疑是对孔子孝道的进一步肯定与弘扬。

其次，曾子对孔子孝顺父母的思想进一步细化，比如他认为，孝顺父母首先要保全自己的身体，如《吕氏春秋·孝行》中记载说：

> 曾子曰："父母生之，子弗敢杀。父母置之，子弗敢废。父母全之，子弗敢阙。故舟而不游，道而不径，能全支体，以守宗庙，可谓孝矣。"[1]

这句话其实是曾子对《孝经》中"身体发肤，受之父母，不敢毁伤"的发展。曾子认为，父母生下了自己的身体，自己不能毁坏它；父母养育了它，自己不能废弃它；父母保全了它，自己不能损伤它。人在生活中一举一动都要注意，比如过河的时候，能够用船

---

[1]《吕氏春秋集释》，中华书局，2009 年，第 308 页。

就不要去游水；走路时，有大道就不要走小路，以免出现各种意外伤害。只有保全了自己的身体，才能更好地孝顺父母，才能够祭祀祖先，传承血脉。

最后，曾子和孔子一样，也将孝道推广到政治领域，认为任何人都应该以孝顺父母的心态去遵守礼法，去做好自己的本职工作，去侍奉自己的君主、上级。《吕氏春秋·孝行》中就记载了曾子的话：

> 居处不庄，非孝也。事君不忠，非孝也。莅官不敬，非孝也。朋友不笃，非孝也。战阵无勇，非孝也。五行不遂，灾及乎亲，敢不敬乎？《商书》曰："刑三百，罪莫重于不孝。"

曾子将孝道进一步推广，孝道不仅仅指孝顺父母，还指遵守日常行为规范，侍奉君主要忠心，做官要尽职尽责，和朋友交往要诚信，打仗的时候要英勇作战，要遵守家庭伦理道德，等等，只有这样做了才是孝，否则的话，就是不孝。不孝的罪过是很大的，是所有罪过中最大的。由此可见，曾子和孔子的孝道一脉相承，相比孔子而言，曾子的孝道更加具体而深入。

（三）今古文《孝经》及其流变

今古文经学的产生与发展是汉代经学的基本特征。对《孝经》而言，也不例外，只不过它没有出现像《左传》《周礼》《尚书》那样比较严重的今古文之争。但是今古文《孝经》的问题在中国古代影响也非常大，引发了多次争论。如今这个问题依旧值得我们关注。

1. 汉代今古文《孝经》的出现及其异同

汉代所说的今文《孝经》，是秦人颜芝所藏。汉代建立后，他的儿子颜贞将《孝经》献给朝廷，共十八章。《隋书·经籍志》对此有记载：

> 遭秦焚书，《孝经》为河间人颜芝所藏。汉初，芝子贞出之，凡十八章，而长孙氏、博士江翁、少府后仓、谏议大夫翼奋、安昌侯张禹，皆名其学。

意思是说，秦人颜芝在秦始皇焚书坑儒的时候，将《孝经》藏了起来。到汉朝建立后，他的儿子颜贞将父亲所藏的《孝经》交给朝廷，一共十八章，被朝廷用今文隶书书写了出来。之后，长孙氏、江翁、后仓、翼奋、张禹等人研究学习它，并成为当时《孝经》学专家。这就是汉代的今文《孝经》。

就古文《孝经》而言，根据孔安国《古文孝经·序》和班固《汉书·艺文志》的记载，我们可以知道，古文《孝经》至少有两个版本：第一个版本，是在汉武帝初年，河间王得到一本古文《孝经》，共十八章，献给朝廷，当时的博士官都曾经传授、学习；另一个版本，是在汉武帝末年，鲁恭王刘余拆迁孔子家旧宅，从墙壁中发现了一个石函，石函中有一部竹简，上面用蝌蚪文写着古文《孝经》二十二章，这些古文《孝经》后来被鲁国三老孔子惠所收藏，西汉昭帝时期，孔子惠将这些古文《孝经》献给朝廷，朝廷就用隶书书写了好几份，其中一份交给孔子惠，一份交给侍中霍光，其余的就藏在了宫廷图书馆中。

后来，孔安国获得了朝廷所藏的古文《孝经》，并为它作注，一共二十二章。孔安国所用的古文《孝经》其实就是从孔壁中发现、鲁国三老孔子惠所献的蝌蚪文《孝经》。对此《隋书·经籍志》记载说："又有古文孝经，与古文尚书同出，而长孙有闺门一章，其余经文，大较相似，篇简缺解，又有衍出三章，并前合为二十二章，孔安国为之传。"孔安国所注古文《孝经》在后代影响很大。

另外，在汉成帝时期，刘向奉命整理宫廷藏书，发现了古文《孝经》，于是他就将颜芝所传的今文《孝经》与孔安国所传古文《孝经》进行互相对比、校勘，吸收了两家优长，然后整理出了一个十八章《孝经》的新文本。对此《隋书·经籍志》就记载说："刘向典校经籍，以颜本比古文，除其繁惑，以十八章为定。"就是说，刘向经过整理，而产生的新的《孝经》文本，既不同于颜芝的今文《孝经》本，也不同于孔安国的古文《孝经》本，而是吸收了今古文两个版本的优长，所确定的《孝经》新文本。这个新文本之后，郑众、马融、郑玄等大儒都为刘向《孝经》新文本作注释。随着郑玄《孝经》注本在后世的大行其道，刘向所确立的《孝经》新文本，也就变成了汉代以后最流行的文本，也是我们今天所使用的文本（所以，后世常说郑玄今文《孝经》本，误以为是颜芝所传的今文《孝经》，其实它不是颜芝所传的今文《孝经》本，而是刘向《孝经》新文本）。

今古文《孝经》之间的区别主要表现在两个方面。第一，今古文在篇章数量上不同，即古文比今文多出四章，古文《孝经》有二十二章，而今文《孝经》只有十八章。古文比今文多出哪四章呢？《汉书·艺文志》记载说："《孝经古孔氏》一篇，二十二章。"后来颜师古《汉书注》对此作了详细解释，他说：

　　　　刘向云：古文字也。《庶人章》分为二也，《曾子敢问章》为三，又多一章，凡二十二章。

根据颜师古的解释，多出来的四章分别是：《庶人章》被一分为二，所以多出一章；《曾子敢问章》一分为三，又多出两章；还有一章便是唐代陆德明《经典释文》中所提到的《闺门》一章①。这样一来，古文就比今文多出来四章，其实只有《闺门》一章是多出，另外多出来的三章，只不过是将《庶人章》《曾子敢问章》分解之后所得，今古文都有的，属于重复内容。

第二，今古文在文字方面有差异。颜师古注《汉书·艺文志》云："桓谭《新论》云：《古孝经》千八百七十二字，今异者四百余字。"就是说，今古文两个版本有四百多个字不同。尽管今古文字数有很大的差异，但实际上，两者在思想体系上基本上是一致的，没有根本性的差异。这一点正如宋代黄震经过校勘研究后所认为的：

> 古文、今文特所传，微有不同。如首章今文云："仲尼居，曾子侍。"古文则云："仲尼闲居，曾子侍坐。"今文云："子曰：先王有至德要道。"古文则云："子曰：参先王有至德要道。"今文云："夫孝，德之本也。教之所由生也。"古文则云："夫孝，德之本，教之所由生。"文之或增或减，不过如此，于大义固无不同。至于分章之多寡，今文《三才章》"其政不严而治"与"先王见教之可以化民"通为一章。古文则分为二章。今文《圣治章第九》"其所因者本也"与"父子之道天性"通为一章。古文亦分为二章。"不爱其亲而爱他人者"，古文又分为一章。章句之分合，率不过如此，于大义亦无不同。古文又云"闺门之内具礼矣乎严父严兄妻子臣妾犹百姓徒役也"，此二十二字，今文全无之，而古文自为一章。与

---

① 唐陆德明云："古文出于孔氏壁中，别有《闺门》一章，自余分析十八章，总为二十二章，孔安国作《传》。刘向校书，定为十八。后汉马融亦作《古文孝经传》，而世不传。"（《经典释文·序录》）

前之分章者三共，增为二十二。所异者，又不过如此，非今文与古文各为一书也。①

黄震认为今古文的确有差异，比如说个别字句上的差异，文字多或者少；还有如分章分段的问题，尽管起止不同，但思想表达不受影响。总而言之，黄震认为今古文在字数多少、内容文字以及分章分段上有不同，但并不影响《孝经》的整体意思，它们在思想体系上基本一致。就是说，尽管今古文《孝经》在版本上有很多不同，但并不影响它们对孝道思想的表达。但这只是宋代儒生的观点，因为宋儒更关注的是经书中所蕴含的思想义理，而很少关注文字训诂、版本校勘之类。相比宋代儒者而言，《孝经》今古文的差异还是引起了汉代儒生的重视，毕竟对于汉儒或汉学家们而言，文章字词、章句训诂就是他们经学所关注的重点。

2. 汉代以后今古文《孝经》的流变

关于汉代以后今古文《孝经》的大体流传情况，《隋书·经籍志》有所记载，它说：

> ……孔安国为之传。至刘向典校经籍，以颜本比古文，除其繁惑，以十八章为定。郑众、马融，并为之注。又有郑氏注，相传或云郑玄，其立义与玄所注余书不同，故疑之。梁代，安国及郑氏二家，并立国学，而安国之本，亡于梁乱。陈及周、齐，唯传郑氏。至隋，秘书监王劭于京师访得孔《传》，送至河间刘炫。炫因序其得丧，述其议疏，讲于人间，渐闻朝廷，后遂著令，与郑氏并立。儒者喧喧，皆云炫自作之，非孔旧本，而秘府又先无其书。又云魏

---

① ［宋］黄震：《黄氏日钞》卷一《读孝经》，影印文渊阁《四库全书》本。

氏迁洛，未达华语，孝文帝命侯伏、侯可悉陵，以夷言译孝经之旨，教于国人，谓之国语《孝经》。今取以附此篇之末。

根据《隋书·经籍志》与其他文献的记载，汉代《孝经》主要是颜芝所传的今文《孝经》，并且是官学。西汉末年，刘向根据宫廷藏书整理出了《孝经》新文本，后来又有郑众、马融、郑玄等人作注（但《隋书·经籍志》怀疑郑玄没有为《孝经》作注）。在魏晋时期，官学主要是郑玄注本。在南北朝时期，其中南朝宋、齐、陈以及北朝的北齐、北周都用郑玄注本立为官学，而只有梁代（梁武帝）将孔安国古文《孝经》与郑玄今文《孝经》同时立为官学。梁朝灭亡的时候，皇家图书馆被战火焚毁，孔安国的古文《孝经》也就从自失传。到了隋代，秘书监王劭又重新从民间获得了孔安国所传的古文《孝经》，并将它送给当时的经学大师刘炫，刘炫对它进行校订，并以此为基础作《孝经述议》五卷，同时利用它在民间进行讲学，宣扬孝道，这在当时影响非常大，并受到了朝廷的关注。以至于在隋代，朝廷将刘炫所传授的、后被发现是孔安国的古文《孝经》与郑玄今文《孝经》注本同时立为官学。不过，当时很多人都怀疑刘炫所用的不是孔安国原来的旧本，而是他自己伪造的。尽管如此，由于当时宫廷图书馆中没有古文《孝经》流传，来对照验明真伪，所以连朝廷也很难判断刘炫所传是不是孔安国旧本。

在唐代，郑玄今文《孝经》注本与孔安国古文《孝经》两者的真伪问题，引发了学者们的争论。于是，在唐代开元七年（719），唐玄宗还让群臣专门就今古文《孝经》的真伪、优劣进行辩论。左庶子刘知幾主张用孔安国古文《孝经》，他在其《孝经注议》中认为，一直流行的郑玄今文《孝经》注本不是郑玄所作，郑玄就没有注释过《孝经》①。而国子祭酒司马贞则认为孔安国古文《孝经》是近儒的伪作，主张用郑玄今文《孝经》注本。他说："尚有孔《传》②，中朝遂亡其本。近儒欲崇古学，妄作此《传》，假称孔氏，辄穿凿改作，又伪作《闺门》一章。……古文既亡，后人妄开此等数章，以应二十二章之数。非但经文不真，抑亦传习浅伪。"③ 后来，唐玄宗听从了司马贞等人的建议，利用郑玄今文《孝经》，不过也保存了孔安国古文《孝经》，他说："郑《注》仍旧行用，孔《注》传习者稀，亦存继绝之典。"④ 后来，在开元十年（722），唐玄宗以郑玄今文《孝经》注本为基础，参考孔安国古文《孝经》以及韦昭、王肃、虞翻、刘劭、刘炫、陆澄等六家《孝经》学，为《孝经》作注，撰成了《御制孝经注》一书，并于天宝二年（743）颁行天下。随后，唐玄宗《孝经》注本成为中国古代流传最广的文本，取代了之前流行的郑玄今文《孝经》注本。但实际上，今古文《孝经》之间的争论并没有就此停止。

在宋元时期，今古文《孝经》交相得到朝廷和学者的重视。首先是宋真宗时期的邢昺为唐玄宗《孝经》注本作疏，即《孝经注疏》（也叫《孝经正义》）。后来，《孝经注疏》被列入《十三经注疏》本，成为后代《孝经》最为通行的传本。在北宋中后期，王安石也用今文《孝经》作《孝经解》。但同时代的司马光却认为，古文《孝经》和古文《尚书》一样都出自孔子家的墙壁中，但为什么只相信古文

---

① ［宋］王溥：《唐会要》卷七十七《贡举下》，上海古籍出版社，2006 年。
② 传闻孔安国曾经撰有《古文尚书传》《古论语训注》《古文孝经传》，后多被学者怀疑是伪书。
③ 《唐会要》卷七十七《贡举下》。
④ 《唐会要》卷七十七《贡举下》。

《尚书》而怀疑古文《孝经》？于是他作《古文孝经指解》。之后，很多学者都赞同司马光的观点。到了南宋，朱熹以古文《孝经》为底本，参考今文《孝经》，并将古文前七章、今文前六章合为经一章，其余部分并为传十四章，即将《孝经》分为经、传两部分，并作《孝经刊误》一书。朱熹删改《孝经》的行为在历史上影响深远。比如元代吴澄也仿效朱熹删改《孝经》，不过他以今文《孝经》为底本，将《孝经》分为经、传两部分。另外，还有董鼎《孝经大义》、明江元祚《孝经汇注》、清周春《中文孝经》等，也都删改、注解《孝经》。

在明清两代，人们更认同今文《孝经》，而怀疑孔安国古文《孝经》是伪书，比如明人吕维祺在其《孝经或问》中就说：

> 今文历汉唐至今累世通行，而古文经梁乱其书已亡佚无存。隋时所称得古文《孝经》者，非安国本也，或张霸、刘炫之徒增减今文以自异耳。学者好是古非今，多客古文于今文，其实非也。故《孝经》以今文为正。①

吕维祺认为，今文《孝经》一直流传并没有中断，但古文《孝经》曾经亡佚过，有可能是刘炫等人伪造，所以他认为《孝经》应当以今文为正统。到了清代，朝野上下都注重今文《孝经》，比如顺治帝《御治孝经》、康熙帝《钦定孝经衍义》、雍正帝《御纂孝经集注》等，所用底本都是今文《孝经》。严可均、洪颐煊等人还辑有郑玄今文《孝经》。可以说，唐代之后，今文《孝经》成为流传的主要版本。我们今天所用也基本上是今文《孝经》十八章。

---

① 王玉德：《〈孝经〉与孝文化研究》，崇文书局，2009 年，第 87 页。

二、《孝经》的内容及其思想

孔子作为儒家的创始人，他继承了以往以孝治天下的思想，他所作的《孝经》实际上就是一部以孝治天下的经典之作，书中集中体现了孔子的孝道思想。

（一）《孝经》的内容

《孝经》所说的孝，不仅仅只是孝顺父母，还有治国、平天下。所以，《孝经》的"孝"分狭义的孝和广义的孝。在《孝经》中，针对父母的"孝"，一般来说是狭义的孝，这就是许慎《说文解字》所解释的："孝，善事父母者。"善事父母，就是精心奉养父母、顺从父母，这就是孝。广义的孝，是对狭义的孝的推广和拓展，主要表现为孝的对象和孝的内涵两方面。

在孝的对象上，《孝经》所说的孝道，不仅仅是对父母及其他直系长辈，如爷爷、曾祖之类，还指外祖父母、岳父母等，还指邻里长辈，更重要的是还有天子、诸侯、卿大夫及各级官吏。正如《孝经》所说："夫孝，始于事亲，中于事君，终于立身。"（《开宗明义章》）

在孝的内涵上，也不仅只是为父母端茶倒水、洗衣做饭、传宗接代、养生送死，还包括以孝顺父母的虔诚心态，去尽心尽力做好自己分内的事情，遵守礼法，以报效国家和民族，进而建功立业，光宗耀祖。

总而言之，孔子的孝道，就是将个人家庭与社会政治紧密相连，孝是社会政治治理、道德教化的基础。所以，在儒家看来，孝不仅是个人的道德行为，也不仅是个体家庭的事情，而且关系到君臣等级、各种礼仪以及社会秩序的建立与稳定，正如《周易·序卦传》所说：

> 有天地然后有万物，有万物然后有男女，有男女然后有夫妇，有夫妇然后有父子，有父子然后有君臣，有君臣然后有上下，有上下然后礼义有所错。

意思是，男女夫妇、父子家庭是君臣关系、上下等级的前提和基础，在整个社会中，只有男女、夫妇、父子的关系理顺了，才有君臣关系的稳定，才更有礼仪制度的确立，才有国家民族的存在。

今本《孝经》只有 1799 字（古文经 1872 字），共十八章，根据内容可以分为六个部分。第一部分，即《开宗明义章第一》，点明孝的宗旨和意义，指出孝道是做人的最高道德，也是治国安邦最重要的手段。原文是这样的：

> 仲尼居，曾子侍。子曰："先王有至德要道，以顺天下，民用和睦，上下无怨。汝知之乎？"曾子避席曰："参不敏，何足以知之。"子曰："夫孝，德之本也，教之所由生也。复坐，吾语汝。身体发肤，受之父母，不敢毁伤，孝之始也。立身行道，扬名于后世，以显父母，孝之终也。夫孝，始于事亲，中于事君，终于立身。《大雅》云：无念尔祖，聿修厥德。"

孔子、曾子两个人坐在一起，探讨如何治国安邦，孔子就告诉曾子，孝不仅是个人道德修养的重要体现，也是一切社会教化的根本，更是治国安邦必不可少的重要手段。怎么做一个孝子呢？孔子认为一个孝子最基本的就是要爱护自己的身体，他说了一句流传两千多年的话，就是"身体发肤，受之父母，不敢毁伤，孝之始也"，就是说一个人的身体四肢、毛发皮肤，都是父母给予的，不能随意加以毁坏伤残，这是对孝子最基本的要求。孔子这个思想对后世影响非常深远。如中国古代一直都是束发加冠，一般都不剃发，清朝入主中原之后，推行剃发，强调"留头不留发，留发不留头"。然而中原汉族受到孔子《孝经》"身体发肤，受之父母，不敢毁伤，孝之始也"的影响，纷纷反对，民间很多地方都是"头可断，发不可剃"。最终清朝经过三十多年的血腥暴力，才改变了中原流行千年的蓄发重孝的习惯。中国自古以来有句古话叫"好死不如赖活着"，其深层次思想根源就是出于对父母的孝。

在孔子看来，人人都要爱惜自己的身体，只有拥有完整的、健康的身体才可以对父母尽孝心，否则，皮之不存，毛将焉附？然后孔子提出了尽孝的终极目标，就是"立身行道，扬名于后世，以显父母"。意思是说，人生在世，要遵循仁义道德，做出一番成就，建功立业，在青史上留名，从而使自己的父母、家族感到荣耀，这就是孝的终极目标。在古人看来，建功立业、光宗耀祖就是履行孝道的体现，孔子这样的思想对后世影响非常深远，已经深深地渗透在中华民族的血液之中。比如中国古代科举考试，很多读书人十年寒窗，就是为了获得功名，然后衣锦还乡、光宗耀祖。直到今天，我们的家庭教育中，尽管没有这样的明确说法，但很多人尤其是在乡村、传统文化浓厚的地方，在骨子里依旧是光宗耀祖的孝道思想在起作用。

总的来说，《孝经》第一章便指出了孝的内涵与意义，孔子讲孝，把个人家庭与社会政治紧密联系在一起，将对事业的执着和对社会政治的参与，转化为对父母的孝顺、对父母的回报，这就是文中所提到的"夫孝，始于事亲，中于事君，终于立身"，意思是说，所谓孝，最基本的就是要从侍奉父母开始，然后效力于国君，报效国家，最重要的莫过于建功立业，功成名就，扬名后世。这样一来，就实现了忠与孝的合一，个人家庭与社会国家的合一。

第二部分，即《天子章第二》《诸侯章第三》《卿大夫章第四》《士章第五》《庶人章第六》，分别讲了天子、诸侯、卿大夫、士以及庶人五个贵贱不同的社会阶层所遵循的孝道。

天子的孝道。正如文中所说："爱亲者，不敢恶于人。敬亲者，不敢慢于人。爱敬尽于事亲，而德教加于百姓，刑于四海。盖天子之孝也。"（《天子章》）意思是说，天子除了孝敬自己的父母之外，还要以孝敬父母的心态，体贴爱惜天下百姓，成为天下百姓的道德楷模，这就是天子的孝道。天子作为国家的最高统治者，他的言行举止对诸侯、卿大夫、士、庶民都有直接的示范作用，所以天子一定要从自身做起，以身作则，这其实也是《论语·子路》中孔子所要表达的："其身正，不令而行；其身不正，虽令不从。"就是要发挥君主的表率作用。这对我们今天依旧有启示，比如一个家庭、群体、组织、单位或公司，最高领导者就相当于"天子"，他是一个组织的灵魂，他的管理理念和做法直接影响着下面各级的人员。

诸侯的孝道。诸侯是商周时期各国国君的通称，拥有世袭的封地，地位仅次于天子，他们是整个国家非常重要的统治阶层。关于诸侯的孝道，《孝经》认为，就是任何时候都不能骄傲，要谦虚谨慎，要严格遵守礼法，不要僭越礼制，只有这样才能长期拥有富贵。《孝经》还引用《诗经》中的话作为告诫，即"战战兢兢，如临深渊，如履薄冰"。就是说，任何时候都要保持恐惧和谨慎，既好像站在深渊的边上，害怕掉下去；又好像走在极薄的冰上，害怕陷下去。

卿大夫的孝道。卿大夫地位虽低于诸侯，但在朝廷中位居高官，《孝经》对他们的要求就是："非先王之法服不敢服，非先王之法言不敢道，非先王之德行不敢行。……三者备矣，然后能守其宗庙，盖卿大夫之孝也。"(《卿大夫章》)，意思是，不是先王规定的服饰，绝不能穿在自己身上；不合乎礼法的言语，就不要说出口；不合乎礼乐的道德行为，就千万不要去做。如果在这三方面都做到了，就能够长期守住宗庙的祭祀，也就守住了卿大夫的地位，这就是卿大夫所要遵守的孝道。中国古代典型的例子就是孔子，他任何时候都遵守礼法：吃饭、待人、做事等。

最下层的统治阶层"士"的孝道。他们要服务于国君、诸侯和卿大夫，所以他们就必须以孝顺父母的态度去侍奉自己的上级，即国君、诸侯和卿大夫，只有这样才能维护自己的权利。《孝经》中是这样说的："以孝事君则忠，以敬事长则顺。忠顺不失，以事其上，然后能保其禄位，而守其祭祀。盖士之孝也。"意思是，士人以孝敬父母兄长的态度来侍奉君主、上级，就能做到忠诚竭力、顺从敬业。在侍奉君主、卿大夫时，如果忠心耿耿、尽心竭力，不出现任何失误，就能够永远保有自己的俸禄和官爵，就能够守护好自己家的宗庙祭祀。这个大概就是士人的孝道了。

一般平民庶人的孝又如何呢？那就是遵守礼法、勤劳工作、赡养父母，这就是他们的孝道。不过现代社会淡化了孝顺父母这个观念，独生子女越来越多，很多都是父母呕心沥血地抚养自己的孩子，而较少谈到子女对父母的孝道。

以上就是社会五个阶层的孝道，这些孝道一个突出的特点就是"正名"、正责任，即端正他们的社会责任，希望他们做好自己分内的事情，尽心竭力，这就说明孔子《孝经》所言主要都是广义的孝道，而不是狭义的孝道。孔子在这里更多的是强调孝道的社会政治性，很少谈及家庭伦理。

第三部分，即《三才章第七》《孝治章第八》《圣治章第九》，主要讲的是圣人如何以孝治天下，以及孝道对社会政治的价值和意义。

《三才章第七》主要讲的是，孝道贯通三才（即天、地、人），即孝道兼有天道、地道、人道的特点，所以它不仅符合天道运行的法则，也符合大地变化的规律，还是人世间最通行的道德行为。孔子在这里希望圣王利用孝道去教化百姓，利用孝道去治理国家，这样就能收到很好的效果，即《孝经》所说"其教不肃而成，其政不严而治"。意思是，以孝治天下，国家的教化不必用严厉的法令去强制，就能达到目的；国家政治不用严苛的刑罚去压迫，就能使社会得到治理。

《孝治章第八》主要讲的是具体怎么以孝治天下，以及以孝治天下所取得的效果。《孝经》中说："夫然，故生则亲安之，祭则鬼享之，是以天下和平，灾害不生，祸乱不作。故明王之以孝治天下也如此。"意思是，天子、诸侯、卿大夫如果都能够以孝治天下的话，那么天下的父母在活着的时候就能得到家人子女的赡养，并感到活得很幸福；去世之后，还能得到家人子女的以礼祭祀。这样一来，整个国家上下就会和睦太平，风调雨顺，没有灾害出现，也不会出现任何犯上作乱的事情。这些都是圣王以孝治天下才会出现的。

在《圣治章第九》中需要注意的有以下几点。（1）强调"人之行莫大于孝"，意思是说，人类的行为，没有比孝道更加重要的了，这对中国古代政治文化有深远的影响。前人将中国政治文化的精髓，总结为"孝、悌、忠、信、礼、义、廉、耻"八个字，其中将"孝"列为第一位，就是来源于《孝经》。古人常说的"孝为百行之首""冠冕百行，莫大于孝""百行孝为先"等，都出自这里。（2）强调"孝莫大于严父"，意思是说，在孝道之中，没有比敬重父亲更重要的了。这其实是对父权家长制的肯定，更是对以嫡长子继承制为基础的王权体制的肯定。由敬重父亲，再拓展便是对家族族长的敬重，再扩展便是对王权的敬重。（3）强调"父母生之，续莫大焉"，意思是说，父母生下儿女以传宗接代，没有比这个更重要的了。后来孟子作了发挥，说"不孝有三，无后为大"①，这对中国古代影响非常深远。如果没有儿女，尤其是如果没有儿子，家庭、家族的事业就没有人继承，也就没有人来祭祀祖先，香火也就断了，这样一来，岂不是对祖宗、家族最大的不孝？所以，中国古代一直强调要生儿子，子孙满堂是古人的理想，直到今天，尽管男女平等，但是儿子才是家族的延续的观念依旧非常盛行。当然，生儿子也和孝的另一个内容有直接的关系，这就是"老有所养"，因为按照传统婚姻，女儿出嫁便是外姓，不是自家人了。所以，养儿防老成为自古以来固有的观念。总的来说，《孝经》所倡导的孝道对中国古代"重男轻女"观念有深远的影响。

　　第四部分，即《纪孝行章第十》和《五刑章第十一》，其中第十章讲的是什么是孝顺的行为或者说怎么做一个孝子，第十一章讲什么是不孝的行为或者说怎么算是不孝之子。其中《纪孝行章第十》提出，作为孝子一定要做到"五要三戒"：

　　　　子曰：孝子之事亲也，居则致其敬，养则致其乐，病则致其忧，丧则致其哀，祭则致其严。五者备矣，然后能事亲。事亲者，居上不骄，为下不乱，在丑不争。居上而骄则亡，为下而乱则刑，在丑而争则兵。三者不除，虽日用三牲之养，犹为不孝也。（《纪孝

---

　　① 赵岐注："于礼有不孝者三事：谓阿意曲从，陷亲不义，一不孝也；家穷亲老，不为禄仕，二不孝也；不娶无子，绝先祖祀，三不孝也。"（《孟子注疏》卷七下《离娄》上）

行章》）

孔子认为，作为一个孝子，要做到五要三戒。五要就是：第一，在日常侍奉父母的过程中，一定要尽心竭力、心存恭敬；第二，在平时供养他们吃喝的时候，一定要保持很快乐的心态和表情；第三，当父母生病的时候，一定要怀着忧伤焦虑的心情去照顾；第四，当父母去世的时候，一定要极度悲哀、难过；第五，父母去世后，在祭祀他们的时候，一定要非常庄重严肃。哪三戒呢？第一，当自己身处高位的时候，一定要谦虚谨慎，不可以骄傲自满，做违背道德的事情；第二，当自己是臣子或普通百姓的时候，一定要恭恭敬敬、安分守己，不能犯上作乱做违法乱纪的事情；第三，当自己处于卑贱位置的时候（比如做奴仆、奴役），一定要与人和睦相处，不能发生争端做打架斗殴的事情。只有这"五要三戒"都做到了，才能算是一个真正的孝子。否则，若自己骄傲自满、犯上作乱、打架斗殴，以至于失去了官禄或被处罚甚至是被杀戮，这样就会给父母带来担忧，甚至是耻辱，那么，即使你每天给父母吃得再好，山珍海味俱全，也不能算是一个孝子。

《五刑章第十一》主要讲的是什么是不孝的行为。原文说："子曰：五刑之属三千，而罪莫大于不孝。要君者无上，非圣人者无法，非孝者无亲。此大乱之道也。"意思是说，处以五刑（周代的五种刑罚：即墨刑、劓刑、剕刑、宫刑、大辟刑）的罪行一共有三千条，所有这些罪行之中没有比不孝更严重的罪行了。欺凌君上就是目无君上，诋毁圣人就是目无法纪，诽谤他人的孝行就是对他人的不仁。这三种不孝的行为，是造成天下一切严重祸乱的根源。

第五部分，即《广要道章第十二》《广至德章第十三》，论述天子怎么推广孝道或天子如何以孝治天下；《广扬名章第十四》，讲的是孝与扬名后世之间的关系。

《广要道章第十二》，其中"广"就是推广，"要道"就是最重要的道德，本章主要讲的是怎么推广孝道，天子怎么借助孝道来治国平天下。孔子认为，教化臣子和百姓最好的方法，莫过于孝悌。最重要的便是国君自己先行孝道，做好天下人的榜样。只要天子自己尽孝，臣子百姓就会仿效，天下自然会太平。《广至德章第十三》，"至德"就是至高无上的道德，这一章主要讲的也是天子如何推广孝道。孔子认为，天子不用深入民间，不用手把手教育他人，只要在国都举行相关敬老的礼仪，做一些象征意义的事情，天下人自然会仿效。这一章其实还是突出天子榜样的力量。中国古代有"楚王好细腰，宫中多饿死"，说的就是上有所好，下必甚之。

《广扬名章第十四》，"广扬名"就是广泛地传播名声。《孝经》第一章就提到了孝可以扬名后世（即"立身行道，扬名于后世，以显父母，孝之终也"），不过没有展开阐发，这一章就展开阐发，强调如何通过孝来扬名后世。原文中说：

> 子曰："君子之事亲孝，故忠可移于君；事兄悌，故顺可移于长；居家理，故治可移于官。是以行成于内，而名立于后世矣。"

孔子说，君子尽心对父母，就可以将这种孝心转移用来侍奉君主；君子对兄长非常恭顺，就可以将这种恭顺转移用来尊重服从其他长辈；君子能够将自己的家务处理得很好，就可以将这种治家的本领用来处理政务。总的来说，君子如果在家能够孝顺父母、友爱兄弟、治家有方，然后推而广之，就能够在社会上建功立业，美好的名声就可以流传于后世了。在这里，孔子设计了一个扬名后世的路线，即自身实行孝悌，实现家庭和谐，推广到社会、国家以至整个天下，即个人——家庭——社会——国家——天下，这其实也是《大学》中所说的修身、齐家、治国、平天下，只不过在这里进一步强调孝道是实现这一目标最重要的方法。

第六部分包括第十五、十六、十七、十八章，主要讲的是孝的具体做法。其中《谏诤章第十五》，讲的是当君主或父亲有错时，一定要敢于劝谏，不能一味顺从。《感应章第十六》，讲的是孝悌之道可以感天动地。《事君章第十七》，讲的是孝子如何侍奉君主。《丧亲章第十八》，讲的是孝子在父母死后，如何行孝。

《谏诤章第十五》，谏诤就是对别人的过错直言劝告。这一章讲的和以往各章不同，此前讲的都是作为孝子如何顺从君主、诸侯、卿大夫与父母，这里讲的是"逆"，即要劝谏。原文中提到，曾子问孔子，有关孝顺父母、奉养父母、让父母感到荣耀的道理已经听了很多了，是不是作为儿子绝对听从父母的命令就是孝顺呢？孔子听后，就连说"这是什么话？这是什么话？"给予了直接的否定。在孔子看来，儿子孝顺父母，包括臣子或下级侍奉君主或上级，并不是要一味顺从，当遇到父亲或上级行"不义"之事的时候，一定要劝诚，避免他们陷入不义。比如唐代魏徵便是有名的例子。比较严重的还有，古代强调"尸谏"，如屈原，以及清代的王鼎主战，支持林则徐硝烟，道光帝不听，王鼎遂以死谏。

当然，谏诤要起作用也取决于双方，魏徵如果遇到的是隋炀帝，那就不能成功。因为隋朝也有崔民象、王爱仁等上表谏阻隋炀帝南巡，却被处死。孔子强调谏诤，这种辩证的孝道思想不幸被后来的儒者误解，如董仲舒《春秋繁露》中就说"君为臣纲，父为子纲，夫为妻纲"，即发展出君臣、父子、夫妇三纲思想，意思是说，作为臣子、儿子、妻子，要绝对听从君主、父亲、丈夫的话。可以说偏离了孔子孝道的本义。

《感应章第十六》，主要讲的是尽孝悌可以感动天地，得到神灵的庇护。其中说"孝悌之至，通于神明，光于四海，无所不通"，意思是，对父母兄长孝敬顺从，做得非常到位，就会感动神灵，而且这种精神会光照天下，任何地方都和神灵感应相通。大家都知道，孔子"不语怪力乱神"，其实也是出于对天地鬼神的敬畏，但这里他讲孝悌可以感天动地，得到神灵的佑护，这无疑增加了孝的神圣性。孝感天地在《二十四孝》之中得到了充分的体现。比如"埋儿奉母"，讲的便是汉代一个叫郭巨的人，原本家道富庶，后来父亲去世，他把家产分作两份，给了两个弟弟，自己奉养母亲，对母亲非常孝顺。后来家境慢慢贫困，加上这个时候妻子生了一个儿子，郭巨担心如果养育这个孩子，就会影响奉养母亲，于是二人商议，不如埋掉儿子，节省粮食以供养母亲。当他们挖坑准备埋儿时，在地下两尺处忽然出现一坛金子，上面写着"天赐郭巨，官不得取，民不得夺"。夫妻俩得到这坛黄金，回家得以孝敬母亲，同时又可以抚养自己的孩子。又如《二十四孝》中的"孟宗哭竹"。孟宗，三国时江夏人，少年时父亡，母亲年老病重，医生说用鲜竹笋做汤可以治病。时值严冬，没有鲜笋，孟宗无计可施，独自一人跑到竹林里，扶竹哭泣。少顷，他忽然听到地裂之声，只见地上长出数茎嫩笋。孟宗大喜，采回做汤，母亲喝了后果然病愈。后来他官至司空。

《事君章第十七》，讲的是君子如何侍奉君主，也就是无论是当官，还是做一般老百姓，都要尽心竭力，关心国家大事，服务于社会政治，原文说：

> 子曰："君子之事上也，进思尽忠，退思补过，将顺其美，匡救其恶，故上下能相亲也。"

君子侍奉君主或上级的具体做法便是：当他做官的时候，要想着如何尽心竭力做好自己的本职工作，报效国家；当他退职闲居家中的时候，依旧想着国君或国家政事有哪些不足，以便及时提出，使国君或朝廷改正自己的过失；国君政令得当，就要毫不犹豫地执行，使社会得到更好的治理；如果政令不得当，就要及时规劝或制止，防止造成更多的不良后果。如果君子能够做到这些，那么君臣上下就会更加融洽，社会政治也会更加清明。总的来说，作为君子，在任何场合、任何时候，都要尽忠尽力服务于国君、服务于社会政治，正如宋代范仲淹《岳阳楼记》中所说，应当具有忧民忧君、先忧后乐的精神："不以物喜，不以己悲。居庙堂之高则忧其民，处江湖之远则忧其君。是进亦忧，退亦忧。然则何时而乐耶？其必曰'先天下之忧而忧，后天下之乐而乐'乎。"

《丧亲章第十八》，此前讲的都是父母在世的时候如何做一个孝子，这一章讲的是在父母死后如何做一个孝子。若父母去世了，孝子要极度悲伤，原文说：

> 孝子之丧亲也，哭不偯，礼无容，言不文，服美不安，闻乐不乐，食旨不甘，此哀戚之情也。

意思是说，当父母去世时，孝子的哭声应当表现出自己的极度悲伤，不能有抑扬顿挫的尾声出现。在这悲哀的时候，也没有心情考虑一些礼仪细节了，说话也没有平时斯文了。这个时候，穿着粗麻布，也无心打扮自己。听到欢快的音乐，也不觉得快乐。再好的美味，也没有心情品尝。后来很多朝廷礼法维护这种孝行，比如清代法律规定，如遇到皇帝或皇后去世这样的"国丧"，全国不得娱乐。诗人赵执信，少年得志，十八岁考中进士，入翰林院，二十三岁就担任科举考试主考官。就因为在康熙二十八年皇后佟佳氏"国丧"期间，应朋友邀请观看戏剧《长生殿》，被人告发，然后被朝廷罢官，终身不仕。

不过孔子反对因为父母去世过度悲伤而作践自己的身体，毁了自己的健康，使父母没有后代，这是最大的不孝。比如《隋书》记载，有一个叫田翼的孝子，十分孝顺，母亲病了，他总是在母亲吃东西后他才吃，母亲不吃，他也不吃。后来母亲去世，他随之悲痛而死。田翼孝顺父母精神可嘉，但是因悲伤过度死了，使父母没有后代，无人祭祀祖先，就是不孝。另外，孔子强调，对待父母的葬礼一定要非常细致谨慎，遵循礼法，并且定时祭祀父母，这其实也是孔子儒家重视丧葬的重要体现。

孝子完成父母的丧葬，就完成了孝子对父母的孝顺。所以《孝经》最后一句写道："生事爱敬，死事哀戚，生民之本尽矣，死生之义备矣，孝子之事亲终矣。"意思是说，父母活着的时候，孝子要尽心竭力地侍奉他们；父母去世的时候，孝子要以最悲伤的心情对待丧事。这样，人一辈子也算是尽孝了。父母活着赡养他们，死后安葬他们、祭祀他们，作为孝子的义务就算是完备了，至此，孝子侍奉父母的任务终于结束了。

（二）《孝经》的思想

《孝经》篇幅虽然短小，但是思想内涵却非常丰富，比如对孝的本质、功能、价值和意义都作了细致的分析，为后人以孝治天下等思想提供了丰富的理论源泉。

首先，《孝经》肯定了孝的本体性、神圣性，认为孝道是与生俱来的，是与天道、地道齐名的大道，是每个人都必须遵守的。如

《三才章》中说：

> 夫孝，天之经也，地之义也，民之行也。天地之经，而民是则之。

意思是说，孝作为一种道德，就像日、月、星辰在天上运行，万物在地上生长一样，自然而然，所以人类应该自觉实行孝道。上天有日、月、星辰普照万物，大地使万物生长，这是天地的基本法则，人类也应当效法天地的无私，将孝道作为自己的基本法则。在《孝经》看来，孝道的存在是天经地义的，它和天道、地道一样都是天地之间永恒的真理，所以人类应当无条件地实行它。由于孝道的核心就是侍奉父母，所以说子女孝顺父母也是上天的规定，是天经地义的。正因为如此，《感应章》中就说，如果孝顺父母，就会感动神灵，以至于得到上天神灵的佑护，即"孝悌之至，通于神明，光于四海，无所不通"。

其次，《孝经》认为，孝是一切道德教化的核心与根本，它宣扬"以孝治天下"，强调以孝尽忠，忠孝合一，孝道被看成是治国安邦最重要的手段。比如《开宗明义章》中说："夫孝，德之本也，教之所由生也。"《广要道》中说："教民亲善，莫善于孝；教民礼顺，莫善于悌。"《圣治章》中说："天地之性，人为贵。人之行，莫大于孝。"它们都认为孝是道德教化的核心与根本。

上古以来一直强调"以德治国"，注重道德教化，《孝经》继承了这个思想，宣扬"以孝治天下"，淡化以法治国。所以它说"五刑之属三千，而罪莫大于不孝"，就是说，孝治是最重要的治国方式。具体来说，《孝经》提出，人应当用孝顺父母兄长的虔诚心态，来服务社会政治，兢兢业业，尽职尽责，那么就可以名扬后世了，这就是《广扬名章》中所说的："君子之事亲孝，故忠可移于君；事兄悌，故顺可移于长；居家理，故治可移于官。是以行成于内，而名立于后世矣。"这在一定程度上就是用孝道将孝顺父母与侍奉君主，或者说将伦理道德与社会政治紧密联系在了一起，实现了孝道的社会价值，同时也实现了对人的终极关怀，即通过孝道扬名后世，让人超越了肉体、生死的局限，实现了个体永恒的存在。

最后，《孝经》充分体现了儒家仁的思想，同时也体现了礼的外在规定性。就是说，孝道既要体现人本或民本主义，同时也不要忽视孝道所具有的等级属性，即礼的外在规定性。比如《孝治章》中就说：

> 子曰：昔者明王之以孝治天下也，不敢遗小国之臣，而况于公、侯、伯、子、男乎，故得万国之欢心，以事其先王。治国者不敢侮于鳏寡，而况于士民乎，故得百姓之欢心，以事其先君。治家者不敢失于臣妾，而况于妻子乎，故得人之欢心，以事其亲。夫然，故生则亲安之，祭则鬼享之。是以天下和平，灾害不生，祸乱不作。故明王之以孝治天下也如此。诗云：有觉德行，四国顺之。

这段话的大意是说，作为圣王，以孝道治天下，对大小诸侯国甚至是小国家的臣子都要一视同仁；对于诸侯国，以孝治国，对民众，无论贵贱都要尊重；对于卿大夫，以孝治家，对妻子、孩子甚至是臣仆、奴婢都要尊重。整个国家不分高低贵贱，关爱所有的人，只有这样，才能使百姓活着得到奉养，死后得到子孙的祭祀。父慈子孝，君臣和睦，天下才会太平，没有叛乱，自然灾害也不会发生，这些都是重视民生、以孝治天下的必然结果。可以看出，每一个人都得到尊敬孝顺、关爱重视，这自然体现了儒家仁爱、以民为本的宗旨。

孔子的思想体系是仁学，最基本的要求就是爱人，尤其是首先要孝顺自己的父母，这一点《论语·学而》篇就有记载：

> 有子曰："其为人也孝弟而好犯上者，鲜矣！不好犯上而好作乱者，未之有也。君子务本，本立而道生。孝弟也者，其为仁之本与。"

这里尽管是孔子弟子有子对孝悌的理解，但传达的是孔子的思想。在孔子看来，孝悌是实现仁德、仁政的根本和前提，孝顺父母，尊敬兄长，这才是一个仁人的基本素养，如果人人孝悌，那么社会政治秩序，即王道社会就可以建立了。在孔子看来，即使不能亲自参与社会的治理，但如果自己能够尽心孝顺父母、尊敬兄长，那本身也就是参与政治，《论语·为政》篇记载说：

> 或谓孔子曰："子奚不为政？"子曰："《书》云：'孝乎惟孝，友于兄弟。'施于有政，是亦为政，奚其为为政？"

有人对孔子说："你为什么不从事政治呢？"孔子回答说："《尚书》上说，'孝就是孝敬父母，友爱兄弟。'把这孝悌的道理施于政事，也就是从事政治，又要怎样才能算是为政呢？"这句话就反映了孔子以孝治国的思想。在他看来，治理国家要以孝为根本，只有孝顺父母、尊敬兄长的人才有资格担当国家的官职，这也是孔子"德治"思想的体现。另外，在孔子看来，参与政治有很多种，除了直接参与社会政治之外，也可以间接参与，即孝顺父母、尊敬兄长，这不但是他的政治思想，也是他的教育思想的实质之一。

《孝经》在强调以孝治国，以民为本的同时，也强调孝道是有外在礼仪规定的，是有等级区别的。《孝经》按照社会政治等级将孝道分为五等，即天子、诸侯、卿大夫、士、庶人五种。不同阶层孝道的内容是不同的，其社会功能也不同。比如天子至高无上，只需要象征性地做出表率就可以了。作为诸侯，主要是遵守礼法、安分守己，强调忠心耿耿。作为卿大夫，强调要在服装、言行方面严格遵守礼制。对于士而言，就是要尽心竭力地工作，服从统治。对于庶人老百姓来说，他们的孝就是勤俭持家、侍奉父母。

总而言之，我们可以看出，孝既突出仁爱、博爱的一面，也强调等级性，这正如有子所说，孝为仁之本，或者说孝其实就是仁在现实人生与社会政治中的具体表现。孔子学说以仁为本，以德治国，其实就是以孝为本，以孝治国。

三、《孝经》与中华传统文化

《孝经》是一部宣扬孝道的经典，它所说的孝道，不仅仅是一切道德行为的根本和治理家庭的准则，也是治国安邦的基本指导原则。在中国古代，以孝治天下是一种非常重要的政治理念，它影响了中国几千年的历史，有效地维护着家庭伦理道德与社会政治的稳定。在以孝治天下的历史中，《孝经》扮演了非常重要的角色。总的来说，《孝经》所推崇的孝道是中华文明的一个重要特征，不但影响了我们的人伦道德、社会政治、法律刑罚、思想文化，也塑造了我们的民族精神，直到今天，尊老爱老、忠孝仁义、敬业爱国依旧是中华民族精神的重要体现。

（一）以孝治天下

孝道从人类一产生就开始出现了，随着个体家庭与社会国家的形成，孝道就开始被作为统治家族、国家最重要的手段之一。尤其是从商周之后，以孝治天下成为每一朝代的基本国策，一直影响到我们今天。

1. 先秦的孝治

先秦时期是孝治产生与发展的时期。据现存的历史文献，记载最多、也算是最早推行以孝治天下的便是虞舜时期，距今有四千多年。虞舜本人就是一个孝子，《尚书·尧典》记载了相关情况，说他"瞽子，父顽，母嚚，象傲，克谐以孝，烝烝乂，不格奸"，意思是说，虞舜的父亲是个瞎子，而且很固执，母亲很放肆，弟弟象很傲慢，但是虞舜却能通过孝悌使家庭安定和睦，不至于出现乱子。后来《二十四孝》收入了虞舜孝悌的故事，并列为第一则，即"虞舜孝感动天"。说虞舜的父亲瞽叟是个盲人，后来为舜娶了一个后妈，并生了象。但是瞽叟、继母和异母弟象，多次都想害死舜，比如让舜到放粮食的屋子上去修补房顶，他们就在下面放火想烧死舜，舜拿着两个斗笠跳下去逃脱了。又如他们让舜挖井，挖到一半，瞽叟和象就用土把井填上，后来舜在井下挖地道逃脱了。尽管三番五次遭到父亲和弟弟的毒害，但舜一点都不恨他们，仍然对父亲很恭顺，对弟弟象很友爱。虞舜的这种孝行感动了上天，于是舜耕地的时候，就有大象为他耕田，飞鸟为他除草。当时的帝尧听了虞舜孝悌的故事之后，就有意栽培他，让他处理政务，并将两个女儿娥皇和女英嫁给他。经过多年的观察和考验，舜被确定为接班人。舜登上王位后，见了父亲，仍然恭恭敬敬，并封象为诸侯。从这里可以看出，尧以孝悌为标准选拔人才，说明尧舜时期孝悌观念非常流行。

虞舜不仅在家庭治理上以孝悌感化家人，在治理国家时也强调以孝治天下，《尚书·舜典》记载了一段话，虞舜曾对商的祖先契说："契，百姓不亲，五品不逊，汝作司徒，敬敷五教，在宽。"意思是说，当时社会风气不好，让契做司徒，来认真推行道德教化（我们知道《周礼》中地官司徒就是掌管政治教化的）。这里的"敬敷五教"的"五教"，后来《史记》解释为"父义、母慈、兄友、弟恭、子孝"，这些都是《孝经》所规定的"孝"的内涵。"敬敷五教"其实就是让契专心敬业地推广、传播五种人伦道德，即推广孝道。可以看出，虞舜时期，推行以孝治天下，非常注重家庭伦理与道德规范的建设。

　　在夏代，由于文献不足，很难知道具体的情形。而在商代，以孝治国已经被确立为基本的国策，比如《吕氏春秋·孝行览》中就说："《商书》曰：刑三百，罪莫重于不孝。"高诱注解说："商汤所制法也。"意思是说，当时已经将孝看成是基本的道德规范，"不孝"被看成是当时最重要的罪行，要被处以刑罚。

　　周代进一步完善了宗法制度，并以宗法制度为基础建立了一系列的礼制，比如冠礼、婚礼、丧礼、祭祀礼等等，它们都体现了孝的精神。如冠礼，即成年礼，就是让青年男女知道，他们已经长大，成为社会的一分子了，分别要扮演好人子、人夫、人妻、人臣等各种角色，要担负起赡养父母、养育子女、勤奋劳动、承担赋税徭役等各种社会责任和义务。婚礼在古代不太强调个人感情，而是强调青年男女对家族与社会的责任，如生儿育女、传宗接代，以此延续祭祀祖先的香火。丧礼、祭祀礼更是突出要祭祀父母、祖先，维系家族的稳定和存在，等等。这些都可以说是《孝经》中广义孝道、孝行的体现。

　　另外，周代在具体的社会治理上，也强调以孝治天下，比如周代继承了商代"不孝"之罪，《孝经》中说："五刑之属三千，而罪莫大于不孝。"根据《尚书·吕刑》记载，周代刑罚有"墨罚之属千，劓罚之属千，剕罚之属五百，宫罚之属三百，大辟之罚，其属二百"，加起来就构成"五刑之属三千"。这就说明，在周代构成五刑的三千多种罪行之中，不孝为最大的罪行。由此可见，周代以孝治天下名副其实。

春秋战国时期，天下大乱，礼坏乐崩，这一时期的人伦道德、忠孝仁义也受到了冲击，以孝治天下并不是当时治国的主要方式，但是人们对孝道、孝行依旧比较重视，比如在《左传·隐公元年》"郑伯克段于鄢"的记载中，郑庄公虽然通过不正当手段维护了自己的王位，驱逐了自己的弟弟，软禁了自己的母亲，但是当他看到孝子颍考叔将自己赐给他的肉，留着给母亲吃的时候，很受感动，便将自己的不孝行为告诉了颍考叔。于是，在颍考叔的帮助下，庄公在地道中见到了他的母亲。从颍考叔、郑庄公的例子我们就可以看出，春秋时期孝道、孝行依旧流行。不仅如此，《二十四孝》中还记载了春秋时期五个孝子的故事：老莱子戏彩娱亲、郯子鹿乳奉亲、子路百里负米、曾子啮指痛心、闵子骞芦衣顺母。另外，《左传》中还记载了很多《孝经》中所说的广义孝行，比如石碏大义灭亲、钽麂忠君自杀，等等。

需要提及的是，秦代虽然以法治天下，但其实在法制中也极力强调孝行。比如1975年在湖北云梦睡虎地秦墓中出土了大量竹简，其中很多都在强调孝道、孝行，规定要严惩那些不孝的人。如秦简《法律答问》中说："免老告人以为不孝，谒杀，当三环之不？不当环，亟执勿失。"意思是说，那些年龄很大而且被国家免除徭役的老人，如果他控告自己的儿子不孝顺，他儿子应当被判死刑，还需要经过多次审核吗？回答是：不需要反复查证、审核了，立即受理执行死刑就是了。在秦代，对于别的死刑一般都要经过多次审核，然后执行，所以叫"三环之"。但对于不孝的行为，如果构成了死罪，明确规定不需要多次审核，立即执行死刑。由此可见，秦代律法对待不孝之人，是非常严酷的，没有商量的余地。

另外，秦代法律还规定，儿子去控告自己的父母，臣仆、妻妾去控告自己的主人，官府不但不受理，反而还会认定控告者有罪。《法律答问》中说：

> 子告父母，臣妾告主，非公室告，勿听。何谓非公室告？主擅杀、刑、髡其子、臣妾，是谓非公室告。勿听，而行告，告者罪。①

这里的"非公室告"，是指与公共利益没有关系的控告，只是家庭内部事务的诉讼。整个句子的大体意思是说，子女控告父母以及臣仆、妾侍控告主子私自用刑，这些都是家庭内部纠纷，官府不会受理。如果这些人继续控告自己父母、主子的话，控告者有罪。从这里我们就可以看出，秦代是用法律的形式维护孝道，维护父权家长制的权益，并对不孝、不敬之人给予严惩。这也说明，秦代并非不讲仁义、忠孝，只不过孝道、孝行从属于法律而已。

总之，先秦时期，在孔子之前尽管没有《孝经》一书，但是孝的观念却非常盛行，比如《尚书·尧典》就说"克谐以孝"，意思是，虞舜以孝治家、治国、平天下，达到了和谐的状态。从虞舜开始，上古三代都非常注重孝道、孝行，强调以孝治天下。春秋时期，孝道、孝行依旧得到朝野上下的广泛重视。正因如此，孔子汲取当时的孝道思想而作《孝经》。孔子《孝经》、孝道在中国古代孝道的

---

① 睡虎地秦墓竹简整理小组编：《睡虎地秦墓竹简》，文物出版社，1978年，第196页。

传承、发展历史上具有承上启下的重要意义。

2. 汉唐之际的孝治

汉唐之际，是以孝治天下非常重要的时期，其中尤其是汉代所推行的一系列措施对后世产生了深远的影响，成为中国古代以孝治天下的典范。魏晋南北朝以及隋唐时期，也都强调以孝治天下，而且颇有特色。

汉代是中国古代以孝治天下的典范王朝。从汉文帝开始，就明确提出"汉以孝治天下"，之后汉代历任皇帝都非常注重宣扬孝道、孝行，所以在他们死后，他们的谥号都加了一个"孝"字，如孝惠帝、孝文帝、孝景帝、孝武帝、孝宣帝等。这可以说是空前绝后的，因为在先秦和后代都很少这样大规模地用孝来作谥号。

汉代的孝治表现在很多方面。比如汉代上至天子，下至臣民，都要遵守孝道，汉文帝本人就是一个孝子，他的故事被收入《二十四孝》之中，即汉文帝"亲尝汤药"。说的是汉文帝的母亲薄太后经常生病，文帝就经常亲自服侍母亲吃药，每次煎好的药自己先尝，然后再给母亲喝。又如汉代非常注重赡养老人，汉文帝时规定，各州县年龄在八十岁以上的老人，每个月赐给大米一石、肉二十斤、酒五斗；九十岁以上，外加布帛两匹、丝绵三斤。这一规定，被后来历朝历代沿用。又如汉文帝时期，将《孝经》《论语》立为博士，宣扬孝道。后来汉武帝立五经博士虽然没有《孝经》和《论语》，但是《孝经》《论语》是所有读书人包括五经博士的必读书。于是，当时《孝经》《论语》与五经被合称为"七经"。根据《后汉书》记载，到了东汉明帝时期，"自期门羽林之士，悉令通《孝经》章句"（《后汉书·儒林列传》）。就是说，上自皇帝，下至宫廷侍卫、黎民百姓都研读《孝经》，全民都学习《孝经》，宣扬孝道，可见汉代"以孝治天下"已经是盛况空前。又如汉代还以孝为标准选拔人才，叫"举孝廉"，就是每年地方长官都要从本地选一位孝廉上报给中央，由朝廷任命他做官。汉武帝规定，如果地方官不认真执行，就要免官。汉代的很多做法与规定都被后代所沿用，成为中国古代"以孝治天下"的典范。

正是因为汉代"以孝治天下"，所以涌现出了大量孝敬父母的故事。元代郭居敬所编的《二十四孝》，其中九则孝行都出在汉代，如汉文帝亲尝汤药、郭巨埋儿奉母、董永卖身葬父、姜诗涌泉跃鲤、丁兰刻木事亲、蔡顺拾葚异器、黄香扇枕温衾、江革行佣供母、陆绩怀橘遗亲等等。当然其中也出现了一些极端的孝行，比如郭巨埋儿奉母，为了奉养母亲，埋掉自己的儿子；又如孝女曹娥的父亲溺水而死，十四岁的她就沿着江水号哭，后来痛不欲生，投江而死。这些都是非常极端的孝行，根据《孝经》思想，他们的精神可嘉，但行为不可取。亲人去世，悲伤是应该的，但应该有度。如果自己悲伤过度死去了，让父母没有后代，不能祭祀祖先，在《孝经》看来这其实就是不孝了。

魏晋南北朝时期，继承了汉代以孝治天下的基本国策，对孝道的宣扬和推行可以说是有过之而无不及。当时的皇帝和太子们经常聚众研究、讲解《孝经》，并将这作为一项非常重要的政治活动，如晋元帝、晋武帝、晋惠帝、晋穆帝、晋恭帝、宋武帝、宋文帝、梁武帝、陈文帝、陈宣帝、陈后主、北魏孝文帝、北周太祖等等，都非常重视《孝经》与孝道的宣扬。他们或亲自为臣民讲解《孝经》，或诏令他人为臣民讲解《孝经》，或亲自为《孝经》作注，或奖励臣民的孝行，等等。总而言之，以孝治国也是他们的基本态度。

这一时期，朝廷在人才选拔方面，也注重将孝悌作为标准。如晋武帝继续推行九品中正制，其中评定人物等级高低的主要依据便是孝悌。在当时如果违反孝道，有可能就不能当官了。如《三国志》的作者西晋陈寿，他的父亲病重在床，他不去亲自服侍，却让丫鬟们去服侍，被人揭发，说他违背了当时的孝悌之礼，结果好多年不得为官。正是朝廷的宣扬与鼓励，这一时期也出现了一大批孝子，《二十四孝》中就记载了魏晋南北朝时期许多孝子孝行，如王裒闻雷泣墓、孟宗哭竹生笋、王祥卧冰求鲤、杨香扼虎救父、吴猛恣蚊饱血、庾黔娄尝粪忧心等等。

需要注意的是，在魏晋南北朝时期，儒、释、道并存，玄学、佛学非常盛行，它们强调人心本性的超脱，反对儒家礼法束缚，这对当时的孝道、孝行都产生了直接的影响。所以当时人在孝道、孝行方面都注重追求本性自然，希望摆脱礼法的束缚。比如竹林七贤中的阮籍、王戎便是典型代表。据《晋书·阮籍传》记载，阮籍在母亲临终的时候，正和人下棋。对手说要停止，阮籍却认为胜负未分，坚决要下完再说。随后，他喝了两斗酒，然后大哭，吐了好几升血。埋葬母亲的时候，又吃肉又喝酒，然后又大哭，又吐血好几升。以至于后来很消瘦，只剩下皮包骨头了。阮籍的行为看起来是违反礼法孝道的，但是他在尽孝上追求率性自然，不拘泥于礼法的束缚，因而他对母亲的孝顺是发自内心的，所以《晋书·阮籍传》评价说他"性至孝"。王戎，也是母亲去世，自己不遵守礼制，整日酒肉，但身体虚弱，非常憔悴，起身都要拐杖，可见非常有孝心，时人称之为"王戎死孝"。可以说，玄学、佛学尽管对孝道、孝行有一定的冲击，但在一定程度上却让人在尽孝时更加真实自然，更加遵从本性。

　　隋唐时期，朝廷也注重以孝治天下。比如隋文帝杨坚、唐太宗李世民、唐高宗、唐玄宗、武则天等人，都非常重视《孝经》、孝道。唐玄宗还亲自为《孝经》作注，并颁行天下，作为天下读书人的必读之书。尽管如此，隋唐时期对孝的推行却不如汉代，也不如后代。首先，隋唐时期奉行儒释道三教并举的国策，文化多元，佛老之学对孝道、孝行有直接的冲击，所以人们观念比较开放，在孝行上也不拘泥于儒家礼法的束缚。其次，隋唐时期的帝王也多不遵守孝道，以至于上行下效，抵消了以孝治天下的实际效果。比如，隋炀帝杀父弑兄获得帝位；唐太宗李世民也是通过玄武门事变，杀死兄弟，逼迫父亲退位，自己当上了皇帝；武则天违背礼制、孝道，自己做了皇帝，改唐为周，可以说空前绝后；唐肃宗李亨背父拥兵自立，在安史之乱之中，唐玄宗逃到成都，太子李亨拥兵自立为皇帝，两个月之后，唐玄宗才被告知皇位被儿子取代，自己已经成了太上皇，等等。这些帝王的行为，按照《孝经》的标准，都属于典型的不孝，这种不孝行为影响非常大，以至于上行下效，这对于藩镇割据、宦官专权、朋党之争等乱局的产生，无疑有推波助澜的作用。

　　总的来说，汉唐之际，其中汉代最重视以孝治天下，并制定了一系列的政策和方法来推广孝道、孝行，并为后世所继承和发展。魏晋南北朝时期，尽管受到玄学、佛教空无思想的冲击，但朝野上下宣扬孝道的风气依旧非常兴盛。当然，魏晋南北朝时期之所以孝道、孝行兴盛，也与当时的社会政治格局有一定的关系。当时世家大族为重要的社会统治阶层，他们为了维护自己的既得利益与家族稳定，注重用道德伦理、孝道孝行来约束家庭成员，这无疑促使孝道非常兴盛。另外，由于孝道本身宣扬忠孝合一，所以当时的皇族为了取得世家大族的支持，也对孝道极力推崇，希望世家大族能够忠孝合一，来维护皇帝的统治。而隋唐时期，因长期受到佛老之学的冲击，儒家的孝道渐渐不被人重视。孝道的衰落，其实也是儒学的衰落，不过这一局面在宋代得到了极大的改变。

3. 宋元明清之际的孝治

宋朝建国之后，鉴于中古以来王权的衰落，所以开始极力加强中央集权与王权，有助于王权稳定的《孝经》及其宣扬的孝道自然得到重视，朝野上下都极力宣扬以孝治国。随后，元明清在宋代的基础上，进一步强化以孝治天下。可以说，宋元明清是继汉代之后以孝治天下的另一个重要时期。

宋代非常强调以孝治天下，极力表扬各种孝行，《宋史·孝义传序》中就说："太祖、太宗以来，子有复父仇而杀人者，壮而释之；刲股割肝，咸见褒赏；至于数世同居，辄复其家。"就是说，宋代从开国开始，历朝皇帝都奖励孝行，遇到儿子为父亲复仇而杀人的，不但不加以惩罚，而且还奖励他、释放他；遇到子女为治疗父母的病，而割自己大腿上的肉，或挖自己肝脏的人，一律都给予奖赏；遇到那些几代人都住在一起的家族，朝廷一定会免除他们的徭役。正是宋代皇帝对孝道、孝行的极力奖励、宣扬，以至于孝子辈出，人们争相孝顺自己的父母，而且涌现出了各种悲壮的孝行。

元代也强调以孝治天下，不过比宋代更加理性、务实。元代统治者是蒙古族，当时还属于游牧民族，原不讲什么孝道。他们入主中原之后，对宋代流传的卧冰、刲股、挖肝等极端孝行，不但不奖励，还明令禁止。《元史·刑法志》记载说："诸为子行孝，辄以割肝、刲股、埋儿之属为孝者，并禁止之。"《元典章》也记载了元代有关孝行的法律规定："行孝割股不赏"，"禁卧冰行孝"，"禁割肝挖眼"。元代禁止极端的孝道，对一般的孝道也表现得很冷漠，以至当时出现了不尊重父母、遗弃父母等事情。当然，元代在统治中原之后，也不断地调整自己的统治策略，主动汉化，曾多次提倡孝道。比如朝廷规定，学生读书，必先学习《孝经》。《元史·孝友传》还记载了很多孝子的故事。比如京兆兴平（今陕西一带）人萧道寿，靠卖竹器抚养母亲。他每天起床后都帮母亲洗脸梳头，一日三餐都是母亲吃完他再吃，晚上母亲睡觉了他再睡。如果母亲发脾气，他就赶紧趴在地上，让母亲打。母亲病重，他就割自己大腿上的肉让母亲吃，以此来为母亲治病。他的事迹还得到了元世祖忽必烈的表彰。

明代也注重以孝治天下，开国皇帝朱元璋因出身布衣，深知民间疾苦，所以曾多次强调孝道的重要性。同时他也以身作则，每次祭祀祖先都痛哭流涕，非常动情。朱元璋还制定了很多有关孝行的规定，比如规定八十岁以上的老人由官府抚养，还赐给他们荣誉称号，如"礼士""乡士"等。由于朱元璋以身作则，明代的很多皇帝都非常注重孝道，所以皇帝去世后，他们的谥号、庙号、陵墓名称上都有孝字，比如"孝陵""孝宗""至孝""纯孝""广孝"等等。

清代，为了统治中原，也非常强调孝道。比如顺治帝在入关后不久，就亲自注解《孝经》，颁行天下。康熙还曾经两次在宫中开设"千叟宴"，召集当时各省年龄在六十五岁以上的在任、退休的文武官员及普通百姓来宫中，宴飨他们。后来，乾隆效仿康熙，举行了三千人左右的"千叟宴"，这种尊老的举动在社会上起到了很好的表率作用。

总而言之，在宋代以后，由于朝廷的重视、理学家的宣扬，以及民间道德教化的兴盛，孝道更加通俗化、民间化，以孝治国取得了良好的效果。孝道、孝行成为宋代以后民间最为流行的德行之一。

（二）孝德的民间化

中国古代以孝治天下，不但体现在社会政治方面，而且在民间家庭家族、道德伦理的教化上也做得非常深入。如在汉代，上到君臣，下到普通百姓，都要读《孝经》，全民都在讲孝道。到了宋代以后，这种道德教化更加深入，在少儿的启蒙教育中，就已经突出对孝道的灌输和教化了。最典型的代表便是《三字经》（相传它是南宋王应麟所编），它以非常通俗、简约的形式，向少年儿童宣传孝道。《三字经》中有：

> 为人子，方少时，亲师友，习礼仪。香九龄，能温席，孝于亲，所当执。融四岁，能让梨，弟于长，宜先知。首孝弟，次见闻，知某数，识某文。……父子恩，夫妇从，兄则友，弟则恭，长幼序，友与朋，君则敬，臣则忠。此十义，人所同，当师叙，勿违背。斩齐衰，大小功。至缌麻，五服终。……孝经通，四书熟，如六经，始可读。……幼而学，壮而行，上致君，下泽民。扬名声，显父母，光于前，裕于后。

《三字经》以非常通俗、顺畅的语言，将道德仁义、忠孝礼义、建功立业、光宗耀祖等事项说得很清楚。其内容很丰富，除了从《孝经》、《论语》、三《礼》摘抄了很多词句之外，还列举了东汉黄香扇枕温衾、孔融让梨的故事。这种通俗的说教对少年儿童的道德教化、人生价值观的形成有直接的影响。相似的还有清代李毓秀编的《弟子规》，它对礼仪孝悌说得更加具体、清楚，比如说："父母呼，应勿缓，父母命，行勿懒，父母教，须敬听，父母责，须顺承。……事虽小，勿擅为，苟擅为，子道亏。物虽小，勿私藏，苟私藏，亲心伤。……亲有疾，药先尝，昼夜侍，不离床。丧三年，常悲咽，居处变，酒肉绝。丧尽礼，祭尽诚，事死者，如事生。"从这里可以看出，中国古代的孝道教育非常细腻与全面。

不仅是对少年儿童，对成年人，朝廷也准备了很多非常通俗的劝孝、劝善类书籍、图画等，这在宋代以后表现得尤为明显。比较典型的就是元代郭居敬所编的《二十四孝》，它是中国古代影响最大、流传最广的劝孝书。另外，还有《后二十四孝》《女二十四孝》《劝孝诗》《女孝经》《劝孝篇》《老来难》等各种劝孝的通俗书画。如影响深远的《劝孝篇》一开头便是四句诗，说："人生五伦孝当先，自古孝为百行原。世上惟有孝字大，孝顺父母头一端。"《老来难》也是流传非常广的歌谣，相传是唐代杜牧所作。它用七字歌谣连成线条组成了一个老人的形象，非常生动。另外，佛教、道教也有很多劝人行孝的书画，如佛教的《父母恩重难报经》，道教的《太上老君说报父母恩重经》《文昌孝经》《文昌帝君劝孝文》等等。尤其是在明清时期，各种劝人为善的书非常流行，很多都宣扬善恶会有因果报应，以此来教育人们恭恭敬敬地行孝、行善。

另外，由于中国古代社会主要是由家族构成，所以如何治理家族是古代政治考虑的重点所在。中国古代注重聚族而居、累世同居，比如江州德安（今江西九江市德安县）陈氏家族，从唐代开始经历南唐、宋代，累世同居达十三世二百多年，家族共有三千九百多口。这种同姓大家族聚居的现象，在中国非常普遍，并形成了后来的自然村落，比如张庄、李庄、赵庄、李村、张村等等。

古人为了管理这种大家族，一般都采取以孝悌为核心的宗法制度进行管理，家族中辈分最高的人做族长，并制定一系列家族家规、孝悌礼仪等来管理整个家族。比如陈氏家族就用家族家规进行管理，以至于几千人相处得很和谐、有序。

正是由于中国古代家族普遍注重用家族、家规进行管理，所以产生了很多家规、族规的书籍，比如颜之推《颜氏家训》、司马光《涑水家仪》、袁采《袁氏世范》、朱熹《朱子家礼》、《郑板桥家书》、《曾国藩家书》等，这些书籍不但对他们自己的家族有重要的作用，而且对中国古代家庭伦理、孝悌礼仪的推行也有重要的作用。

由于历朝历代的宣扬，孝道、孝行成为中国古代社会的基本家庭伦理与道德规范，这极大地强化了社会控制。当然，古人也有很多极端的孝行，比如唐代药物学家陈藏器《本草拾遗》说人肉可以治病，以至于民间多有割自己身上的肉为父母治病者。到了宋代，很多人为了行孝居然挖乳、剖腹、取肝，比如《宋史·孝义传》就记载，五代末年的刘孝忠，他的母亲病了三年，他就割自己大腿和胸上的肉，为母亲治病等等。

到了元明两代，朝廷开始禁止这种以自残来为父母治病的坏风气，因为很多人为了行孝而损伤了自己，有的甚至因此而丧命，国家就损失了很多劳动力，因此朝廷就规定不准用这种极端的方式尽孝。如明代初年，山东有一位孝子，他的母亲病了，他就割自己身上的肉给母亲治病，但没治好，于是他又杀了三岁的儿子为母亲治病，后来母亲的病是好了，可儿子也死了。当地官员就按照旧有的习惯将此事上报给朝廷，为他请求奖励。朱元璋听到这件事，不但没有奖励他，还将他杖打一百，发配到海南，同时下诏说："卧冰、割股，上古未闻……皆由愚昧之徒，尚诡异，骇愚俗，希旌表，规避里徭。割股不已，至于割肝，割肝不已，至于杀子。违道伤生，莫此为甚。自今父母有疾……不得已而卧冰割股，亦听其所为，不在旌表例。"(《明史》)尽管朱元璋明令禁止这样做，但实际上后来在明、清大部分时期，割股、断臂为父母治病的例子依旧很多，而且这些孝行很多还受到朝廷官府的表彰。

总而言之，产生于远古时期的孝道，随着社会的发展已经成为人类道德的核心和基础（仁之本），孝作为中国古代宗法制度、人伦道德、社会政治三者的纽带，得到了历朝历代的重视和关注。宋代以后，孝道、孝行更是成为整个社会的基本道德规范，这对家庭伦理、社会规范的形成有重要的促进作用。

（三）法律的孝道化

中华民族自上古以来一直崇尚以孝治天下，孝在一定程度上已经成为律法中重要的部分，换句话说，中国古代将孝治作为法治的重要组成部分。根据现有的文献记载，商周时期，孝与不孝被列入律法条文之中，突出不孝是最大的罪过，如《孝经·五刑章》中说西周"五刑之属三千，而罪莫大于不孝"。

春秋时期，孔子《孝经》继承了这种孝道思想，肯定了不孝是人世间最大的罪过。因此后世一般都极力维护孝道、孝行。如前面所说，秦代就通过律法的形式维护孝道，而且执行起来很严格、很迅速。孔子所创立的儒学成为显学，尤其是在汉以后，儒学成为官方意识形态，《孝经》中所蕴含的律法思想对后代产生了深远的影响。

汉代刑罚强调"原心定罪"，就是说官府要根据你作案的动机进行定罪，动机的标准就是忠、孝。在汉代，违反礼制也算不孝之罪。另外，汉代法律强调"亲亲相隐"的原则，比如汉武帝时期，衡山王图谋造反，衡山王的太子就向朝廷揭发自己的父亲，结果太子因为控告自己父亲，被"弃市"。汉宣帝时期，下诏："自今子首匿父母、妻匿夫、孙匿大父母，皆勿坐。其父母匿子、夫匿妻、大父母匿孙，罪殊死，皆上请廷尉以闻。"① 从此以后，历朝历代都将"亲亲相隐"列为法律条文。到了唐代"亲亲相隐"将范围扩大，不止直系亲属或配偶之间可以互相隐瞒，只要是同居共财的亲属，即使不在五服之内，也都可以相互隐瞒。

魏晋南北朝时期，孝被列入官方法律。法律规定，如果子女不为父母守丧、不结婚生子、辱骂殴打父母、弟弟杀害兄长，等等，若有这些不孝的行为，都要被处以重罪甚至是极刑。《宋书·孔季恭传》记载刘宋的法律："杀伤殴父母，枭首；骂詈，弃市；谋杀夫之父母，亦弃市。"北齐还首次提出了"十条重罪"的罪名，这就是后来"十恶不赦"的最初雏形，其中"不孝"就是重罪之一。北周《大律》仿效周代礼制，将"大不敬""不孝""不义"同列为罪名。

隋代《开皇律》在北齐法律的基础上，进一步完善"十条重罪"，并将之确定为"十恶"之罪，写在法典的最前面，以表示最为严重。十恶即：谋反、谋大逆、谋叛、恶逆、不道、大不敬、不孝、不睦、不义、内乱。谋反，指企图推翻现有朝廷政权。谋大逆，指毁坏皇室的宗庙、陵墓和宫殿。谋叛，指背叛朝廷。恶逆，指殴打、谋杀祖父母、父母、伯叔等长辈。不道，指故意杀害无罪的一家三人以上以及杀人肢解尸体等。大不敬，指冒犯皇室威严、偷盗皇家的财物等。不孝、不睦，就是子女不孝顺父母、家庭不和睦等。不

---

① 《古文辞类纂评注·地节四年首匿父母等勿坐诏》，安徽教育出版社，1995年，第1046页。

义，指官吏之间互相杀害，士卒杀长官，学生杀老师，女子闻丈夫死而不举哀或立即改嫁等。内乱，指亲属之间通奸、强奸或乱伦等。以上十恶不赦的罪行，按照《孝经》的标准，它们都可以说与不遵守孝道相关。

唐代法律继承了隋代，也将十恶罪名放在法典的最前面，以表示最为严重。对于十恶"不赦之罪"中的"不孝"罪，还作了具体规定。根据《唐律·名例》中的解释，有以下情形发生就属于不孝，就要被惩罚：

> 谓告言诅詈祖父母、父母；祖父母、父母在，别籍异财；供养有缺；居父母丧，身自嫁娶，若作乐，释服从吉；闻祖父母、父母丧，匿不举哀；诈称祖父母、父母死。

不孝罪包括了以上十种左右的情形。翻译过来便是说，检举告发祖父母、父母犯罪行为的；骂祖父母、父母的；背地里诅骂祖父母、父母的；祖父母、父母在世期间，自己另立户口、私攒钱财的；对祖父母、父母不尽最大能力奉养，使其得不到生活满足的；父母丧事期间，自己娶妻或出嫁的，父母丧事期间听音乐、看戏的；父母丧事期间脱掉丧服，穿红挂绿的；隐匿祖父母、父母死亡消息，不发讣告、不举办丧事的；祖父母、父母未死，谎报死亡的。这些情况都属于不孝的行为，都要受到严厉的惩罚。

隋唐之后，宋、元、明、清各朝的国家法典都将"十恶"看成是不能赦免的重罪，即民间常说的"十恶不赦"。对待十恶不赦，早先一般都是连坐，或灭门、灭族。比如明代初年的方孝孺，他本是朱元璋的长孙建文帝的老师。后来建文帝的叔叔燕王朱棣起兵"靖难"，夺取了皇位，便要方孝孺为他写即位诏书。方孝孺坚拒不从，结果被灭十族（九族加门生共十族），遭难者达 873 人。朝廷惩罚重罪，除了使用这种连坐处罚之外，从五代开始，还发明了更极端的"凌迟"之刑，也就是人们常说的"千刀万剐"。之后，辽、金、元、明、清都将它作为处罚犯人最残忍的手段。在中国历史上，如明代大太监刘瑾、清代石达开等人都被处以凌迟之刑。

中国古代之所以采取如此残忍的处罚方式，主要是根据古代同姓聚族而居的特点来定的。家族中每个人的好坏都与家族荣辱有直接的关系，要么一人得道、鸡犬升天，要么一人犯罪、举家连坐。朝廷正是根据这个特点，通过满门抄斩或诛灭九族等方式，来震慑整个家庭或大家族，希望每一个社会成员都尽孝、尽忠，主动维护王权统治。在现实中，古代的家庭、家族，也正是为了避免本家族某一个人违法乱纪、不忠不孝而导致整个家庭或家族受到牵连，通过各种方式来教育、管理每个家族成员，让他们尽孝尽忠，以配合朝廷对整个社会的控制，由此实现对王权体制的有效维护。

总而言之，中国古代以孝代法，以孝治天下，孝道因此成为社会每一个成员必须具备的思想意识和价值观念，这就突出体现了中国古代法律的道德性与伦理性。这样一来，《孝经》所宣扬的广义孝道也得到了切实的贯彻，实现了它维护社会政治稳定的价值与意义。

（四）孝道与民族精神

孝道与《孝经》在中国古代家庭伦理、社会政治方面影响非常大，毕竟中国古代文明是农业文明，家国同构，强调以孝立国，以孝立法。孝以及由此延伸出来的孝顺父母、尊老敬老、遵纪守法、敬业爱国等道德精神一直是中华民族的优良传统，也是民族精神的突出体现。

　　尊敬父母、孝顺长辈，从虞舜开始就一直非常盛行。不仅如此，对孝顺父母还有一系列非常细致的规定。孝子是如何孝顺父母的呢？《礼记》作为战国时期的儒家论文集，其中《内则》篇就对上古以来孝子行孝的方式作了具体记载。比如，天亮的时候，子女要向父母请安，为父母准备衣服、整理床铺、端水洗脸。夏天为父母扇风，使他们感到凉爽；冬天为父母添衣服，使他们感到温暖。有好吃的食物先让父母吃，父母吃完后子女再吃。在父母面前，子女一定要恭恭敬敬，不得随意打喷嚏、伸懒腰、目光斜视。不要随便动用父母的衣物、用具。离家出行，一定要先向父母禀告去哪里、去多久，回家后还必须向父母汇报情况。父母生病了，子女要及时调药送药，端茶送饭，精心照看，在这个时候，不能擅自离家外出，也不能在家嬉戏玩乐，不能吃肉喝酒，不能多言多语，要专心侍奉父母。父母到了年迈体衰的时候，不能够干活了，嫡长子要扶持父母，担当起管理家庭事务的责任，为父母排忧解难。父母年纪大了，子女仍要像以往那样细心照看父母，帮助他们解决生活上的困难，让他们安度晚年。赡养老年父母，要和他们同吃同住，不能分家立户，以免影响家庭团结，等等。中国古人不但按照《礼记·内则》中的具体规定去做，还根据各个时期的历史情境作了进一步的发挥与完善。比如后来颜之推《颜氏家训》、司马光《涑水家仪》、袁采《袁氏世范》、《曾国藩家书》等家规、家训，都在《礼记·内则》的基础上，作了更加细致的规定。

　　可以说，从上古开始，人们就注重孝顺父母、敬老养老，不仅民间如此，朝廷也注重这一点。如《礼记》就记载了上古时期朝廷尊老养老的历史事实，《王制》篇说：

　　　凡养老，有虞氏以燕礼，夏后氏以飨礼，殷人以食礼，周人修而兼用之。五十养于乡，六十养于国，七十养于学，达于诸侯。八十拜君命，一坐再至，瞽亦如之。九十使人受。五十异粻，六十宿肉，七十贰膳，八十常珍，九十饮食不离寝，膳饮从于游可也。……有虞氏养国老于上庠，养庶老于下庠。夏后氏养国老于东序，养庶老于西序。殷人养国老于右学，养庶老于左学。周人养国老于东胶，养庶老于虞庠，虞庠在国之西郊。有虞氏皇而祭，深衣而养老。夏后氏收而祭，燕衣而养老。殷人冔而祭，缟衣而养老。周人冕而祭，玄衣而养老。凡三王养老，皆引年。

从以上我们可以看出，自虞舜开始，到上古三代夏、商、周，朝廷一直都注重敬老养老，不但制定了各种养老的礼仪，还有很多具体的措施，比如有专门的机构赡养他们，还改善他们的饮食，等等。上古三代的这些养老规定和措施，从汉代以后，朝廷便以法律的形式确定下来，并作了很多细致的规定。比如刘邦曾规定："举民年五十以上，有修行，能帅众为善，置以为三老，乡一人。择乡三老一人为县三老……以十月赐酒肉。"（《汉书·高帝纪》）就是说每乡、每县设三老，并给他酒肉。在汉代，老年人还被免除劳役及刑罚。到了隋代，朝廷还赏赐爵位给老年人，以提高他们的社会政治地位。如隋炀帝曾下令赐给九十岁老人"版授太守"，八十岁老人"版授县令"，意思是说九十岁、八十岁的老人可以分别享受太守、县令才有的荣誉和待遇。唐宋元明清也都有具体的养老规定。

从上古开始，历朝历代都注重以各种方式来宣扬孝道、孝行，并在史书中将它们记载下来，以供后人学习。比如在正史中列"孝友传"（《后汉书》开始记载孝子事迹，《晋书》开始专门列"孝友传"，为李密等十四位孝子作传。此后的正史，如《宋书》《齐书》《周书》《南史》《隋书》《宋史》《明史》《新元史》《清史稿》都有

"孝义传";《梁书》《陈书》《北史》有"孝行传";《魏书》有"孝感传";《旧唐书》《新唐书》《金史》《元史》有"孝友传"等等），还有各种为孝子列传的专书，比如汉代刘向《孝女传》，表彰孝女、烈女。元代郭居敬《二十四孝》，尽管它记载人数少，但影响却最大。明成祖颁行的《孝顺事实》，其中记载了二百多人的孝行。还有清代刘青莲《古今孝友传》、李元青《诸史孝友传》等。另外，朝廷还在学校教育中推广孝道，用"举孝廉"选拔官吏等等，这些都是在极力表彰、宣扬各种孝道、孝行。

总而言之，经过两千多年的宣扬、熏陶，孝顺父母、尊老养老以及由它们推衍出来的遵纪守法、爱岗敬业、忠君爱国等思想道德经过上千年的沉淀，已经深深渗透到了每个人的血液之中，成为中华民族的优良品德，也可以说是中华民族精神的具体体现，正如梁漱溟所说：

> 说中国文化是孝的文化，自是没错。此不惟中国人的孝道世界闻名，色彩最显，抑且从下列各条看出它原为此一文化的根核所在：一，中国文化自家族生活衍来，而非衍自集团。亲子关系为家族生活核心，一"孝"字正为其文化所尚之扼要点出……二，另一方面说，中国文化有与西洋近代之个人本位自我中心者相反，伦理处处是一种尚情无我的精神，而此精神却自然必以孝悌为核心而辐射以出。三，中国社会秩序靠礼俗，不像西洋靠法律……道德以礼俗为本，而一切道德又莫不可以从孝引申发挥，如《孝经》所说那样。①

中华民族的历史源远流长，拥有很多优秀的品质与精神，其中

---

① 梁漱溟：《中国文化要义》，学林出版社，1987 年，第 307 页。

由孝衍生出来的众多优秀品质，如孝悌忠信、遵纪守法、礼义廉耻、爱岗敬业、忠君爱国等等，直到今天依旧有很大的影响，它们可以说是中华民族精神的突出体现。总之，孝是中华文明、民族精神最突出的特征之一。

四、古代《孝经》学史略

《孝经》作为孝道最重要的经典载体，一直受到各朝各代的高度重视，上至帝王、下至普通百姓都将《孝经》看成是修身养性、为人处世的法典。更为主要的是，历朝历代的学者都根据各自时代的需要与思想文化的特点，对《孝经》作了注解。而且在中国古代有多位皇帝亲自为《孝经》作注，比如梁武帝《孝经义疏》、梁简文帝《孝经疏》、后魏孝明帝《孝经义》、唐玄宗《孝经注》、清顺治皇帝《孝经注》、雍正皇帝《孝经集注》等，都对《孝经》作出了不同的理解与诠释，从而为《孝经》、孝道的发展与推广起到了推波助澜的作用。《孝经》也成为十三经中被历代皇帝注解最多的一部经典。此外，随着《孝经》传入东南亚各国，对当时各国的文明、文化也产生了深远的影响，它们也根据自己的需要作了颇有特色的解读与注解。

（一）先秦

先秦时期，在孔子之前尽管没有《孝经》一书，但是孝的观念却非常盛行，比如《尚书·尧典》就说"克谐以孝"，意思是，虞舜以孝治家、治国、平天下，达到了和谐的状态。从虞舜开始，上古三代都非常注重孝道、孝行，强调以孝治天下。

春秋时期，孝道、孝行依旧得到朝野上下的广泛重视。在《孝经》学史上，孔子对《孝经》、孝道的创作与阐发有承上启下的重要意义。

首先，孔子编撰《孝经》一书，将上古以来的孝道作了进一步的提炼和升华。《孝经》是中国古代《孝经》学史上的经典之作，是《孝经》学产生的文献依据。可以说，没有孔子就没有《孝经》，没有《孝经》就没有所谓的《孝经》学，孝道的推广就要受到某种程度的影响。

其次，在孝道的阐发上，较以往更加广泛而且深刻。一方面，孔子扩大了孝的对象，孝不仅包括孝顺父母等长辈，还包括尊敬、忠于君主、上级。另一方面，扩大了孝的内涵，即孝不仅是要虔诚赡养父母，还要移孝于忠，遵守礼法规定，安心做好本职工作，进而建功立业，维护王权，如《论语·学而》篇所说："事父母，能竭其力；事君，能致其身。"

最后，孔子将孝看成是仁的根本，即弟子有子所说的"孝弟也者，其为仁之本与"（《论语·学而》）。既然孝是仁的根本，那么孝道便是仁学的根本，那么作为仁学一部分的孝道，就具有了仁学的本质特征。

孔子孝道的特征，一方面是要虔诚地孝顺父母。孔子在回答弟子子游时说："今之孝者，是谓能养。至于犬马，皆能有养；不敬，何以别乎？"（《论语·为政》）可以看出，孔子所说的孝，不仅仅表现在形式上，即端茶倒水、赡养父母，更为主要的是要有一种虔诚、恭敬的心态。另一方面，孔子孝道强调遵守礼法。孔子也说："生，事之以礼；死，葬之以礼，祭之以礼。"（《论语·为政》）即父母活着的时候，要按照礼仪侍奉他们；父母去世了，要根据礼仪安葬他们；祭祀的时候，也要根据礼仪祭祀他们。孔子孝道强调礼制，强调了尽孝的社会性。

孔子之后，儒家学派的很多弟子也都对《孝经》、孝道作了深入的研究。比如曾子便是其中的一位，根据《汉书·艺文志》的记载，他曾有《曾子》十八篇传世，但后来此书失传。另外，清人朱彝尊在其《经义考》中认为，孔子门人子夏的弟子魏文侯曾作过《孝经传》，其乃后来今文《孝经》的前身①。而宋代朱熹则认为《大学》一篇乃是曾子所作，这对后世影响很大。《孝经》尽管不是曾子所作，但现存的《大戴礼记》中，《曾子本孝》《曾子立孝》《曾子大孝》《曾子事父母》等篇章，被认为是曾子所作，可以看成是他对《孝经》、孝道的理解与诠释。

首先，在曾子看来，孝是天地之间永恒的真理，《礼记·祭义》中说：

> 曾子曰："夫孝，置之而塞乎天地，溥之而横乎四海，施诸后世而无朝夕。推而放诸东海而准，推而放诸西海而准，推而放诸南海而准，推而放诸北海而准。《诗》云：'自西自东，自南自北，无思不服。'此之谓也。"

在曾子看来，孝道是人类永恒的行为法则，是天地之间的根本法则，是放诸四海而皆准的真理。从这里可以看出，曾子将孝道提升到了至高的地位，这无疑是对孔子孝道的进一步肯定与弘扬。

其次，曾子对孔子孝顺父母的思想进一步细化，比如他认为，孝顺父母首先要保全自己的身体，如《吕氏春秋·孝行》中记载说：

---

①　[清] 朱彝尊：《经义考》卷一《御注孝经》："卫（魏）文侯所受，颜芝所藏，唐石台所勒，此《今文孝经》也。"

> 曾子曰："父母生之，子弗敢杀。父母置之，子弗敢废。父母全之，子弗敢阙。故舟而不游，道而不径，能全支体，以守宗庙，可谓孝矣。"

这句话其实是曾子对《孝经》中"身体发肤，受之父母，不敢毁伤"的发展。曾子认为，父母生下了自己的身体，自己不能毁坏它；父母养育了它，自己不能废弃它；父母保全了它，自己不能损伤它。人在生活中一举一动都要注意，比如过河的时候，能够用船就不要去游水；走路时，有大道就不要走小路，以免出现各种意外伤害。只有保全了自己的身体，才能更好地孝顺父母，才能够祭祀祖先，传承血脉。

最后，曾子和孔子一样，也将孝道推广到政治领域，认为任何人都应该以孝顺父母的心态去遵守礼法，去做好自己的本职工作，去侍奉自己的君主、上级。《吕氏春秋·孝行》中就记载了曾子的话：

> 居处不庄，非孝也。事君不忠，非孝也。莅官不敬，非孝也。朋友不笃，非孝也。战阵无勇，非孝也。五行不遂，灾及乎亲，敢不敬乎?《商书》曰："刑三百，罪莫重于不孝。"

曾子将孝道进一步推广，孝道不仅仅指孝顺父母，还指遵守日常行为规范，侍奉君主要忠心，做官要尽职尽责，和朋友交往要诚信，打仗的时候要英勇作战，要遵守家庭伦理道德，等等，只有这样做了才是孝，否则的话，就是不孝。不孝的罪过是很大的，它是所有罪过中最大的。由此可见，曾子和孔子的孝道一脉相承，相比孔子而言，曾子的孝道更加具体而深入。

战国时期，孟子在孔子、曾子的基础上对《孝经》、孝道作了进一步的解释。首先，他将孝悌看成是仁义的根本，《孟子·离娄上》中说：

> 仁之实，事亲是也。义之实，从兄是也。智之实，知斯二者弗去是也。礼之实，节文斯二者是也。乐之实，乐斯二者。乐则生矣，生则恶可已也。恶可已，则不知足之蹈之，手之舞之。

这段话翻译过来便是说，孟子说："仁的实质是侍奉父母，义的实质是顺从兄长，智的实质是明白这两方面的道理而不背离，礼的实质是在这两方面不失礼节、态度恭敬，乐的实质是乐于做这两方面的事，快乐就产生了，一旦产生就抑制不住，抑制不住，就会不知不觉地手舞足蹈起来。"从这里我们可以看出，孟子将孔子的仁义具体化为孝悌，智、礼、乐都是服务于孝悌的。

由于孟子宣扬人性善，人性善的内涵就是仁义礼智，它们都是人与生俱来的本性。既然孝悌是仁义的根本，孟子就希望人能扩充这种善性，小的方面可以孝顺父母，大的方面可以实现仁政。正如他所说："苟能充之，足以保四海；苟不充之，不足以事父母。"（《孟子·公孙丑上》）孟子甚至将孝悌看成是治国安邦、实现仁政与王道理想最重要的手段，他说："老吾老以及人之老，幼吾幼以及人之幼。天下可运于掌。"（《孟子·梁惠王上》）"人人亲其亲，长其长，而天下平。"（《孟子·离娄上》）"入则孝，出则悌，守先王之道。"（《孟子·滕文公下》）"尧舜之道，孝悌而已矣。"（《孟子·告子下》）总而言之，孟子从人性的高度论证了孝是与生俱来的本性，是绝对合理的，然后极力强调孝悌是实现王道政治最基本的手段。

荀子在孔子、曾子、孟子的基础上，更加强调孝的社会政治作用。在荀子看来，君主就是百姓的父母，君主统治自己的臣民，就应当像家长管教自己的孩子一样。所以臣民侍奉君主与子女侍奉父母，实质上是一样的。荀子甚至认为，君主的恩德甚至要大于父母的恩德，所以忠于天子、君主甚至要比孝顺父母更加重要。荀子作为战国时期儒家学派最有影响的学者，他的理论强化了孝道、孝行的政治性，这对汉代以后孝道、孝行由伦理性转向社会性，起到了重要的推动作用。

孔子之后，除了曾子、孟子、荀子等大儒之外，很多儒家学派的学者也对孝道作了自己的理解与诠释，进一步丰富了孝道的思想，也进一步丰富了孝行的内容。比如《礼记》作为战国时期儒家学派的论文集，就在《曲礼》《内则》等篇目中对孝道、孝行作了更加深入的诠释与补充。

其实在先秦时期，不止儒家强调孝道，其他各家各派如道家、墨家、法家、纵横家等也都注重孝道。比如《老子》第十九章中说"绝仁弃义，民复孝慈"，说明道家虽然反对仁义道德，但却提倡孝道。墨家也说："孝，利亲也。"（《墨子·经上》）"君子莫若欲为惠君、忠臣、慈父、孝子、友兄、悌弟，当若兼之不可不行也。此圣王之道，而万民之大利也。"（《墨子·兼爱下》）法家也认为孝治非常重要，说："臣事君，子事父，妻事夫，三者顺则天下治，三者逆则天下乱。"（《韩非子·忠孝篇》）纵横家的代表苏秦也曾经对楚王说："仁人之于民也，爱之以心，事之以善言。孝子之于亲也，爱之以心，事之以财。忠臣之于君也，必进贤人以辅之。"① 公元前 249

---

① ［汉］刘向集录，［宋］鲍彪注：《战国策》卷十六《楚三》，上海古籍出版社，2015 年，第 315 页。

年，吕不韦当上了秦国丞相，开始召集学者编纂《吕氏春秋》一书，《孝经·诸侯章》中的文字也被引用①，这就说明《孝经》最晚在此前已经成书且被广泛传颂。总的来说，在秦统一天下之前，孝道已经是非常流行的一种观念，孝治也被看成是治国的一种基本政治理念，这对汉以后《孝经》、孝道、孝治的发展与推广具有重要的铺垫作用。

以上是先秦时期《孝经》、孝道的产生、发展与演进的历史，可以看出，儒家的孝道继承了上古三代孝的观念，并在此基础上作了进一步的发挥，进一步强化了孝道在修身齐家、治国安邦方面的价值和意义。随着儒家学说在汉代成为官方学说，儒家的孝道对中国古代的思想观念产生了深远的影响。

（二）汉唐之际

汉唐时期是以孝治天下最为重要的时期，这一时期《孝经》学及孝道思想也得到朝野上下的一致重视。汉代皇帝的谥号前面都加有"孝"字，比如孝文帝、孝武帝等等，这在中国古代比较少见，而且皇帝本人都亲力亲为，孝顺父母，比如汉文帝的母亲薄太后经常有病，汉文帝就"衣不解带"，亲自服侍母亲服药。

在汉代，《孝经》和《论语》都被确定为必读之书，并与《周易》《尚书》《诗经》《仪礼》《春秋》，合称为"七经"。汉文帝时，还设立了《论语》《孝经》《尔雅》《孟子》的博士官。但在汉武帝之后，博士官仅限于"五经"，其余都不立博士，原来的《论》《孝》

---

① ［汉］高诱注，［清］毕沅校：《吕氏春秋》卷十六《察微》："《孝经》曰：'高而不危，所以长守贵也；满而不溢，所以长守富也。富贵不离其身，然后能保其社稷而和其民人。'"

《尔》《孟》博士都被罢黜。尽管被罢黜了，但是《论语》《孝经》依旧是读书人的必读书，研习五经中的任何一经都必须学习《论语》《孝经》，所以不需要设立专门的博士官。汉宣帝时，在郡县乡设立学校，并专门设置《孝经》教师一名。汉昭帝时，诏令贤良文学专门讲习《孝经》。汉平帝时，又诏告天下，凡以五经及《论语》《孝经》《尔雅》教授者，"在所为驾一封轺传，遣诣京师，至者数千人"（《汉书·平帝纪》），就是说，天下精通《孝经》的学者可以到京师讲学。总而言之，在汉代，《孝经》是最基本的读物，人们只有熟读了《孝经》，才可以去研究学习"五经"。如东汉崔寔的《四民月令》中说，每到冬天十一月，各家各户都要送幼童入学，学习的内容就是从《孝经》《论语》开始的。从当时的学校教育层面来看，无论是官学还是私学，《孝经》都是必修科目，《孝经》是当时最普及的教材。可以说，《孝经》是汉代最流行的经典。

在《孝经》的研究思想与方法上，汉武帝时期，董仲舒用阴阳五行学说解读《孝经》，认为孝是上天的规定，符合天道，孝敬父母、尊敬君上是天经地义的，以此来宣扬孝道的神圣性[①]。两汉之际，谶纬之学盛行，出现了很多有关《孝经》的纬书，如《孝经援神契》《孝经河图》《孝经纬》等，它们也将《孝经》谶纬化，孝道由此进一步神圣化。如它们认为，孝是宇宙的本源，它贯通阴阳五行，能够感通神灵与万物，人如果不孝，就会受到上天的惩罚，就会有灾难降临。

在汉代，孔安国、刘向、郑玄等人对《孝经》的整理与研究，

---

① ［清］苏舆撰，钟哲点校：《春秋繁露义证》卷十《五行对》，中华书局，1992 年，第 314—317 页。

在《孝经》学史上有深远的影响，其中尤以郑玄对《孝经》的注解对后世影响最为深远，是中国古代最流行的《孝经》注解本。郑玄以刘向整理本为基础，吸收西汉以来今古文《孝经》学的成就，对《孝经》作了研究，为《孝经注》。另外，郑玄对孝道也作了探讨，他肯定了孝道是天经地义的真理，他说："夫孝者，盖三才之经纬，五行之纲纪。若无孝，则三才不成，五行僭序。是以在天则曰至德，在地则曰愍德，施之于人则曰孝德。故下文言，夫孝者，天之经，地之义，人之行，三德同体而异名，盖孝之殊途。经者，不易之称，故曰《孝经》。"① 郑玄认为孝道是贯通天、地、人的常理，它的存在是合理而且非常必要的，它对于规范人的道德行为、治国安邦都有重要的价值和意义。

魏晋时期，研究《孝经》的学者非常多，比如王肃、刘劭、何晏、袁宏、韦昭、皇侃、熊安生、刘炫等等，他们都通过注解《孝经》来宣扬孝道。比较重要的如王肃，他曾经作《孝经解》一书，不过这部书后来亡佚。王肃作为曹魏时期重要的经学家，遍注群经，人称其学为"王学"，与郑学并立于世。不过，东晋之后基本衰微。

南北朝时期，玄学、佛学盛行，它们对儒家的孝道也提出了自己的看法，比如玄学家们追求本性自然，希望行孝要真实，不要拘泥于形式。佛教因为要求信众剃发、出家，这显然和儒家孝道背道而驰，但是它也宣扬行善、注重孝悌，宣扬因果报应，这对后世将孝悌与因果报应结合产生了深远的影响。就《孝经》学来说，当时的南朝统治者对《孝经》非常尊崇，刘宋武帝、文帝都曾亲自讲授

---

① ［汉］郑玄：《敦煌本孝经序》，载于汪受宽译注《孝经译注》附录，上海古籍出版社，1998年，第106页。

《孝经》，梁武帝在天监年间亲自撰写《孝经义疏》，让人为年仅三岁的昭明太子讲授。陈文帝、宣帝、后主等都为太子讲授《孝经》。在北朝，北魏在统一中原之后，道武帝于即位初年就让崔浩讲解《孝经》。孝文帝改革，更是反复强调以孝治天下的道理，并让学者将《孝经》翻译为鲜卑语，"教于国人，谓之《国语孝经》"（《隋书·经籍志》)。后嗣的帝王也都亲自讲授《孝经》，《孝经》也都被立为官学。

隋唐时期，据《唐会要》记载，唐高宗于仪凤三年（678），诏令以《道德经》与《孝经》为上经，"贡举皆须兼通"①。科举考试规定，《孝经》是任何学者都需学习的必读书。《新唐书·选举志》记载：

> 凡《礼记》《春秋左氏传》为大经，《诗》《周礼》《仪礼》为中经，《易》《尚书》《春秋公羊传》《谷梁传》为小经。通二经者，大经、小经各一，若中经二。通三经者，大经、中经、小经各一。通五经者，大经皆通，余经各一，《孝经》《论语》皆兼通之。

意思是说，读书人不管研读什么经典，都要精通《孝经》和《论语》这两部书。其实不只是科举考试的读书人要读《孝经》，朝廷规定普通老百姓也要学习它。天宝年间，朝廷诏令说，"自今已后，宜令天下家藏《孝经》一本，精勤教习，学校之中，倍加传授，州县官长，明申劝课焉。"② 就是说，每一家都要有一本《孝经》，由当地长官负责传授，让老百姓学习。由此可见，唐代表彰《孝经》也是不遗余力，上自帝王，下至黎民百姓，皆研习《孝经》。由于这

---

① ［宋］王溥：《唐会要》卷七十五《明经》，上海古籍出版社，2006 年，第 1373 页。
② ［宋］王溥：《唐会要》卷三十五《经籍》，第 645 页。

一时期唐代对外交流频繁,《孝经》也随之传布到了邻近各国,尤其是当时的日本、朝鲜、越南等地。直到今日,孝道在这些国家依旧非常兴盛。

在唐代,《孝经》研究方面对后世有深远影响的主要是唐玄宗《孝经注》。唐玄宗曾以郑玄注本为基础,亲自为《孝经》作注,即《御制孝经注》。这部书的特点在于,跳出门户之见,采众说之长,主讲大义,非常简明,改变了过去注重章句训诂、烦琐考据的做法。书成之后,颁行天下,成为迄今流传最广的一部《孝经》注本。

(三) 宋元明清

在宋、元、明、清时期,受理学、心学的影响,人们对《孝经》、孝道的探讨更加深入。一般注重从天理、人心的角度出发,对为什么要尽孝或者说对孝道存在的合理性进行深入论证,并产生了一系列《孝经》学著述。

在宋代,朝廷除了注重以孝治天下之外,对《孝经》学也非常重视,比如宋真宗时期,朝廷命令邢昺编撰《孝经注疏》一书。邢昺主要是以唐玄宗《孝经注》为底本作疏,而《孝经注》的底本是郑玄今文《孝经》。这本书的最大特点主要是援引很多家的注解,对原来《孝经注》做进一步的解释,从而实现对《孝经注》进一步解读的目的。另外,到了北宋中期,司马光肯定了孔安国所传的古文《孝经》,并以此为基础作《古文孝经指解》,这部书改变了汉代以来对郑玄今文《孝经》的重视,对宋代及其之后古文《孝经》的发展有重要的推动作用。如范祖禹《古文孝经说》、洪兴祖《古文孝经序赞》、季信州《古文孝经指解详说》、朱熹《孝经刊误》等等,都受到了司马光《古文孝经指解》的影响。以至于四库馆臣在评价《古文孝经指解》时说："注《孝经》者，驳今文而遵古文，自此书始。"①

另外，宋代《孝经》学需要关注的一点便是，随着北宋中期理学的产生，建立了以理为核心的思想体系，在理本论的思想体系之中，孝被看成是天理的重要体现，遵守孝道便是对天理的遵守，这对于《孝经》、孝道的宣扬无疑具有重要的推动作用。作为南宋理学集大成者朱熹，他受到司马光《古文孝经指解》的影响，在融通今古文《孝经》的基础上，作《孝经刊误》一书。由于朱熹之后，理学被确立为官方学说，朱熹《孝经刊误》一书成为南宋以后《孝经》学最流行的文本。朱熹《孝经刊误》的特点在于：（1）否定了汉代以来孔子作《孝经》的观点，认为《孝经》只不过是曾子门人所作。（2）将今古文《孝经》作了重新整合，将《孝经》前六章（开宗明义章、天子章、诸侯章、卿大夫章、士章、庶人章）作为经文，其余部分作为解释经文的传文。（3）根据自己的理解，删定《孝经》，比如删掉了《三才章》中69个字，认为其多余、不通。（4）以"理"解读《孝经》，即用理学思想解读孝道，改变了汉唐以来用天人感应思想体系理解孝道的解释范式。

元代对儒家孝道本来不太重视，但后来经过丘处机、耶律楚材等人的宣扬，朝廷也开始注重用儒家文化来统治中原，推崇孝道。如元世祖就规定"凡读书必先《孝经》"（《元史·选举志一》）。元武宗时，诏令朝臣将《孝经》翻译为蒙古文，并下诏云："此乃孔子之微言，自王公达于庶民，皆当由是而行。其命中书省刻板模印，诸王而下皆赐之。"（《元史·武宗本纪一》）元代著名的《孝经》学著作，有董鼎《孝经大义》，它主要是对朱熹《孝经刊误》作注解；吴

---

① 《四库全书总目提要》卷三十二《古文孝经指解》案语。

澄《孝经定本》，主要是修订朱熹《孝经刊误》，并为《孝经》作注解，等等。另外，元代对孝道、孝行的宣扬，最有影响的一件事就是元人郭居敬编录《二十四孝》，这在孝文化史上影响很大。

在明代，《孝经》依旧得到尊崇。比较重要的《孝经》学方面的著作，有黄道周《孝经集传》、潘府《孝经正误》、罗汝芳《孝经宗旨》、姚舜牧《孝经疑问》、朱鸿《孝经目录》、吕维祺《孝经大全》等等。明代的《孝经》学基本上延续了宋元时期的研究理路，鲜有创见。

清代是《孝经》学发展非常繁盛的时代，不论是著述数量，还是思想方法，都较以往有了巨大的进步。关于清代学者研习《孝经》的情况，刘师培《经学教科书》对之作了系统的概括，现将之迻录于下：

> 近儒治《孝经》者，始于毛奇龄。奇龄作《孝经问》，排朱子、吴澄之说，然以空理相驳诘，颇乖著书之体。自阮福作《孝经义疏》定郑注为小同所著，而近人皮锡瑞复作《孝经郑注疏》，以伸郑注之义。若丁晏《孝经征文》，征引繁博，且力攻《孔传》为伪书。汪宗沂《孝经辑传》复攻郑注为不经，而姚际恒作《古今伪书考》，直列《孝经》于伪书，定为张禹同时人所作，殆疏于考证者也。①

在清代，顺治、雍正都亲作《孝经》注解，并颁行全国。咸丰时，各省科考都要加试《孝经》，等等。清代有关《孝经》学的著述非常多，著名的有毛奇龄《孝经问》、冉觐祖《孝经详说》、曹元弼《孝经学》、丁晏《孝经征文》《孝经述注》、曹廷栋《孝经通释》、李

---

① ［清］刘师培著，陈居渊注：《经学教科书》，上海古籍出版社，2016年，第140页。

光地《孝经全注》、皮锡端《孝经郑注疏》，等等。整体而言，清代
《孝经》学更加注重经典考证、考据，改变了之前研究以思想义理为
主的特征。

参考文献

（一）基础文献

〔唐〕李隆基注，〔宋〕邢昺疏：《孝经注疏》，杭州：浙江古籍出版社，
1998 年版。

〔宋〕朱熹著，朱杰人、严佐之、刘永翔主编：《朱子全书》，上海：上海古
籍出版社，合肥：安徽教育出版社，2010 年版。

〔宋〕黄震：《黄氏日钞》，影印文渊阁《四库全书》本，台北：商务印书
馆，1986 年版。

〔宋〕王溥：《唐会要》，上海：上海古籍出版社，2006 年版。

〔宋〕鲍彪注：《战国策》，上海：上海古籍出版社，2015 年版。

〔清〕皮锡瑞撰，吴仰湘点校：《孝经郑注疏》，北京：中华书局，2016
年版。

〔清〕永瑢等：《四库全书总目提要》，上海：商务印书馆，1931 年版。

〔清〕陈立撰，吴则虞点校：《白虎通疏证》，北京：中华书局，1994 年版。

〔清〕朱彝尊：《经义考》，北京：中华书局，1998 年版。

〔清〕姚鼐辑，吴孟复、蒋立甫主编：《古文辞类纂评注》，合肥：安徽教育
出版社，1995 年版。

睡虎地秦墓竹简整理小组编：《睡虎地秦墓竹简》，北京：文物出版社，
1978 年版。

（二）研究论著

邓永俭主编：《河洛文化与闽台文化》，郑州：河南人民出版社，2008

年版。

宫晓卫：《孝经：人伦的至理》，上海：上海古籍出版社，1997 年版。

胡平生：《孝经译注》，北京：中华书局，1996 年版。

康学伟：《先秦孝道研究》，长春：吉林人民出版社，2000 年版。

梁漱溟：《中国文化要义》，上海：学林出版社，1987 年版。

李友清：《中华孝文化研究》，武汉：湖北人民出版社，2007 年版。

宁业高等：《中国孝文化漫谈》，北京：中央民族大学出版社，1995 年版。

汪受宽：《孝经译注》，上海：上海古籍出版社，1998 年版。

王玉德：《〈孝经〉与孝文化研究》，武汉：崇文书局，2009 年版。

王长坤：《先秦儒家孝道研究》，成都：巴蜀书社，2007 年版。

肖群忠：《孝与中国文化》，北京：人民出版社，2001 年版。

邢祖援、陈景新：《古文孝经解读》，上海：三联书店，2010 年版。

臧知非：《人伦本原：〈孝经〉与中国文化》，开封：河南大学出版社，2004 年版。

朱岚：《中国传统孝道七讲》，北京：中国社会出版社，2007 年版。

［美］罗思文、安乐哲著，何金俐译：《生民之本：〈孝经〉的哲学诠释及英译》，北京：北京大学出版社，2010 年版。

尔　雅

《尔雅》在十三经之中是比较特殊的一部经书，它是古人阅读儒家六经、通晓上古方言、辨别名物的上古语言工具书或者说是综合性辞书。《尔雅》在一定程度上就相当于我们现在常用的字典、词典之类的工具书，它可以说是中国古代最古老的字典，语言学家王力在其《汉语史稿》中就曾说："中国最古的字典是《尔雅》。"①《尔雅》全书只有一万三千多个字，但内容却很丰富，在中国古代非常实用，是古代读书人研读经典的必备工具书，一直得到了朝野上下的重视，并在晚唐文宗时期升格为经书。

为什么这部书叫"尔雅"呢？这关系到这部书的性质问题。对此，汉代刘熙《释名·释典艺》解释说：

> 尔雅，尔，昵也；昵，近也。雅，义也；义，正也。五方之言不同，皆以近正为主也。②

曹魏时期的张晏在《汉书·艺文志》音注中也说："尔，近也；雅，正也。"结合这两种说法，"尔"是近、接近的意思，雅是正，即规范的、标准的意思。什么算是规范的、标准的呢？"雅"这个字，在《论语·述而》中也出现过，即："子所雅言，《诗》、《书》、执礼，皆雅言也。"西汉孔安国解释"雅言"说："雅言，正言也。"雅言就是古代的官方语言，也就是标准语、规范语，它其实指的就是那个时代的官方语言。相传孔子当时在给学生讲《诗经》《尚书》

---

① 王力：《汉语史稿》，中华书局，1980年，第5页。
② ［汉］刘熙著，愚若点校：《释名》，中华书局，2020年，第91页。

和具体执行礼仪的时候，都用陕西那个地方的方言，即官方语言，而不用自己的山东话，因为陕西是周代首都丰、镐的所在地。这样一来，"尔雅"的意思，其实也是这部书编撰的目的，就是对语言、语意的转换，即通过这部书将古代字词、语言转化为当时的标准语言、规范语言或官方语言。我们今天编撰字典、词典，也基本是这个目的。

另外，近代语言学家、经学家黄侃对"尔雅"的解释也值得参考，可以加深我们对"尔雅"的理解。他在《尔雅略说・论尔雅名义》中说：

> 雅之训正，谊属后起，其实即夏之借字。《荀子・荣辱篇》："越人安越，楚人安楚，君子安雅。"《儒效篇》则云："居楚而楚，居越而越，居夏而夏。"二文大同，独雅、夏错见，明雅即夏之假借也。明乎此者，一可知《尔雅》为诸夏之公言，二可知《尔雅》皆经典之常语，三可知《尔雅》为训诂之正义。[1]

根据黄侃的解释，"尔雅"的"雅"解释为"正"是后来学者的意思，它其实本来是"夏"的假借字或通假字，两个字是一个意思。"尔雅"就是"尔夏"，"夏"在古代是诸夏、华夏的意思，它们都是古代汉民族的自称。"尔夏"就是说要将东南西北各地方的语言转化为中原民族（即汉民族）所使用的语言或官方语言，这其实就是"尔雅"的意思。黄侃说，如果知道了这个意思，就明白了《尔雅》其实有三个内涵，即：一是《尔雅》所说的都是中原民族的通用语言或官方语言；二是《尔雅》内容所涉及的都是古代经典的常用语；三是《尔雅》是对古代字词、语言等各种注解的统一解释，或者说

① 《黄侃论学杂著》，上海古籍出版社，1980年，第362页。

它是古代字词注解的集大成之作。

　　总而言之，《尔雅》这部书编写的目的，便是通过训诂的形式，用当时流行的标准语言或官方语言来解释上古经典尤其是六经中的字词、语言包括各地方言，以方便当时读书人学习了解儒家六经与古代文化。从这里我们就可以看出，《尔雅》一书，不像《周易》《尚书》《礼记》《孝经》等经典拥有丰富的哲理，谈经论道，它只是一部解释上古字词、语言的工具书。今天看来，《尔雅》内容非常广泛、丰富，可以说是一部有关上古语言文字、社会文化、自然科学的综合性辞书。

一、《尔雅》作者、成书及性质

　　《尔雅》作为中国古代第一部综合性的词典，对我们了解先秦时期的语言文字、思想文化都有十分重要的意义。不过，有关它的作者、成书及性质一直有争议，直到今天也没有统一的说法。

（一）《尔雅》作者与成书

　　最早记载《尔雅》一书的是《汉书·艺文志》，说"《尔雅》三卷，二十篇"，但它没有明确指出这部书的作者和时代。于是汉代以后很多学者都提出了自己的看法，比较流行的观点主要有三种：

　　第一种观点是周公所作，后人增补。这个说法最早提出人是曹魏时期的张揖，他在《上广雅表》中曾说：

　　　　臣闻昔在周公，缵述唐虞，宗翼文武，克定四海，勤相成王，践阼理政，日昃不食，坐而待旦，德化宣流，越裳来贡，嘉禾贯桑。六年制礼，以导天下，著《尔雅》一篇，以释其意。……今

俗所传三篇《尔雅》，或言仲尼所增，或言子夏所益，或言叔孙通
所补，或言沛郡梁文所考，皆解家所说，先师口传，既无正验圣人
所言，是故疑不能明也。①

张揖认为，周公在平定各地叛乱、稳定社会政治之后，制礼作
乐，宣扬教化，以巩固统治。为了让天下人明白礼乐的内涵，于是
作《尔雅》一书，来解释礼乐制度的深意。后来，孔子、子夏、叔
孙通、梁文等人都对这部书进行过增修、补订的工作，以至于《尔
雅》由原来的一卷演化为后来的三卷，这就是后世所看到的《尔雅》
三卷二十篇。

张揖的这个观点在中国古代影响非常大，后来唐陆德明《经典
释文·序录》对此还作了进一步的补充，他说：

《释诂》一篇，盖周公所作。《释言》以下，或言仲尼所增，子
夏所足，叔孙通所益，梁文所补，张揖论之详矣。②

陆德明在张揖的基础上，认为《周公》当时只作了《尔雅》文
本中的第一篇《释诂》，其余十八篇都是由孔子、子夏、叔孙通、梁
文等人增补的。在古代，东晋郭璞，宋陆佃，明黄以周，清邵晋涵、
王念孙、钱大昕、孙星衍、江藩、俞樾、夏味堂等人都赞成张揖的
观点。可以说，张揖这个说法是中国古代非常流行的观点。

第二种观点是孔子门人作《尔雅》。这个说法的最早提出人是汉
末郑玄③，他在《驳五经异义》中说："《尔雅》者，孔子门人所作，

---

① ［清］朱彝尊《经义考》卷二百八十引，中华书局，1998年，第1429页。
② ［唐］陆德明：《经典释文》，上海古籍出版社，2013年，第68页。
③ 一说是西汉扬雄最早提出。《西京杂记》卷三："《尔雅》……余（刘歆）尝以问
扬子云，子云曰：'孔子门徒游、夏之俦所记，以解释六艺者也。'"（吕壮译注：《西京杂记
译注》，上海三联书店，2018年，第145页）

以释《六艺》之文，盖不误也。"① 郑玄认为，孔子门人为了解释六经的内容，而作《尔雅》这部书。后来晋葛洪、南朝梁刘勰、唐贾公彦、宋高承等人认同这个说法。

第三种观点是秦汉时期的儒生编纂。这个说法的最早提出者是欧阳修，他在其《诗本义》中说：

> 《尔雅》非圣人之书，不能无失。考其文理，乃是秦汉之间学《诗》者纂集，说《诗》博士解诂之言尔。②

欧阳修否定了汉唐之际非常流行的、周公或孔子弟子作《尔雅》的观点。他根据《尔雅》的文章风格、思想内涵，认为《尔雅》不像是圣人所作，而是秦汉时期的儒生为了解读《诗经》，编撰了《尔雅》一书，以方便研读《诗经》。之后，宋叶梦得、郑樵，清姚际恒、崔述、四库馆臣等都认同这个说法。实际上，这个说法的提出与宋中期"疑经惑古"（怀疑经典、传记非圣贤所作，在当时是一种思想潮流）的风气息息相关。由于这个观点缺乏有力的证据，宋以后的很多学者都不赞同，但这个观点在近现代学术界倒是很流行。

除了以上三种在中国古代比较流行的观点之外，还有很多别的说法。比如有人说《尔雅》是战国中期到汉初的儒生陆续编成的，有人说是战国末期齐鲁儒生所编，有人说是秦汉初年儒生所编，有人说是汉武帝前后的学者所编，有人甚至认为是西汉末年刘歆伪作，等等，直到现在依旧没有一个统一的说法。

我们认为张揖的观点有一定的合理性，毕竟《尔雅》中所记载的内容，不止有西周早期的字词，还有西周晚期的字词，甚至还有

① 《毛诗正义》卷四之一《国风·王风·黍离》。
② ［宋］欧阳修：《诗本义》，上海商务印书馆，1935 年影印版，第 2 页。

春秋及战国时期的字词。这就表明，这部书不是一个人、一个时期内完成的，而是经历了很长时间、由很多人陆陆续续编撰完成。《尔雅》的成书过程应当和《诗经》《左传》《孝经》等经典的成书相似，应该有最初的创作者与最后的编订者，即整个成书过程分为原本和定本两个阶段。在原本和定本之间，肯定经过若干年、若干人的修订、补充，才最终成书，这种成书模式符合先秦古文献尤其是儒家经典成书的基本过程。就《尔雅》的情况来说，它的原本可能是由周公所作①或者是孔子弟子所作，然后经过了很多人（包括子夏、叔孙通等人）的增补、修订，最终在秦始皇时代完成了定本，汉代《尔雅》文本基本上就是秦博士叔孙通所传。

我们为什么会提出这样的观点呢？首先，这部书在汉代前期就

---

① 周公所作的可能性比较小，为什么呢？（1）必要性的问题。周公制礼作乐，马上作《尔雅》来解释礼乐制度显得不合理，何况《尔雅》所说的内容主要不是礼乐制度，还有很多与礼仪无关的鸟兽草木、山水丘陵之类的内容。（2）如果是周公作《尔雅》，这件事对儒家学派来说是件大事，正如孔子作《春秋》、删定《诗》《书》一样，肯定被春秋、战国时期儒家学派的学者们记载和宣扬，尤其是为汉代古文学家们所关注、记录（因为古文经学家推崇周公），作为古文经学家的代表郑玄更会这样做，但他没有这样做，反而提出了《尔雅》是孔子门人所作的观点。这反过来证明了周公作《尔雅》只不过是张揖的一种推测。（3）张揖提出周公作《尔雅》，否定了之前郑玄"孔子门人所作"的观点，这主要是由张揖所处的政治学术环境决定的。一方面，张揖所生活的曹魏时期，注重礼制，所以张揖提出周公制礼作乐，并作《尔雅》，以此来迎合统治者的需要，同时也为了抬高自己《广雅》的身价。另一方面，张揖所处的时代，王肃之学被立为官学，王学与郑学对立，所以作为与王肃同朝为官的张揖，提出《尔雅》为周公所作，自然可以避免因认同郑玄的观点而带来不必要的政治摩擦。（4）后代很多学者都认同张揖的观点，证据的基本来源就是张揖《上广雅表》与《西京杂记》，几乎没有其他更有力的证据，这就表明周公作《尔雅》很大程度上就是一种以讹传讹，当然也是古人出于对周公的崇敬使然。今人窦秀艳《中国雅学史》一书对这一点作了分析，值得参考。（窦秀艳：《中国雅学史》，齐鲁书社，2004年，第17页）（5）中国古代认同周公作《尔雅》的一般都是古文经学家，在他们看来，不只是《尔雅》是周公所作，六经也基本上都是周公所作，孔子只不过是整理、传述六经而已，所以，造成了周公作《尔雅》这个观点在中国古代大行其道。

已经存在而且相当有影响，汉文帝还将《尔雅》与《论语》《孝经》《孟子》一起立为传记博士。从这也可以看出，在汉文帝之前，《尔雅》和《论语》《孟子》《孝经》一样都是儒家经典，曾经广泛流传，而且影响很大，所以汉代初年的汉文帝将它们相提并论，并立为博士，供人们学习、研读。既然《尔雅》流传很广、影响很大，所以，它就不可能是战国末期、秦汉之际仓促形成，更不可能是汉代才形成的，它此前必然经历了一个长时间的过程，才广为人知。

其次，有学者根据《尔雅》中的很多词语出自战国中期成书的《尸子》，就认为《尔雅》在《尸子》之后成书，即在战国中后期以后形成。这种想法比较武断，因为《尔雅》原本在西周时期产生之后，经历了春秋、战国数百年的时间流传，在这个过程中，它不断地被后世学者补充、修订，吸收战国中期《尸子》中的字词自然是很正常的事情。《尔雅》不但吸收了《尸子》中的字词，还吸收了大量春秋、战国时期文献中的字词，比如《楚辞》《国语》《山海经》《管子》《穆天子传》《庄子》《列子》《吕氏春秋》等等，对此《四库全书总目提要》有较详细的分析，可供参考。

最后，《尔雅》定本最有可能形成于秦始皇时代。因为秦在统一全国之后，曾在统一货币、度量衡的同时，也针对"言语异声，文字异形"的情况，曾命令李斯、赵高、胡毋敬等人统一语言文字。于是三人曾经分别撰有《仓颉》《爰历》《博学》等字书来介绍、宣传秦的统一文字小篆。在统一了语言文字之后，秦代还做了整合东方六国文化的工作，以便统一思想，这项工作主要是由当时秦博士完成的。秦博士整合东方六国文化的一个重要体现，便是整理并重新解释儒家经典，毕竟春秋战国以来儒家学说一直是显学。秦博士整理并重新解释儒家经典，通过统一注解经典的形式来统一思想，这和唐代初年作《五经定本》与《五经正义》来统一思想的做法一样。秦博士整理并重新解释六经，这一点从秦灭亡后，秦博士伏生传《尚书》、张苍传《春秋》、叔孙通传《礼》等典型例子就可得到证明。

秦博士所整理的儒家经典中，《尔雅》作为研读儒家六经的基本工具书自然也是被整理的对象，目的还是统一人们对之前儒家六经与古代文化的理解，以服务于当时政治大一统局面。秦博士对《尔雅》的整理与解释，应当吸收了当时流行的各种版本，并做了统一的修订、补充工作，最终完成了《尔雅》的定本工作。根据曹魏张揖的记载，秦博士叔孙通曾经修补过《尔雅》，就说明了秦博士叔孙通曾经见到并整理过《尔雅》。秦灭亡后，汉代所传的《尔雅》，在很大程度上就是叔孙通所传。

总而言之，《尔雅》的原本产生于周公或孔子门人，而且这个原本有可能就是陆德明所说的《释诂》第一篇（因为《释诂》一篇中所解释的词语，从"开始"讲到"终结"，基本算是一个完整的部分，后人对这一部分尽管也有增加、修补，但主要还是集中在后十八篇），然后经历了春秋、战国长时期、若干学者的增订、修补，并最终在秦始皇时代得到统一的整理与修订，完成了最终定本，成为一部解释儒家六经的工具书。

（二）《尔雅》的性质

从现代的角度来看，《尔雅》是一部词汇类的综合性辞书，但是在古代，并非如此。毕竟，《尔雅》在西汉文帝时期，朝廷曾将它与《论语》《孝经》《孟子》一起立为"传记"博士。这就说明，它具有与其他经典一样重要的地位与意义，不是一般的工具书，而是经书。

这从历代《尔雅》的归类就可以看出：

朝代	编纂者	著述名	《尔雅》归类
西汉	刘歆	《七略》	孝经类
东汉	班固	《汉书·艺文志》	六艺略·孝经家
西晋	荀勖	《中经新簿》	甲部
南朝齐	王俭	《七志》	经典志
南朝梁	阮孝绪	《七录》	经典录
唐代	魏徵等	《隋书·经籍志》	经部·论语类
唐代	毋煚	《古今书录》	经录·诂训家
后晋	刘昫等	《旧唐书·经籍志》	甲部经录·诂训类
北宋	欧阳修等	《新唐书·艺文志》	甲部经录·小学类
北宋	王尧臣等	《崇文总目》	经部·小学类
南宋	郑樵	《通志·艺文略》	经类
南宋	晁公武	《郡斋读书志》	经部·小学类
南宋	陈振孙	《直斋书录解题》	经部·小学类
南宋	尤袤	《遂初堂书目》	经部·小学类
宋元	马端临	《文献通考·经籍考》	经部·小学类
元朝	脱脱等	《宋史·艺文志》	经类·小学类
清朝	张廷玉	《明史·艺文志》	经类·小学类
清朝	永瑢等	《四库全书总目》	经部·小学类·训诂

　　从上面的表格我们可以看出，《尔雅》从汉代到清代始终得到了学者们的关注，并被视为经部类文献。在西汉末年，刘歆在编纂《七略》的时候，他将《尔雅》附在《孝经》之后。由于《孝经》在当时已经与《论语》一样，被视为"七经"之一，所以，《尔雅》的经典地位可见一斑。在东汉时期，班固《汉书·艺文志》也是将《尔雅》附在《孝经》之后。唐代魏徵《隋书·经籍志》则将《尔雅》附在《论语》之后。可以说，在汉唐之际，学者一般都将《尔

雅》附在《论语》或《孝经》之后，而没有将《尔雅》作为"小学"类的文献。正是由于汉唐之际朝野上下都将《尔雅》视为经典，所以在初唐科举考试的时候，在规定"明经"科所要考试的经典内容中，除明确将《论语》《孝经》与《周易》《诗经》《尚书》与"三礼""三传"并列作为十一经，在唐文宗开成二年（837）又将《尔雅》立为经书。到了宋代，神宗时期又将《孟子》立为经书。这样一来，十三经就形成了。

　　纵向来看，从汉代开始，《尔雅》就始终被作为重要的经典，尤其是它与《论语》《孝经》一样被作为重要的传记类经书。所以，《尔雅》作为经典，是汉唐之际朝野上下的共识，而非一般的工具书。对此，东汉王充《论衡·是应》中就说道："《尔雅》之书，五经之训故。"郑玄在《驳五经异义》中就曾明确表示《尔雅》是解释六艺即六经的经典，"玄之闻也，《尔雅》者，孔子门人所作，以释六艺之旨，盖不误也"①。另外，西晋郭璞在《尔雅注·序》中也认为，《尔雅》这部书乃是了解古今语言、诸子百家、六经以及博物的必读经典：

　　　　夫《尔雅》者，所以通训诂之指归，叙诗人之兴咏，总绝代之离词，辨同实而殊号者也。诚九流之津涉，六艺之钤键，学览者之潭奥，摛翰者之华苑也。若乃可以博物不惑，多识于鸟兽草木之名者，莫近于《尔雅》。

　　郭璞非常推崇《尔雅》，他将这部书视为读书、学习的必读书，更视为了解六经的关键，所谓"六艺之钤键"。南朝刘勰《文心雕

---

　　① 《毛诗正义》卷四之一《国风·王风·黍离》。

龙·练字》中也说："夫《尔雅》者，孔徒之所纂，而《诗》《书》之襟带也。"① 清人戴震也在其《尔雅文字考序》中说道："古故训之书，其传者莫先于《尔雅》，六艺之赖是以明也。"② 从《尔雅》的内容及价值来看，的确也体现了这一性质。《尔雅》主要是通过词汇分类来解释经典的著作，这对于传承圣人之道而言，有重要的意义。它与《论语》《孝经》《孟子》传承圣人之道的意义是一样的。只不过，前者是以词汇为主，后者是以圣人的概念、范畴、思想体系为主。两类文献殊途同归，故都可视为儒家经典的"传记"之作。

正是由于《尔雅》是传承儒家经典关键字词的工具书，所以得到了学者的高度关注。四库馆臣说《尔雅》"释《五经》者不及十之三四"，但实际上并非如此。毕竟，先秦时期儒家经典的传承，包括《尔雅》自身的传承、定稿，都有很多的不确定性，所以如果仅凭现在的六经传本与《尔雅》来对照解释，自然不符合当时的客观事实。在古代，《尔雅》与六经之间，关系非常紧密，不可分割，它是研习《六经》的入门之书。对此，正如钱大昕所说："欲穷《六经》之旨，必自《尔雅》始。"③

清朝以后，虽然《尔雅》失去了"经"的地位，但是它依然是我们了解"六经"甚至是其他先秦典籍的重要工具书。比如我们在研习《左传》《国语》《庄子》《吕氏春秋》等先秦诸子之书的时候，依然需要它。晋人郭璞评价《尔雅》时说它为"九流之津涉、六艺之钤键"（《尔雅序》）。隋唐经学家陆德明在其《经典释文·序录》

---

① ［南朝梁］刘勰著，［清］黄叔琳注：《文心雕龙》，上海古籍出版社，2015 年，第 226 页。

② ［清］戴震著，汤志钧校点：《戴震集》，上海古籍出版社，1980 年，第 51 页。

③ ［清］钱大昕：《潜研堂集》，上海古籍出版社，1989 年，第 605 页。

中也曾这样说道：

> 《尔雅》者，所以训释五经，辨章同异，实九流之通路，百氏
> 之指南，多识鸟兽草木之名，博览而不惑者也。尔，近也；雅，正
> 也。言可近而取正也。①

在陆德明看来，《尔雅》不仅是"训释五经"的重要经典，更是解读诸子百家、辨章学术异同的重要经典。同样，宋人林光朝在其《艾轩诗说》中也将《尔雅》看成是解释六经及诸子百家的经典之作：

> 《尔雅》，六籍之户牖，学者之要津也。古人之学，必先通《尔雅》，则六籍百家之言，皆可以类求。及散裂《尔雅》而投诸笺注，说随意迁，文从意变，说或拘泥，则文亦牵合。学者始以训诂之学为不足学，不知《释诂》《释言》《释训》亦犹《诗》之有六义，小学之有六书也。②

林光朝认为，《尔雅》不仅是解释六经的必备经典，更是理解"百家之言"的门径，只有根据《尔雅》的解释才能真正确凿地把握六经、百家之言，否则会陷入随意解释、牵强附会的境地。

总之，《尔雅》在中国古代一直被作为儒家经典来看，它与《论语》《孝经》《孟子》一般，都是传承圣人之道的经典之作，在古代士大夫们著书立言时都有着指导性的作用，而非一般工具书。不仅如此，在古代很多学者看来，《尔雅》不仅是了解儒家经典的必备经典，更是解读诸子百家之学的门径所在。尽管清朝以后《尔雅》失

---

① [唐] 陆德明：《经典释文》，上海古籍出版社，2013年，第68页。
② 《黄侃论学杂著》，上海古籍出版社，1980年，第363页。

去了经书的地位，但它依然是我们了解六经以及先秦诸子百家之作的必备工具书。

二、《尔雅》内容与类别

就《尔雅》内容来说，《汉书·艺文志》曾记载，《尔雅》三卷二十篇，包括一篇《序》。这篇《序》在唐、宋时期亡佚，所以今天的《尔雅》文本只有十九篇了。这十九篇分别是《释诂》《释言》《释训》《释亲》《释宫》《释器》《释乐》《释天》《释地》《释丘》《释山》《释水》《释草》《释木》《释虫》《释鱼》《释鸟》《释兽》《释畜》。这十九篇相当于十九类，每一类为一篇。

《尔雅》全书笼统地可以分为两大部分：第一部分是前三篇，即《释诂》《释言》《释训》，它们是解释一般字词的，相当于一般字、词典；第二部分，从第四篇《释亲》开始到第十九篇《释畜》，这十六篇都是按照亲属、建筑、器物、天文、地理、山川、植物、动物等类别进行解释的，相当于我们今天的百科知识辞典。《尔雅》十九篇，根据内容可以细分为五大类。

（一）普通字词类

这一类主要是《尔雅》前三篇：《释诂》《释言》《释训》，它们是解释古文献中普通字词的，其中《释诂》《释言》都是解释单音字的，而《释训》则是解释叠音词、联绵词的。

《释诂》（第一篇），解释的主要是单个的字、词。解释的方法，就是将古代若干个字、词汇集在一起，然后用一个当时常用的字词来解释它们。如开篇第一条解释是：

　　初、哉、首、基、肇、祖、元、胎、俶、落、权舆，始也。
（《释诂上》）

　　具体来说，"初"是裁剪衣服的第一刀；"哉"通"才"，表示草木开始生长；"首"是人的头；"基"是筑墙的基础，打地基，如奠基；"肇"通"肇"或"肁"，是开门的意思；"祖"是人类的开始，如祖先；"元"即"首"，是人体的开始；"胎"是生命的开始；"俶"是动作的开始；"落"是指树木叶子坠落的开始；"权舆"是植物生长的开始，这些字词都有"开始"的意思。

　　《释言》（第二篇），解释的也主要是单字，不过在解释方式上，它比《释诂》中被解释的字少很多，一般都是二对一或一对一的形式。比如"贸、贾，市也"，意思是贸（交易、交换）、贾（做买卖）两个词都有进行买卖的意思，如我们常说贸易、外贸、富商大贾、行商坐贾。又如"履，礼也"，意思是履（仪礼）一词有礼仪的意思，《周易》中有"履"卦，就是希望人们遵守礼仪。又如"献，圣也"，意思是献有圣贤的意思，古代常说的文献，其中文是经典，献就是指有德行、有才能的人。"弥，终也"，意思是弥（终极，我们常说弥留之际）有终结的意思。

　　《释训》（第三篇），解释的多为叠音词或联绵词，它们大多来自《诗经》。比如"明明、斤斤，察也"，意思是，明明、斤斤都有详察的意思。又如"丕丕、简简，大也"，意思是，丕丕、简简都有极大的意思。又如"婆娑，舞也"，意思是，婆娑是翩翩起舞的样子，我们现在还说"婆娑起舞"。

（二）亲属宗法类

　　主要是指《释亲》（第四篇），这一篇解释的是古代亲属之间的称谓，还涉及古代的家族宗法制度。它将亲属关系分为宗族（其实就是父党，本篇中就有"父之党为宗族"的说法）、母党、妻党、婚姻四部分。

（1）宗族部分，对父系这一支，上下一共十二代都有介绍。如"父为考，母为妣"，即父母去世后，父亲称为考，母亲称为妣。又如：

> 父之考为王父，父之妣为王母。王父之考为曾祖王父，王父之妣为曾祖王母。曾祖王父之考为高祖王父，曾祖王父之妣为高祖王母。……子之子为孙，孙之子为曾孙，曾孙之子为玄孙，玄孙之子为来孙，来孙之子为晜孙，晜孙之子为仍孙，仍孙之子为云孙。

一家十二代，即高祖王父、曾祖王父、王父、父、子、孙、曾孙、玄孙、来孙、晜孙、仍孙、云孙。上从高祖王父下到云孙，都有相应的称谓，古人在祭祀祖先的时候经常用到这些称谓，毕竟古代聚族而居、累世同居是社会主要构成方式，家族祭祀是每一年的重要大事，如何称呼后代，在这里对高祖王父以下十二代的称谓都说得很清楚了。

（2）母党部分，从外曾祖父到姑、姨表兄弟都有介绍。如"母之考为外王父，母之妣为外王母。母之考为外曾王父，母之王妣为外曾王母"，等等。这里的"外"是相对"父党"的内而言的，可以看出当时是以父权为核心的。

（3）妻党部分，从岳父母到外孙都有介绍。比如现在男女结婚之后，男子称女子父母为老丈人、岳父和丈母娘、岳母，而在古代不是这样称呼的，"妻之父为外舅，妻之母为外姑"，即称其为外舅、外姑。又如"女子谓兄之妻为嫂，弟之妻为妇"，意思是说女子称兄长的妻子为嫂，称弟弟的妻子为弟妇，现代称弟媳，等等。

（4）婚姻部分，从公婆到儿媳、女婿都有介绍。如"子之妻为妇，长妇为嫡妇，众妇为庶妇"，意思是说，儿子的妻子称为妇，正妻称为嫡妇，妾称为庶妇，等等。

（三）建筑器物类

此部分内容包括《释宫》《释器》《释乐》三篇，主要是对建筑和器皿的解释。

《释宫》（第五篇），主要是对宫室建筑、道路、桥梁等土木工程的解释。比如"宫谓之室，室谓之宫"，意思是宫称为室，室称为宫。在秦以前，无论贫贱，住宅都称为宫或室，其中宫是房屋的通称，而室是房屋、住宅的意思，而秦以后宫成为皇帝住所专用名词。又如古代道路非常复杂，四通八达，比如：

> 一达谓之道路，二达谓之歧旁，三达谓之剧旁，四达谓之衢，五达谓之康，六达谓之庄，七达谓之剧骖，八达谓之崇期，九达谓之逵。

意思是说，通往一个方向的路称为道路，通往两个方向的路称为歧旁，通往三个方向的路称为剧旁，通往四个方向的路称为衢，通往五个方向的路称为康，通往六个方向的路称为庄，通往七个方向的路称为剧骖，通往八个方向的路称为崇期，通往九个方向的路称为逵，等等。古代常说武汉是"九省通衢"，极言其交通便利。

《释器》（第六篇），主要是对日常器皿、器物、服饰、饮食等方面的解释。比如古人渔猎生活比较发达，所以有很多罗网，这些罗网的称谓也很奇特，如"鸟罟谓之罗，兔罟谓之罝，麋罟谓之罞，麀罟谓之罿，鱼罟谓之罛，繴谓之罿。罿，罬也，罬谓之罦，罦，覆车也"。意思是说，捕捉鸟类的网称为罗，捕捉兔子的网称为罝，捕捉麋鹿的网叫罞，捕捉野猪的网叫罿，捕捉鱼的网叫罛。带有机关的捕捉鸟类的网（繴）称为罿，罿就是罬也，罬称为罦，罦就是覆盖着网的车。

《释乐》（第七篇），解释的主要是乐器之类。比如"大钟谓之镛，其中谓之剽，小者谓之栈"，"和乐谓之节"，等等。

（四）天文地理类

有《释天》《释地》《释丘》《释山》《释水》五篇。

《释天》（第八篇），主要是对天文、历法、气象、祭祀等方面的字词作出解释。它又将这些细分为四时、祥、灾、岁阳、岁名、月阳、月名、风雨、星名、祭名、讲武、旌旗十二小类。如古人对天有各种称谓，"春为苍天，夏为昊天，秋为旻天，冬为上天"；又如古人对十二个月也有不同的名称，"正月为陬，二月为如，三月为寎，四月为余，五月为皋，六月为且，七月为相，八月为壮，九月为玄，十月为阳，十一月为辜，十二月为涂"。

古人祭祀有很多的名目，比如"春祭曰祠，夏祭曰礿，秋祭曰尝，冬祭曰烝"，又如"祭天曰燔柴，祭地曰瘗薶，祭山曰庪县，祭川曰浮沉，祭星曰布，祭风曰磔"，意思是说，用焚烧祭品来祭天称为燔柴，把祭品埋在地下来祭地称为瘗薶，把祭品放在或悬挂在山上来祭山称为庪县，把祭品投入水中来祭江河称为浮沉，把祭品撒落在地上来祭天上的星辰称为布，把牺牲（猪牛羊等）宰杀、割裂来祭风称为磔。又如古人经常打猎（其实和军事演习有关系），季节不同，打猎称谓也不同，"春猎为蒐，夏猎为苗，秋猎为狝，冬猎为狩"。在先秦时期，经常强调"国之大事，在祀与戎"，《尔雅》的这篇记载就充分体现了古人对祭祀、战争的重视。

《释地》（第九篇），主要是对地理区划作出解释，其中又分为九州、十薮、八陵、九府、五方、野、四极七个小类。中国古代的九州起源非常早，大体是根据当时的江河为界限进行划分的，如"两河间曰冀州，河南曰豫州，河西曰雍州，汉南曰荆州，江南曰扬州，济、河间曰兖州，济东曰徐州，燕曰幽州，齐曰营州"。意思是说，古代黄河的东西两端南北流向的河道之间称为冀州，黄河以南称为豫州，黄河以西称为雍州，汉水以南称为荆州，长江以南称为扬州，济水和黄河之间称为兖州，济水以东称为徐州，燕国所在地称为幽州，齐国所在地称为营州。又如先秦各种地形、地貌也都有不同的称谓，如"下湿曰隰，大野曰平，广平曰野，高平曰陆，大陆曰阜，大阜曰陵，大陵曰阿"，意思是说，低湿之地称为隰，广大的原野称为平，广平的地称为原，又高又平之地称为陆，大陆称为阜，大土山称为陵，大陵称为阿。

《释丘》（第十篇），主要是对丘陵和高地作出解释。如同样是小土山的丘陵，地形不同就有很多种不同的说法，如："左高，咸丘。右高，临丘。前高，旄丘。后高，陵丘。偏高，阿丘。宛中，宛丘。丘背有丘为负丘。左泽，定丘。右陵，泰丘。如亩，亩丘。"意思是说，左高右低的土山称为咸丘。左低右高的土山称为临丘。前高后低的土山称为旄丘。前低后高的土山称为陵丘。一边偏高的土山称为阿丘。四周高中间低的土山称为宛丘。土山背上还有一个土山称为负丘。左边有湖泽的土山称为定丘。右边有大山的土山称为泰丘。像田垄一样的土山称为亩丘，等等。

《释山》（第十一篇），主要是解释山脉。如我们常说的五岳，

"泰山为东岳，华山为西岳，霍山为南岳，恒山为北岳，嵩山为中岳"，其中霍山一说是衡山（在今湖南南部）。

《释水》（第十二篇），主要是解释关于水的各种名称。它又细分为水泉、水中、河曲、九河四小类。如"江、河、淮、济为四渎。四渎者，发源注海者也"，意思是说，长江、黄河、淮河、济水称为四渎。所谓四渎，就是四条从发源地一直流入大海的河流。

（五）植物动物类

包括《释草》《释木》《释虫》《释鱼》《释鸟》《释兽》《释畜》七篇。

《释草》（第十三篇），主要解释各种草本植物的名称及其形状特征。如"荼，苦菜"，"粢，稷"，意思是粢（去壳后的小米），称为稷。"卉，草"，意思是卉是草的总称。"木谓之华，草谓之荣。不（此'不'字为衍文，《经典释文》称：众家并无'不'字，阮校：当从众家无'不'字）荣而实者谓之秀，荣而不实者谓之英"，意思是说，树木的花称为华，百草的花称为荣，开花而又结果的称为秀，只开花不结果的称为英。现在很多人的名都用这些字。

《释木》（第十四篇），解释木本植物的名称及其形状特征。比如"棋，木瓜"。《释木》还告诉我们吃水果需要注意的事项，如"瓜曰华之，桃曰胆之，枣、李曰疐之，樝、梨曰钻之"，意思是说，瓜要从当中剖开，桃子要擦掉皮上的毛，枣子、李子要去掉蒂（和根茎连接的部分，我们常说瓜熟蒂落、根深蒂固），山楂、梨子要看有没有虫孔，等等。

《释虫》（第十五篇），解释昆虫的名称及其生活习性。如"蚍蜉，大螘，小者螘"，意思是，蚍蜉指的是大蚂蚁，小的蚂蚁叫螘。

又如"有足谓之虫，无足谓之豸"，等等。

《释鱼》（第十六篇），关于水生动物及其形体、特征、习性等的解释。如"鳖三足，能；龟三足，贲"，鳖就是我们常说的甲鱼、王八。又如"鲵，大者谓之鰕"，鲵，俗称娃娃鱼，大的娃娃鱼称为鰕，等等。

《释鸟》（第十七篇），解释飞禽鸟类及其形体、习性。如"鶠，凤，其雌皇"，意思是说鶠是传说中的鸟王，称为凤。雌的凤称为皇（凰）。又如蝙蝠的名称出现也很早，"蝙蝠，服翼"。又如"二足而羽谓之禽，四足而毛谓之兽"，两条腿有羽毛的是飞禽，四条腿有皮毛的是野兽。

《释兽》（第十八篇），解释各种兽类名称及其习性，其中又分为寓属、鼠属、齸属和须属四类。《释兽》篇中记载了很多种鼠，如"鼢鼠（田间地老鼠）、鼸鼠（田鼠的一种）、鼷鼠（鼠类最小的一种，有毒）、鼶鼠（大的田鼠）、鼬鼠（即黄鼠狼）、鼩鼠（小地鼠，喜欢吃植物种子和虫子）、鼭鼠（鼠类的一种）、鼣鼠（一种叫声像狗一样的老鼠）、鼫鼠（大老鼠，头大的像兔子一般）、鼨鼠（身上有斑纹的老鼠）、鼤鼠（一种鼠类）、豹文鼮鼠（一种有豹子斑纹的小老鼠）、鼯鼠（在树上生活的鼠类，即松鼠）"。其中"鼮鼠"还有一段掌故。据《太平御览》记载，东汉初年的窦攸[①]，精通《尔雅》之学，举孝廉做了郎官。汉光武帝刘秀在灵台召集百官，这个时候有人逮住了一只老鼠，身上有豹子斑纹，还很有光泽。光武帝就很奇怪，问群臣这是什么东西，当时没有人能回答出来。只有窦攸站出来回答道："它叫鼮鼠。"光武帝说，你有什么根据说它是鼮鼠？

---

① 郭璞、邢昺等人认为窦攸是汉武帝时期的孝廉郎终军，翻检史书似不确。

窦攸说："《尔雅》上是这么记载的。"光武帝于是就命人查阅《尔雅》，果然和窦攸说的一样，于是皇帝就赐给窦攸百匹绢，并下诏书命令诸侯贵族子弟跟随窦攸学习《尔雅》。这样一来，《尔雅》得到了当时更多人的重视。

《释畜》（第十九篇），解释各种家畜名称及其习性特征，又细分为马属、牛属、羊属、狗属、鸡属和六畜六小类。如各种牛类，"犘牛（一种重千斤左右的牛）、犦牛（一种颈部肉隆起的野牛）、犤牛（南方一种脚很短的牛）、犩牛（西南山区的一种体重数千斤的牛）、犣牛（腿上有长毛的牛）、犝牛（没有角的小牛）、犑牛（具体不详，古人也不知道）"。

以上《尔雅》共十九篇，根据内容分为五个大类，共有上千个条目，内容涉及天文地理、日常生活、鸟兽草木等各个方面，可以说是解释上古人文科学、自然科学的重要词典，对我们了解上古时期的字词、文化有重要的价值。

三、《尔雅》与中华传统文化

《尔雅》作为解释儒家六经的工具书，对中国古代经学的发展起了重要的作用。除了解释儒家六经，宣扬儒家思想之外，它还收录了先秦时期有关天文地理、人文社会、自然科学等多个方面的字词，这为我们了解古代社会文化、自然科学提供了非常丰富的资料。

（一）《尔雅》与六经之学

《尔雅》在中国古代一直被看成是解释《诗经》《尚书》等儒家六经的入门书，如南朝梁刘勰《文心雕龙》就说《尔雅》是"《诗》

《书》之襟带"①，唐陆德明《经典释文·序录》也认为："《尔雅》者，所以训释《五经》，辨章同异。"宋人林光朝也说："《尔雅》，六籍之户牖，学者之要津。"② 清代钱大昕说："夫六经皆以明道，未有不通训诂而能知道者。欲穷六经之旨，必自《尔雅》始。"③ 也正因为《尔雅》是研读儒家六经的必读书，所以《汉书·艺文志》就将它放在《孝经》类中，《隋书·经籍志》将它放在《论语》类中，这实际上已经等于把《尔雅》列为经书之一。唐文宗开成年间，雕刻儒家石经的时候，《尔雅》与《诗经》《尚书》等儒家经典一起被刻在石头上，正式成为儒家的经典之一。之后的历朝历代各种文献目录一般都将《尔雅》放在"经部·小学类"内，因为古人把小学（文字、音韵、训诂之学称为小学）看成是研读经书的必经阶段。

　　《尔雅》是如何解释儒家六经的呢？比如《诗经·卫风·氓》："氓之蚩蚩，抱布贸丝。"《尔雅·释言》解释说："贸、贾，市也。"又如《尚书·舜典》："二十有八载，帝乃殂落。百姓如丧考妣。"《尔雅·释诂》："崩、薨、无禄、卒、徂（通'殂'）、落、殪，死也。"《尔雅·释亲》："父为考，母为妣。"又如《周易·需卦》："有不速之客，三人来，敬之终吉。"《尔雅·释言》："速，征；征，召也。"又如《礼记·曲礼》："孝子不服暗，不登危，惧辱亲也。"《尔雅·释诂》："绩、绪、采、业、服、宜、公，事也。"

　　总而言之，由于《尔雅》对理解、解释儒家六经有重要的意义，所以它由一般解释字词的工具书或启蒙书升格为经书。正如四库馆

---

① ［南朝梁］刘勰著，［清］黄叔琳注：《文心雕龙》，上海古籍出版社，2015年，第226页。

② 《黄侃论学杂著》，上海古籍出版社，1980年，第363页。

③ ［清］钱大昕：《潜研堂集》，上海古籍出版社，1989年，第605页。

臣所说"说经之家，多资（《尔雅》）以证古义，故从其所重，列之经部耳"①，意思是说，古代的经学家一般都是通过《尔雅》来了解六经中的义理与思想，正是因为它重要，所以将它纳入经典。《尔雅》作为十三经之一，是古人的必读之书，无论对学者的知识积累还是思想教化都有重要的意义。

　　但实际上，《尔雅》并不完全是解释《诗经》《尚书》等儒家六经的，这些解释的内容在《尔雅》中只占一部分，如《四库全书总目提要》就说《尔雅》"释《诗》者不及十分之一，非专为《诗》作"，"释《五经》者不及十之三四，更非专为《五经》而作。今观其书，大抵采诸书训诂名物之异同，以广见闻，实自为一书，不附经义"②。《尔雅》除了解释《诗经》《尚书》等五经之外，还有大量解释其他先秦典籍词汇的内容，所以就此而言，《尔雅》也是解读先秦其他古文献的重要工具书。正如徐芹庭先生所言："夫《尔雅》者，六经训诂之钤键，群籍辞义之指归也。先儒传经、诠释义理，莫不取资于此。"③

―――――――――

① 《四库全书总目提要》卷四十《尔雅注疏》提要。

② 实际上，这种说法并不完全正确。如果《尔雅》成书于秦始皇时代这一说法成立的话，那么《尔雅》其实就是解释先秦儒家六经的工具书，因为秦始皇时代的六经和秦以后的六经有很大的不同。秦代的六经经历了"焚书坑儒"、秦汉之际的战乱，包括项羽焚烧秦皇宫（有可能宫廷藏书馆也被烧），六经原本已经被焚烧或失传，等到汉武帝立六经博士的时候，这个时期的六经已经残缺不全了，更不是秦以前的六经了。即使古文经书陆陆续续地出现，但这也并不是先秦六经的全部。比如说《尚书》原本一百篇左右，汉代今文《尚书》只有29篇，古文《尚书》也只有58篇，离原本差很远。秦代《仪礼》不知有多少篇，但古文《仪礼》有56篇，而今文《仪礼》却只剩下17篇，等等。所以，四库馆臣说《尔雅》解释六经的只有十之三四，那是他们根据秦以后流传的、残缺不全的五经得出的结论，而不是秦代以前的六经。反过来说，《尔雅》其实就是专门解释秦代以前六经的，是六经的必备工具书。之所以《尔雅》中有那么多内容在秦以后六经中没有对应的经文，那是因为真的六经已经失传了或残缺不全了。

③ 徐芹庭：《汉易阐微》，中国书店，2010年，第90页。

（二）《尔雅》与先秦语言文字学

《尔雅》是我国第一部词典，全书所收集的字词有四千三百多个，收集、保存了先秦时期很多的古字词与方言，为我们研究先秦语言文字提供了丰富的资料。比如同样表示"大"的意思，词语很多：

> 弘、廓、宏、溥、介、纯、夏、帆、庬、坟、嘏、丕、奕、洪、诞、戎、骏、假、京、硕、濯、訏、宇、穹、壬、路、淫、甫、景、废、壮、冢、简、箌、昄、晊、将、业、席，大也。（《释诂》）

这一段所收录的词汇中，弘是容量广大；廓是宽大；宏是房屋宽敞广大；溥是水大；介是体积大；纯是厚大；夏是屋子很大；帆是覆盖面大；庬是石头很大；坟是大土堆；嘏是远大；丕是宏大；奕是盛大；洪是水大；诞是说大话；戎是扩大；骏是高大的良马；假通"嘏"，是远大；京是人工堆起来的高大山丘；硕是体积很大；濯是水很大；訏是广大；宇是房屋内空间广大；穹是高大；壬通"妊"，是肚子大；路是大，古代常用路车表示皇帝坐的车子；淫是雨下得很大、很久；甫是男子的美称，美和大的意思相近，所以引申为大；景本义指日光，引申为光大；废是大；壮是人体高大；冢是高大的坟墓；简通"桐"，是木头很大，引申为大；箌，本来作"菿"，是草长得很旺盛；昄，是阳光很足；晊，又作"至"，也是大的意思；将通"壮"，是壮大；业是古代撞钟用的大木板；席本作"蓆"，有宽大的意思。这些词汇都有大的意思。

又比如同样表示忧伤、忧愁，也有很多词语："殷殷、惸惸、忉忉、博博、钦钦、京京、忡忡、慅慅、恔恔、弈弈，忧也。"（《释训》）殷殷是忧伤的样子，惸惸是忧虑的样子，忉忉是忧心思念的样子，愽愽是忧劳不安的样子，钦钦是忧思难忘的样子，京京是忧虑难以停止的样子，忡忡是忧虑不安的样子，惙惙是忧思不停的样子，恙恙是满怀忧愁的样子，弈弈是忧愁、心神不安的样子，这些词汇都表示忧愁、不安的状态。看来生存焦虑自古以来就有，而且很严重，这里为我们展示了古人焦虑的各种状态。

　　另外，在《尔雅》中，还收录了其他各种类型的词，比如有关自然现象、山川地理、肢体器官、亲属称谓、礼器音乐、鸟兽草木、服饰器具、动作行为，等等。这说明我国先秦时期语言文字就已经相当成熟，拥有了丰富多彩的表达方式，正因为如此，《尔雅》在中国古代就受到了经学家等学者的关注和重视，这对我们今天理解、研究先秦语言文字的发展，也有重要的学术价值。

　　（三）《尔雅》与上古历史文化

　　《尔雅》保存了先秦时期大量有关天文、地理、建筑、物理、化学、音乐、社会、生活、宗法、伦理等各方面的原始材料，对我们了解先秦时期的社会文化有重要的帮助作用。

　　就古代的家族宗法制度来说。《尔雅》为我们叙述了当时的家庭结构，罗列了从上而下一共十二代的家庭成员，即高祖王父、曾祖王父、王父、父、子、孙、曾孙、玄孙、来孙、晜孙、仍孙、云孙。这种家庭结构体现了尊卑有别、长幼有序、等级分明的特点。《尔雅》还以父权为核心，根据亲疏远近、辈分高低，将亲属分为父党、母党、妻党和婚姻四大类，这基本上体现了上古时期以父权为核心的宗法制度。另外古人还非常注重嫡庶之间的分别，因为这关系到了古代权利的继承与分配。如《释亲》中说："子之妻为妇。长妇为嫡妇，众妇为庶妇。"意思是说，儿子的妻子称为妇。正妻称为嫡妇，妾称为庶妇。又说："父之妾为庶母。"这里的庶妇、庶母，与嫡妇、嫡母相对，在宗法制度里表示家庭的旁支，如果按照"春秋笔法"，这明显就表示了她们的辅助角色，而不具有主导地位。又如古代的庶子或庶出（都指妾生的儿子），庶母或庶室（都是正妻以外的妾），庶姓或庶族（古代称与帝王没有亲属关系的异姓诸侯），等等，他们都无权无势，必须服从以嫡长子为核心的父权家长制的权力，这在一定程度上保证了嫡长子作为家族继承人的合法权益。如果是王族的话，就保证了王权的合法利益。

就古人的饮食文化而言。《尔雅》记载了先秦时期各种肉类、酱类食品的制作和特征，"肉谓之羹，鱼谓之鲜，肉谓之醢，有骨者谓之臡"（《释器》），意思是说，有肉又有汤的叫羹，用鱼做的酱称为鲜，肉酱称为醢，有骨头的肉酱称为臡。孔子就特别喜欢吃肉酱，但自从子路被剁成肉酱后，他再也不吃肉酱了。又如古人对食物特征也有很多详细的描述："饙谓之餱，食饐谓之餲，抟者谓之糷，米者谓之糪，肉谓之败，鱼谓之馁"，意思是说，食物变臭称为餱，食物变馊称为餲，煮得太烂而黏在一起的饭称为糷，煮得夹生的饭称为糪，肉类变质称为败，鱼类变臭称为馁。《论语·乡党》中曾记载孔子的饮食习惯，说孔子："食饐而餲，鱼馁而肉败，不食。"意思是说，食物变馊了、肉类变质了、鱼类变臭了，孔子都不吃，可见古人饮食非常注重品质与卫生。

就上古时期的乐器种类与特征而言。中国先秦时期礼乐文明盛行，乐是礼制不可分割的重要组成部分，礼乐常常相提并论，以服务于当时的社会政治教化。《尔雅》记载了当时各种乐器，比如："大瑟（拨弦乐器，像古琴）谓之洒。大琴（二十弦的大琴）谓之离。大鼓（八尺大的双面军鼓）谓之鼖，小者谓之应。大磬（玉石制作的敲击乐器）谓之馨。大笙（一种管乐器）谓之巢，小者谓之和。大簴（一种竹管乐器）谓之沂。大埙（土制乐器）谓之嘂。大钟谓之镛，其中谓之剽，小者谓之栈。大箫谓之言，小者谓之筊。大管（竹管乐器）谓之簥，其中谓之篞，小者谓之篎。大篪（管乐器，像笛子）谓之产，其中谓之仲，小者谓之䈁。"（《释乐》）从这各式各样乐器名称的记载，我们可以看出先秦时期音乐或者说礼乐文明是多么发达。

就上古时期的手工制造业而言。《尔雅》记载，"金谓之镂，木谓之刻，骨谓之切，象谓之磋，玉谓之琢，石谓之磨"（《释器》），意思是说，雕刻金属器物称为镂，雕刻木器称为刻，骨器加工称为切，象牙加工称为磋，玉器加工称为琢，石器加工称为磨。这六种工艺分别为针对不同材质器物的制作方法，由此可见当时工艺技术之发达。我们现在还常说"切磋""琢磨"之类的话。

就先秦时期的地理学而言。《尔雅》除了记载九州的分布，还记载各州的土特产。如《释地》中提到的"九府"，就是九州所拥有的各种珍宝财物或者说土特产，其中说：

> 东方之美者，有医无闾之珣玗琪焉；东南之美者，有会稽之竹箭焉；南方之美者，有梁山之犀象焉；西南之美者，有华山之金石焉；西方之美者，有霍山之多珠玉焉；西北之美者，有昆仑虚之璆琳琅玕焉；北方之美者，有幽都之筋角焉；东北之美者，有斥山之文皮焉；中有岱岳，与其五谷鱼盐生焉。

这段话的意思是说：东方的宝物，有医无闾山（在今辽宁，以产玉石闻名）的美玉珣玗琪。东南的宝物，有会稽山（山名，在今浙江）的箭竹。南方的宝物，有衡山（在今湖南，即南岳）的犀牛角和象牙。西南的宝物，有华山（在今陕西，即西岳）的黄金玉石。西方的宝物，有霍山（在今山西）的多种精美玉石。西北的宝物，有昆仑山（在今青海）下的美玉和宝石。北方的宝物，有幽都山（在今河北）的牛羊筋角。东北的宝物，有斥山（在今山东）带花纹的兽皮。中部有泰山（在今山东），那里盛产五谷和鱼盐。在中国古代文献中，一向特别注重记载各地物产，比如《尚书·禹贡》《山海经》《淮南子·地形训》《周礼·夏官司马·职方氏》等都是如此。这些记载和上古以来所形成的纳贡制度有直接的关系，即每一年各地诸侯都要将本地的特产向周天子进贡。周天子为了掌管各地进贡的宝贝和土特产，专门设立"九府"来管理，张守节《史记正义》中说："周有大府、玉府、内府、外府、泉府、天府、职内、职金、职币，皆掌财币之官，故云九府也。"（《史记·货殖列传》）后来，受周代影响，中国历代政府都有专门机构管理贡品，如少府、太府、内务府等等。

（四）《尔雅》与古代生物学

《尔雅》汇集了大量有关古代动物、植物方面的记载，这为我们今天的生物学研究提供了丰富的资料。比如《释兽》中记载了大熊猫的情况，其中说："貘，白豹。"貘其实就是大熊猫，郭璞在《尔雅注》中作了进一步解释，他说：

> 似熊，小头庳脚，黑白驳。能舐食铜铁及竹骨。骨节强直，中实少髓，皮辟湿。或曰豹白色者别名貘。

大体意思是说，这种动物看起来像狗熊，头很小，脚很短，皮毛黑白相间。能够吃铜铁和竹子的主干。它的肢体非常强健，很结实，毛皮能够避免淋湿。这其实就是我们今天所说的大熊猫。

《尔雅》还记载了各地很多怪异的动物，如《释地》中记载说："东方有比目鱼焉，不比不行，其名谓之鲽。南方有比翼鸟焉，不比不飞，其名谓之鹣鹣。西方有比肩兽焉，与邛邛岠虚比，为邛邛岠虚啮甘草，即有难，邛邛岠虚负而走，其名谓之蟨。北方有比肩民焉，迭食而迭望。中有枳首蛇焉。此四方中国之异气也。"意思是说：东方有比目鱼，不两两挨着就不能游动，它的名字称为鲽。南方有比翼鸟，不两两挨着就不能飞行，它的名字称为鹣鹣。西方有比肩兽，和邛邛岠虚两两挨着，为邛邛岠虚咬甘草吃，如果发生灾难，邛邛岠虚就背着它逃跑，它的名字称为蟨（传说蟨这种野兽前腿短而后腿长，不善于奔跑，但善于觅食；相反，邛邛岠虚这种野兽，前腿长后腿短，不善于觅食，但善于奔跑；于是，蟨和邛邛岠虚就相互依存，各取所长，一起生活。生物学上将这种相互依存的现象，称为"共生"）。北方有比肩民，轮流吃饭，轮流观望警戒。中部有两头蛇。这些都是四方中国的异常生物。这些异常生物，不止在古代有，现在也有，它们多是一些罕见的生物物种（自然少见多怪），或者是畸形怪胎（《山海经》中记载了很多这样的生物），还有可能就是古代人以讹传讹或者刻意神化，比如历史文献记载说，伏羲是人首蛇身，虞舜每个眼睛里面有两个瞳仁，梁武帝天生手上就有个武字，隋文帝身上有三个乳头，等等。

总的来说，在《尔雅》之中，记载了大量的生物物种，很多都与古代农业文明息息相关，这在一定程度上也反映了中国古代农业文明的发达。不仅如此，《尔雅》还有详细的分类，这对后代生物学分类也很有价值。比如将植物分为草和木两大类，草类植物有一百九十多种，木类植物有七十多种，很多植物分类被古代药物学家所采用。将动物分为鸟、兽、虫、鱼四大类，一共有三百多种，在这四类的下面，还有更细的分类，比如兽类里面又有虎、熊、鹿、猩猩、马、牛、羊、犬等，这和我们今天所用的纲目属种分类法非常相似，可见先秦生物学理论已经很发达了。总而言之，《尔雅》虽然是一部训诂著作，但却有非常详细的生物分类与描述，这对古代生物学、药物学的发展产生了深远的影响，也为我们今天研究先秦时期的生物提供了极大的便利。

（五）《尔雅》与中国训诂学

《尔雅》被认为是中国训诂学的开山之作。这主要包含两个方面的内涵：一方面，在《尔雅》中使用并保存了很多的训诂条例、训诂方法，这在训诂学、音韵学、语言及古文字学等方面都有着重要影响；另一方面，《尔雅》作为训诂学的开山之作，是中国古代《雅》学一类训诂专书的鼻祖，后来产生了很多仿《尔雅》的著述。

就《尔雅》训诂原则和方法来说，对后世训诂学著作有一定的典范意义。《尔雅》对先秦时期的经典进行解释，这对古人了解上古经典与文化有重要的意义。《尔雅》解释先秦字词的方式主要是义训（训诂的方法，一般分为义训、形训和声训三种），《尔雅》作为义训的代表作，与形训的《说文》、声训的《广韵》鼎足而立，成为我国古代小学类的代表作。就《尔雅》义训的原则与方法来说，它注重用当时流行的语言来解释之前的古代字词，在对先秦字词、名物进行解释的过程中，《尔雅》注重按照内容分门别类，运用多种训诂方式来解释先秦字词与文化。

另外，就《尔雅》对中国古代《雅》学类著作的影响而言，在《尔雅》的影响下，后来出现了一大批以"雅"为书名的补充《尔雅》或仿照《尔雅》体例的书籍，由此形成了《雅》学体工具书系列。比如托名秦末孔鲋所作的《小尔雅》、三国曹魏张揖《广雅》、宋代陆佃《埤雅》、罗愿《尔雅翼》、明代方以智《通雅》、清代吴玉搢《别雅》、洪亮吉《比雅》、夏味堂《拾雅》、史梦兰《叠雅》、刘灿《支雅》、朱骏声《说雅》、程先甲《选雅》，等等。

四、古代《雅》学史略

中国古代的《雅》学源远流长，大体上来说，先秦时期是《雅》学的形成时期，汉唐之际是《雅》学的发展时期，宋元明是《雅》学的兴盛时期，清代是《雅》学的鼎盛时期。其中在先秦时期，有关《尔雅》的传世史料非常有限，所以《雅》学的真正开始发展是从汉代开始的。

(一) 汉唐之际

汉唐之际是《雅》学的发展时期。汉朝建立之后，由于经过战国秦汉之际的战乱，许多先秦文献都已经散佚，而很多新发现的古籍，彼此在文字、内容上都有很大的差别。为了读懂与更好地理解先秦古文献，以注解古代字词为宗旨的《尔雅》自然得到了当时朝野的重视。据东汉赵岐《孟子题辞》记载：

> 汉兴，除秦虐禁，开延道德，孝文皇帝欲广游学之路，《论语》《孝经》《孟子》《尔雅》皆置博士。

虽然《尔雅》《孝经》等被立为博士不久就被废除，但实际上它们一直都是当时人的启蒙读物。到了汉武帝设置五经博士的时候，虽然没有《尔雅》《孝经》等，但明确规定"取学通行修，博识多艺，晓古文《尔雅》，能属文章，为高第"①，意思是说，除了精通五经之外，如果能够通晓《尔雅》，也可以被视为人才。可以说，随着经学的兴盛，《尔雅》受到了汉代朝野的重视，尤其是受到古文经学家们的推尊，因为《尔雅》汇集了大量先秦文献中的语词，并对其进行了训解，由此成为汉代学者解读经典的重要工具书。如近代黄侃也说：

> 太史公受《书》孔安国，故其引《尚书》而以训故代之，莫不同于《尔雅》。……史公所易诂训，无不本于《尔雅》，是知通《书》者，亦鲜能废《雅》也。自余三家之《诗》，欧阳、大小夏侯之《书》，刘、贾、许颖之《左传》，杜、郑、马、郑之《礼》，所用训诂，大抵同于《尔雅》，或乃引《尔雅》明文。至于扬子云纂集《方言》，实与《尔雅》同旨。②

黄侃的大体意思是说，司马迁跟随孔安国学习《尚书》，后来写《史记》，凡涉及《尚书》内容的，一般都用《尔雅》中的字词来代替。另外，齐、鲁、韩三家《诗》，欧阳、大小夏侯《尚书》、刘歆、贾逵《左传》、马融、郑玄三礼等等，所用的字词训诂，基本上都和《尔雅》一致或引用《尔雅》的解释，总而言之，在汉代《尔雅》成为经学研究的必读书。

《尔雅》在汉代被看成是研读五经的入门书，并有犍为文学（一作犍为舍人）、刘歆、梵光、李巡等人为它作注。正因为《尔雅》很重要，汉代的目录学著作如汉代刘歆《七略》与班固《汉书·艺文

---

① [汉]卫宏：《汉官旧仪·补遗》，中华书局，1985年，第23页。
② 黄侃：《尔雅略说》，《皇侃论学杂著》，上海古籍出版社，1980年，第367页。

志》也都将它列入《孝经》类，言外之意，《尔雅》和《孝经》《论语》一样都是研读五经的最基本的读物。正如晚清民国时期的叶德辉所说："《尔雅》《孝经》同为释经总汇之书，故列入《孝经家》。"①

　　三国魏晋南北朝时期，是我国《雅》学逐渐完善的时期。在这一时期，注解《尔雅》的有三国魏张揖《广雅》、孙炎《尔雅注》、东晋郭璞《尔雅注》、南朝梁沈旋《尔雅集注》、南朝梁顾野王《尔雅注》、南朝陈施乾《尔雅音》、南朝陈谢峤《尔雅音》，等等。其中影响最大的莫过于张揖与郭璞两人。

　　张揖《广雅》，主要是对《尔雅》的增补之作，他在《尔雅》的基础上，增加新字、新词、新的事物名目、种类，尤其是广泛收集先秦两汉时期的经传注疏、诗赋、医书等著述中的字词，作成《广雅》一书，这部书成为《尔雅》之后的重要《雅》学著述，而张揖提出周公作《尔雅》的观点更是在中国古代影响深远。

　　东晋郭璞自幼学习《尔雅》，非常精通，他发现之前注解《尔雅》的注疏错误阙漏很多，于是就广泛综合汉、魏、西晋时期的《尔雅》注疏，为《尔雅》重新作注，成《尔雅注》一书，这部书是汉魏之后《尔雅》注解的集大成之作。郭璞《尔雅注》很有特点：一是搜集了先秦以来的各种文献，包括晋代的出土文献《穆天子传》《竹书纪年》，以及汉、魏、西晋时期的《尔雅》旧注、方言民谣，等等，对《尔雅》中的字词进行考证；二是利用当时常用语言来解释《尔雅》，使东晋人更加方便利用《尔雅》。举例来说，《释言》："畯，农夫也。"郭注说："今之啬夫是也。"《释言》："增，益也。"郭注说："今江东通言增。"郭璞这样做，对于我们今天了解两晋时

---

① ［清］王先谦：《汉书补注》引叶德辉，中华书局，1983 年。

期的汉语与方言也有一定的帮助。

隋唐五代是我国《雅》学的兴盛时期，《尔雅》在这一时期仍旧发挥着非常重要的作用。《尔雅》在唐代被升格为儒家经典，南宋晁公武《郡斋读书志》记载说："唐太和中，复刻十二经，立石国学。"意思是，《尔雅》与《诗》《书》等经典一同刻在石上，并立为官学。《尔雅》是唐代科举考试的科目之一，《新唐书·百官志》记载说："国子学，博士五人，正五品上。掌教三品以上及国公子孙、从二品以上曾孙为生者。五分其经以为业：《周礼》《仪礼》《礼记》《毛诗》《春秋左氏传》各六十人，暇则习隶书、《国语》、《说文》、《字林》、《三仓》、《尔雅》。"与此同时，这一时期随着中西文化交流的频繁，《尔雅》也随之传到国外，如在唐代《尔雅》被传入朝鲜和日本，并深受重视。在隋唐五代时期，注解《尔雅》比较知名的有陆德明《尔雅音义》、曹宪《尔雅音义》、毋昭裔《尔雅音略》等。

陆德明一生经历了南朝陈、隋、唐三个朝代，是当时著名的经学家和训诂学家。鉴于当时注解《尔雅》的著作擅自改动《尔雅》字音、字形，且缺乏统一的解释，于是他广泛搜集了汉、魏、六朝以来各家的注解成就，在郭璞《尔雅注》的基础上，撰写了《尔雅音义》一书。这部书的特点在于，兼收并蓄，汇集了之前各家各派的注音和解释，为后代保留了汉唐之际有关《尔雅》读音和注解的资料。另外，陆德明《经典释文·序录》中对《尔雅》的价值、作者、注解情况作了梳理，成为后代研究汉唐之际《尔雅》学非常珍贵的经学史资料，对我们今天依旧有很大的价值。

（二）宋元明

宋元明时期，是《雅》学发展的兴盛时期，其中宋代《雅》学非常发达，元明则基本沿袭宋代，很少有创见。宋元明时期，《尔雅》依旧被作为科举考试的必读书，比如《宋史·选举志》中说："凡学究，《毛诗》对墨义五十条，《论语》十条，《尔雅》《孝经》共十条，《周易》《尚书》各二十五条。"这一时期也产生了一系列注解或研究《尔雅》的著述，如宋代邢昺《尔雅义疏》、孙奭《尔雅释文》、宋咸《尔雅注》、王安石《字说》、陆佃《尔雅新义》《埤雅》、王雱《尔雅注》、罗愿《尔雅翼》、郑樵《尔雅注》、明代朱谋㙔《骈雅》、方以智《通雅》，等等。而元代的《尔雅》学成绩非常有限，远不如宋代，对后代有一定影响的唯有吾邱衍。对此刘师培《经学教科书》作了梳理：

> 宋儒治《尔雅》者，有邢昺《尔雅注》，以郭注为主，然简直固陋，未悉声音文字之源。罗愿作《尔雅翼》，陆佃作《尔雅新义》，亦穿凿破碎，喜采俗说。自是其后，治雅学者，旷然无闻。《尔雅》以外，治《说文》者，宋有徐铉、徐锴（有《说文系传》诸书），元有吾邱衍，亦浅率不足观。若夫宋陆佃作《埤雅》，于制度名物考证多疏。惟明朱谋㙔作《骈雅》、方以智作《通雅》，咸引证浩博。即宋郭忠恕《佩觿汗简》、明杨慎《字说》（见《升庵全集》中），亦足助小学参考之用也。①

从这里可以看出，宋元明时期，元代是一个低谷期，这一时期的《雅》学并没有重要的著作产生。当然，这并没有影响这一时期经学考据学、考证学的传承与发展。实际上，元代在小学、经学考据学领域非常发达，较宋明为甚。在宋元明时期，邢昺《尔雅义疏》影响非常深远，今本《十三经注疏》中所收的就是郭璞《尔雅注》

---

① ［清］刘师培著、陈居渊注：《经学教科书》，上海古籍出版社，2006年，第117页。

与邢昺《尔雅义疏》，合称《尔雅注疏》。

《尔雅义疏》这部书，虽然题名为邢昺编撰，其实参与这部书的编撰者还有杜镐、舒雅、李维、李穆清、王焕、崔偓佺、刘士元等人，邢昺只不过是总编纂而已。之所以作《尔雅义疏》，在邢昺看来，一方面《尔雅》对于研究儒经很重要，另一方面郭璞《尔雅注》之后，为之作注的孙炎、高琏等人过于"浅近"。这部书的特点在于：一是广征博引，"疏不破注"。邢昺参考了经史子集中的很多文献与古代《尔雅》旧注，来解释《尔雅》经文、疏通郭璞注文，不过在解释郭璞《尔雅注》时，它注重"疏不破注"。这部书保存了汉宋之际的《雅》学旧注，为后来的研究提供了便利。二是注重"因声求义"，即继承并发展了陆德明《尔雅音义》通过字词声音来探求其中的大义。这种解释方法对后代影响非常大，如后代邵晋涵《尔雅正义》、郝懿行《尔雅义疏》都注重"因声求义"。正如近人黄侃在《尔雅略说》中说："近儒知以声训《尔雅》，而其端实启于邢氏。"[①]

王安石新学一派的《雅》学在当时有很大的影响，他们注重发挥《尔雅》中的思想义理，改变了汉唐以来《雅》学史上注重章句注疏的解经方法，开一代新风气。首先是王安石《字说》，这部书反对注疏，注重发掘字词中的思想义理，以服务于当时的社会政治，尤其是他的变法改革。受到王安石影响，其弟子陆佃作《尔雅新义》《埤雅》，还有王安石之子王雱作《尔雅注》。其中，陆佃的影响更大，他曾经师从王安石为学，精通礼学、雅学，撰有《礼记新义》《尔雅新义》《埤雅》《春秋后传》等经学著述。他精通《诗经》，在

---

① 黄侃：《尔雅略说》，《黄侃论学杂著》，上海古籍出版社，1980年，第380页。

研究《诗经》的时候，曾经对其中的草木鸟兽虫鱼进行解释。晚年，又以这些为基础，注解《尔雅》，并写成了《尔雅新义》一书。再往后，又进一步撰写了《埤雅》一书。所谓"埤雅"，就是增广、辅助《尔雅》的意思。这部书主要解释《尔雅》中的各种名物，对各种名物的形状、特性解释非常详细。不过，受到王安石《字说》的影响，书中也多有穿凿附会。这部书可以看成是王安石新学一派《雅》学的代表作。由于王安石《字说》、陆佃《尔雅新义》都曾经被立为官学，作为科举考试必读书，所以在当时学术思想界影响非常大。

元代的《尔雅》学成绩非常有限，远不如宋代，对后代有一定影响的唯有吾邱衍。吾邱衍（1272—1311），字子行，号竹房，又号竹素，亦称贞白，钱塘（今杭州）人。他酷爱古学，博通子史百家。善隶书，精小篆，治印与赵孟頫齐名。操行高洁，终身隐居，不仕不娶，专事吟咏，与当时文人学士多有酬唱往来。设帐授文字、音韵、训诂等课以为生计。撰有《竹素山房诗集》《周秦刻石释音》《学古编》《晋史乘》和《闲居录》等。

明代，程朱理学被确立为官学，朝野上下更加注重思想义理，而对文字音韵训诂之学并不看重，以至于《尔雅》学更是被漠视。当然，也产生了一些著述，刘师培对这一时期的《尔雅》学作了梳理，他说：

> 若夫宋陆佃作《埤雅》，于制度名物考证多疏。惟明朱谋㙔作《骈雅》、方以智作《通雅》，咸引证浩博。即宋郭忠恕《佩觿汗简》、明杨慎《字说》（见《升庵全集》中），亦足助小学参考之用也。①

---

① ［清］刘师培著，陈居渊注：《经学教科书》，上海古籍出版社，2006年，第116页。

明代的《雅》学相对于宋代来说远远不及，但是相对于元代而言，却不乏创新。其中，朱谋㙔《骈雅》、方以智《通雅》是两部具有代表性的著述。朱谋㙔《骈雅》为万历年间所撰，全书共七卷，分为"释诂""释训""释名称""释宫"等十三类，体例完全仿照《尔雅》《广雅》。《骈雅》所收字词皆为双音词，是第一部专门研究双音词的《雅》学著述，全书广征博引，涉及经史子集诸部，解释清晰易懂，对此《四库全书总目提要》评价说它"征引注博，颇具条理"①。此书对清史梦兰《叠雅》、吴玉搢《别雅》、洪亮吉《比雅》等都有一定的影响。

方以智（1611—1671）《通雅》乃方以智年轻时作品，全书共五十二卷，分为四十四类，在内容上较《尔雅》《广雅》等著述更为丰富，甚至收录了很多西学的词汇，这也是当时西方文化传入中国的体现。有学者评价说它："在唐宋以来，雅书日趋专门化，《通雅》在内容方面大大突破前此群雅，是对诸雅的综合、补充，可以看作是一部群雅总汇，是此前雅书的集大成之作。《通雅》也是继《埤雅广要》之后，较早的自为之注并详加考证的雅书，成为开雅学风气之作。"② 总之，方以智《通雅》一书注重考证、精详有据，既是明代考据学的经典之作，也对清代考据学的开启有重要的推动作用，如《四库全书总目提要》所评价的："（方）以智崛起崇祯中，考据精核，迥出其上。风气既开，国初顾炎武、阎若璩、朱彝尊等沿波而起，始一扫悬揣之空谈。虽其中千虑一失，或所不免；而穷源溯委，词必有证，在明代考据家中，可谓卓然独立矣。"③

---

① 《四库全书总目提要》卷四十《骈雅》提要。
② 窦秀艳：《中国雅学史》，齐鲁书社，2004 年，第 170 页。
③ 《四库全书总目提要》卷一百十九《子部·杂家类·〈通雅〉》。

（三）清代

清代是《尔雅》学的鼎盛与总结时期。《尔雅》依旧被列为儒家经典之一，并成为科举考试的必读书。随着考据之学的兴起，《尔雅》作为古文字注解之书受到学者特别的重视，乾嘉时期的考据大家们都曾认真地研治过《尔雅》，并随之出现了一系列重要的雅学著述。如邵晋涵《尔雅正义》、郝懿行《尔雅义疏》、王念孙《广雅疏证》、戴震《方言疏证》等等。

邵晋涵《尔雅正义》。邵晋涵是清乾隆时期人，他曾经中进士第一，参与编撰《四库全书》。他之所以要为《尔雅》作新的注疏，主要是出于对邢昺《尔雅注疏》的不满。他认为，邢昺的注解只不过是兼采诸解汇集一处，整体上过于"浅陋"。于是，邵晋涵重新为郭璞《尔雅注》作疏。邵晋涵《尔雅正义》有自己的特点，最大的特点在于，广泛收集了先秦两汉以来的古文献、《尔雅》刻本以及汉魏六朝以来各种《尔雅》注疏，仔细校勘并重新注解了郭璞《尔雅注》，这部书成为郭璞注、邢昺疏之后《雅》学的重要著作。

郝懿行《尔雅义疏》。郝懿行是清嘉庆时期人，擅长名物考证。由于从汉魏之后，关于《尔雅》的注疏非常多，但又良莠不齐，错谬疏漏更是非常繁多，尤其是邢昺《尔雅注疏》与邵晋涵《尔雅正义》也让他感到不满意。于是，郝懿行收集了大量的相关资料，首先对《尔雅》文本进行校勘，为下一步的注解提供了一个非常精善的文本。然后，郝懿行征引大量文献包括汉魏五家《尔雅》注本、陆德明《尔雅音义》、邢昺《尔雅注疏》、郑樵《尔雅注》等，并大量引用碑文、方言、俗语等资料，对郭璞《尔雅注》作进一步注解，从而形成了《尔雅义疏》一书，这部书较以往注疏更加精审、翔实，成为《雅》学史上的经典之作。正如清人宋翔凤为该书所作的序中所评价的那样，他说：

> 《尔雅》二十篇，则训故之渊海，五经之梯航也。然至唐代但用郭景纯之注，而汉学不传。至宋邢氏作疏，但取唐人《五经正义》缀辑而成，遂滋阙漏。乾隆间，邵二云学士作《尔雅正义》，翟晴江进士作《尔雅补郭》，然后郭注未详未闻之说，皆可疏通证明，而犹未至于旁皇，周浃穷深极远也。迨嘉庆间，栖霞郝户部兰皋先生之《尔雅义疏》最后成书，其时南北学者知求于古字古音，于是通贯融会谐声、转注、假藉，引端竟委，触类旁通，豁然尽见。且荟萃古今一字之异，一义之偏，罔不搜罗。分别是非，必及根原，鲜逞胸肊。盖此书之大成，陵唐跞宋，追秦汉而明周孔者也。[①]

宋翔凤这段话，大体上交代了《尔雅》的价值和意义，说它是"训故之渊海，五经之梯航"。同时，讲了唐以后主要的《尔雅》注解本，即有唐代实用郭璞《尔雅注》，以至于唐以前的各种《尔雅》注本不再流行。宋代邢昺所作的《尔雅义疏》，在宋翔凤看来只不过是抄录《五经正义》而成。邢昺《尔雅义疏》虽然有阙漏，但并不完全是抄录成书，而是兼采众长而成书，所以宋的说法有些偏激。到了清代，便有邵晋涵《尔雅正义》、翟灏《尔雅补郭》，这两部书对于疏通、补充郭璞《尔雅注》有重要的学术价值，但也有不足。嘉庆年间的郝懿行作《尔雅义疏》，充分吸收了他之前的《雅》学成就，做了深入、细致的校勘、补充、注解的工作。在宋翔凤看来，

---

① ［清］宋翔凤：《尔雅义疏序》，载［清］郝懿行《尔雅义疏》，上海古籍出版社，1983年，前言，第7—8页。

这部书有很多优点，如"融会贯通""罔不搜罗""引端竟委""触类旁通""鲜逞胸臆"等等，以至于超越唐宋，直追周孔。可以说，郝懿行《尔雅义疏》是中国古代《雅》学史上的集大成之作。宋翔凤这番话，大体上叙述了中国古代《雅》学史上的发展情况，尤其交代了重要《雅》学著作的情况，对于《雅》学的研究很有学术意义。

除邵晋涵、郝懿行之外，还有很多学者对《尔雅》也作了相关的研究，比如卢文弨、阮元对《尔雅》文本进行校勘，又如余萧客、臧庸、黄奭、马国翰等人作了很多有关《尔雅》注解的辑佚工作，还有翟灏、程瑶田等人也作了不少的注解工作，等等。正是他们的共同努力，使得清代成为《雅》学发展史上的鼎盛时期。

参考文献

（一）基础文献

［汉］刘熙撰，愚若点校：《释名》，北京：中华书局，2020 年版。

［汉］卫宏：《汉官旧仪》，北京：中华书局，1985 年版。

［晋］郭璞注，［宋］邢昺疏：《尔雅注疏》，《十三经注疏》本，杭州：浙江古籍出版社，1998 年版。

［南朝梁］刘勰著，［清］黄叔琳注：《文心雕龙》，上海：上海古籍出版社，2015 年版。

［宋］欧阳修撰：《诗本义》，上海：商务印书馆，1935 年影印版。

［清］邵晋涵撰：《尔雅正义》，上海：上海古籍出版社，2017 年影印乾隆五十四年邵氏面水层轩刻版。

［清］郝懿行：《尔雅义疏》，上海：上海古籍出版社，1983 年影印同治四年郝氏家刻版。

［清］戴震撰，汤志钧校点：《戴震集》，上海：上海古籍出版社，1980

年版。

［清］钱大昕撰：《潜研堂集》，上海：上海古籍出版社，1989 年版。

［清］王先谦：《汉书补注》，北京：中华书局，1983 年版。

（二）研究论著

窦秀艳：《中国雅学史》，济南：齐鲁书社，2004 年版。

管锡华：《尔雅研究》，合肥：安徽大学出版社，1996 年版。

顾廷龙、王世伟：《尔雅导读》，成都：巴蜀书社，1990 年版。

胡奇光、方环海：《尔雅译注》，上海：上海古籍出版社，2004 年版。

黄侃：《黄侃论学杂著》，上海：上海古籍出版社，1980 年版。

林寒生：《尔雅新探》，南昌：百花洲文艺出版社，2006 年版。

吕壮：《西京杂记译注》，上海：上海三联书店，2018 年版。

马重奇、李春晓：《尔雅开讲》，上海：华东师范大学出版社，2011 年版。

王力：《汉语史稿》，北京：中华书局，1980 年版。

徐朝华：《尔雅今注》，天津：南开大学出版社，1987 年版。

徐芹庭：《汉易阐微》，北京：中国书店，2010 年版。

朱祖延：《尔雅诂林》，武汉：湖北教育出版社，1998 年版。

孟　子

孟子，名轲，是战国中期人，他是孔子之后最有影响的儒家学派的代表人物，汉代赵岐尊之为"亚圣"。但在汉唐之际，孟子及其学说影响非常有限。到了宋代，理学家为了建构新的儒学思想体系，孟子及其学说得到朝野上下的重视，至王安石之时，《孟子》一书被立为儒家经典，成为十三经中最后被确立的经书。在元代文宗至顺元年（1330），孟子被封为"邹国亚圣公"，从此"亚圣"成为孟子的尊称。《孟子》一书是孟轲及其弟子与同时代学者的言谈记录。

一、孟子与《孟子》成书、内容

（一）孟子的生平事迹

1. 家庭出身与早期教育

司马迁《史记》、东汉赵岐《孟子题辞》都没有对孟子生平作详细的表述，故其生卒年不详，一般认为是公元前372年～前289年，或公元前385年～前304年，大体属于战国中期。孟子出生在邹国，相传是春秋时期鲁国王族之后。具体来说，就是在鲁桓公时期，桓公的三位王子孟孙、叔孙、季孙，即孔子所说的三桓，其中孟孙这一支的嫡传称为孟孙氏，其他的庶子改称孟氏，这就是孟子姓氏的由来。到了战国时期，孟氏衰微，于是由鲁迁徙到邹（今山东邹县），孟子于是变成了邹人。有人考证说，孟子大约是鲁桓公的第十二代孙。到孟子出生时，家道已经非常衰落，属于没落的贵族。

孟子的父亲，姓孟名激，字公宜，相传孟子三岁时，父亲就去世了①。而孟子的母亲是一位非常贤良而且擅长教育的女性，正是由于她的教育，孟子最后成为一代伟大的思想家。传世的《列女传》《韩诗外传》等文献，记载了孟母教子的故事，如"孟母择邻三迁""断织劝学""杀豚不欺子"等流传很广。后来《三字经》中也说："昔孟母，择邻处。子不学，断机杼。"在《列女传·母仪篇》中，记载了"孟母三迁"和"断织劝学"的故事，其中"孟母三迁"是这样记载的：

> 邹孟轲之母也，号孟母，其舍近墓。孟子之少也，嬉游为墓间之事，踊跃筑埋。孟母曰："此非吾所以居处子。"乃去，舍市傍。其嬉戏为贾人衒卖之事，孟母又曰："此非吾所以居处子也。"复徙舍学宫之旁。其嬉游乃设俎豆，揖让进退。孟母曰："真可以居吾子矣！"遂居。及孟子长，学六艺，卒成大儒之名。君子谓："孟母善以渐化。"《诗》云："彼姝者子，何以予之？"此之谓也。

相传在孟子很小的时候，他家靠近一片坟墓，孟子整天就在坟地里玩一些怎么挖坑、埋死人的游戏。孟母就说这不是我家孩子该住的地方，于是就搬到了市场附近。孟子这个时候就不玩以前的游戏了，又开始学习商人如何买卖、做生意。我们今天觉得，做商人

---

① 这只是一种传闻，其实孟子并不是生活在单亲家庭中，因为《孟子·梁惠王下》中记载说，鲁平公曾经准备去访问孟子，他的宠臣臧仓就说："礼义由贤者出，而孟子之后丧逾前丧，君无见焉。"意思是说，孟子是个不知道礼仪的人，他为母亲办的丧礼远远超过为他的父亲。于是，鲁平公就没有见孟子。后来，乐正子为鲁平公解释孟子办丧礼为什么母亲超过父亲。乐正子说，孟子父亲去世的时候，孟子比较年轻，身份还是"士"；母亲去世的时候，孟子已经是大夫了，所以丧礼上就有差异了。从这就可以看出，孟子父亲去世的时候，他已经成年了，是有知识有文化的"士"了，这就说明三岁丧父的说法不准确。

是一种职业，能够赚钱也算是一件好事。可是在孟子那个时代，百姓分为"士农工商"，其中商人地位最低，在当时人看来，商人德行也最差，所以古代人一般以做商人为羞耻。孟母看到了这种情况，就说这地方也不适合我家孩子居住，于是就搬到了学校旁边。孟子于是整天就学习怎么接待别人、祭祀祖先的礼仪，孟母看到后很高兴，说这才是适合我家孩子居住的地方。于是他们就一直住在学校附近。后来，孟子长大了，又开始学习六经，最终成了一代大儒，人们都说孟母善于教育自己家的孩子。从这里我们可以看出，孟子从小天资聪明，非常好学，见什么学什么。但也要看到，正是因为小孩子好学，所以环境就特别重要，尽管说内因是根本，是关键，可是近朱者赤、近墨者黑，如果孩子长期在一个不好的环境中熏陶，肯定也会变坏。"孟母三迁"中的"三"是虚指，不是指只有三次，而是泛指很多次。孟母不嫌劳累，为了自己的孩子而多次搬家，尽力为他营造一个良好的学习环境。

《列女传》记载孟母的另外一个故事是"断织劝学"，说的是孟子去上学，时间久了感到很厌烦，就经常逃课，有一次就跑回家去了，于是他母亲就教育了他。具体内容是这样的：

> 孟子之少也，既学而归，孟母方绩，问曰："学所至矣。"孟子曰："自若也。"孟母以刀断其织。孟子惧而问其故，孟母曰："子之废学，若吾断斯织也。夫君子学以立名，问则广知，是以居则安宁，动则远害。今而废之，是不免于厮役，而无以离于祸患也。何以异于织绩而食，中道废而不为，宁能衣其夫子而长不乏粮食哉？女则废其所食，男则堕于修德，不为窃盗则为虏役矣。"孟子惧，旦夕勤学不息，师事子思，遂成天下之名儒。君子谓："孟母知为人母之道矣。"《诗》云："彼姝者子，何以告之？"此之谓也。

　　孟子少年的时候在学校学习，不安心读书就回家去了。这个时候，孟子的母亲正在织布，知道了这个情况后，就拿起剪刀将正在织的布一下全部剪断了。孟子看到后，非常惊讶。因为当时织布都是一根线一根线织出来的，非常不容易。母亲借此教育孟子说，凡事都不能半途而废，否则前功尽弃。就像这织了很长时间的布突然被剪断一样，还要一梭子一梭子从头去织。孟母还说，只有读书才可以知道更多的道理，才能提升自己的道德品行，才能远离祸患、扬名于后世。经过孟母的教导，孟子于是继续学习，自强不息，之后又师从子思（应当是子思的门人），成了一代大儒。

　　总而言之，在孟母的重视与悉心教育下，孟子从小就打下了坚实的学习基础。在稍大一点的时候，孟子就开始拜师求学。对于自己的老师，孟子没有明确说起，只是说："予未得为孔子徒也，予私淑诸人也。"（《孟子·离娄下》）这个"诸人"应当是孔子后学，具体是谁呢？《史记·孟子荀卿列传》对此有了明确的说明："孟轲，驺（邹）人也。受业子思之门人。"这就说明，孟子以孔子的孙子子思的门人为老师，这里的子思门人应当不止一个人，也不完全是门人本身，可能还有门人的门人，总而言之是子思的后传弟子。因为子思曾经师从曾子，孟子又师从子思门人，他们的思想体系都注重心性道德之学，所以后世将他们称为曾子学派或思孟学派。

　　需要补充的是，东汉的学者及其著述，如刘向《列女传》、班固《汉书·艺文志》、赵岐《孟子章句》、应劭《风俗通义》一般都将子思视为孟子的老师，可能觉得名师才出高徒。但实际上，如果从孟子、子思的生卒年来考证，子思去世的时候，孟子还未出生，这样一来，子思、孟子之间的师承关系就并不存在。汉代学者只不过是为了推尊孟子，而将孔子、子思、孟子作为儒家一脉相承的学者而已，故司马迁的说法当为确论。

2. 传承儒学，宣扬王道仁政学说

中年之后的孟子，开始收徒讲学，与此同时，他也周游齐、宋、鲁、滕、魏等国家，极力宣传仁政、王道学说。与孔子的落魄经历相比，孟子受到了各国的礼遇，比如齐宣王曾给他一年万钟粟的待遇让他办学，宋国曾经送给他黄金七十镒（一镒二十四两，七十镒相当一千多两），薛国也曾送他五十镒，等等。尽管这样，孟子与孔子一样，其学说没有得到各国诸侯的采纳。后来，年老的孟子回到家乡，和孔子一样从事教学与著述，直到去世。

《孟子》一书记载，孟子首先拜访了梁惠王（事实上孟子首先去的是齐国）。当时的魏惠王将都城从安邑（今山西夏县附近）迁到了大梁（今河南开封附近），所以也叫梁惠王。梁惠王在位期间，魏国国力已经衰弱，在与秦国、齐国、楚国的几次战争中都打了败仗，丢失了很多国土，正如梁惠王自己所说："及寡人之身，东败于齐，长子死焉，西丧地于秦七百里，南辱于楚，寡人耻之。"（《梁惠王上》）在这种情况下，梁惠王四处招贤纳士，急于改变魏国的不利局面。当孟子来到魏国的时候，梁惠王非常高兴，他希望借助孟子来实现富国强兵的目的。于是，梁惠王一见到孟子，说的第一句话就是："叟！不远千里而来，亦将有以利吾国乎？"意思是说，你不远千里来到我们魏国，将为我的国家带来什么利益吧？然而，孟子让梁惠王很失望，他回答说："王何必曰利，亦有仁义而已矣。"可以看出，孟子对富国强兵、称霸诸侯并不感兴趣，他只是给梁惠王宣扬如何实行仁政，如何建立王道社会。结果是，梁惠王富国强兵的愿望没有实现，孟子的仁政王道学说也没有推行，孟子于是离开了魏国。

孟子到了齐国，和魏国一样，当时的齐宣王，广招天下之士，希望恢复先祖齐桓公时期的霸业，于是他一见孟子，就问齐桓、晋文称霸的事情。孟子就说，孔子的学生从来不讲齐桓公、晋文公称霸的事情，您要是想听，我还是讲讲如何实行王道吧？但齐宣王对仁政王道并不感兴趣。最后孟子离开了齐国。

孟子到了宋国，当时的宋国由于横征暴敛，老百姓对统治者很不满意，于是社会矛盾非常突出。孟子的到来，对统治者来说无疑是件很开心的事，他们希望孟子能提出解决社会矛盾的办法。孟子对宋国的执政者说，要想解决社会矛盾，就要首先减轻老百姓的经济负担，具体办法就是推行什一税。由于宋国统治者穷奢极欲，政府财政缺口很大，一下难以实行，于是当时的宋国大夫戴盈之就说，今年什一税还不能推行，明年再说吧。孟子于是就以"攘鸡"的例子为喻，讽刺宋国统治者的态度。《孟子》中对此记载说：

> 戴盈之曰："什一，去关市之征，今兹未能，请轻之，以待来年然后已。何如？"孟子曰："今有人日攘其邻之鸡者，或告之曰：'是非君子之道。'曰：'请损之，月攘一鸡，以待来年然后已。'如知其非义，斯速已矣，何待来年？"（《滕文公下》）

宋国的大夫戴盈之说，让我们采取什一税，免除关卡与市场的征税，今年还不行，我们先在原来的基础上减少一点税收，等到明年再彻底执行什一税，怎么样呢？孟子就说，你的做法就好比有一个人每天都偷邻人家的鸡，有人告诉他，这不是君子应该干的。这个偷鸡的人就说，好吧，我现在先每个月只偷一只，等到来年我就不偷了。宋大夫戴盈之这样说，其实就表明宋国并不打算减轻百姓的赋税，随便找个借口敷衍孟子，孟子也知道自己的仁政实行不了。于是，他又很失望地离开了宋国。

孟子之后又去了滕国。孟子在滕国宣扬他的仁政学说，虽然当时的滕文公按照孟子的设想实行了仁政，但实际上滕文公推行仁政只不过是为了消除眼前的困难所采取的权宜之策罢了。加上滕国过于弱小，在那个时代普遍崇尚实力的情况下，孟子想借助小小的滕国将仁政推向全天下的希望，无疑显得非常渺茫。于是，在滕国呆了数年，年迈的孟子郁郁寡欢地回到了自己的故乡邹国。

总的来说，孟子辗转于当时各个诸侯国，希望推行自己的仁政学说，但最终都失败了。对此，《史记·孟子荀卿列传》中说得很清楚：

> 孟轲，驺（邹）人也。受业子思之门人。道既通，游事齐宣王，宣王不能用。适梁，梁惠王不果所言，则见以为迂远而阔于事情。当是之时，秦用商君，富国强兵；楚、魏用吴起，战胜弱敌；齐威王、宣王用孙子、田忌之徒，而诸侯东面朝齐。天下方务于合从连衡，以攻伐为贤，而孟轲乃述唐、虞、三代之德，是以所如者不合。退而与万章之徒序《诗》《书》，述仲尼之意，作《孟子》七篇。

大体意思是说：孟子到处游说各国诸侯，向他们宣扬唐尧、虞舜以及上古三代的王道理想，但是孟子所处的时代崇尚武力、实力，如当时秦国用商鞅，实现了富国强兵；楚国、魏国用吴起，打了很多的胜仗；齐威王、齐宣王用孙膑、田忌等人，也在东方称霸一时。这样一来，各国诸侯对孟子所宣扬的仁义、王道尽管有兴趣，但是各个诸侯国都更希望在短期内提升自己的国力，以至于没有耐心和信心推行漫长而收效甚微的仁政。不仅如此，孟子所处的时代，墨家（代表人物墨子，主张兼爱非攻，即天下相互友爱、不要战争）、纵横家（苏秦、张仪、公孙衍，宣扬合纵连横之术）、杨朱学派（代表人物杨朱，主张为我，孟子说他"拔一毛而利天下，不为也"）以及法家（如李悝、商鞅等人，主张耕战、刑法）等各家学派，纷纷迎合当时诸侯国眼前的需要，宣扬自己的学说，在当时非常受欢迎，这对孟子宣扬仁政王道学说无疑造成极大的冲击。正是以上社会政治、思想文化方面的原因，导致孟子的学说最终没有在当时真正推行。于是，孟子在晚年回到自己的故乡，总结反思自己的思想，并与万章、公孙丑等弟子整理《诗》《书》等儒家经典，传承孔子思想，作《孟子》七篇。以上这些，可以看成是《孟子》成书以及孟子思想形成的历史背景。

（二）《孟子》的作者及成书

1. 《孟子》的作者

《孟子》的成书与其他儒家经典一样，历代都有很多的争论，总结起来大体有三种观点影响比较大。

第一种是孟子与其弟子万章、公孙丑等人共同编撰，持这种观点的是司马迁《史记》。《史记》记载说，孟子游说诸侯，但其思想学说没有被采纳，于是孟子"退而与万章之徒序《诗》《书》，述仲尼之意，作《孟子》七篇"（《史记·孟子荀卿列传》）。就是说，晚年的孟子和他的弟子万章等人，将他的经历与言论编辑为七篇，以传达自己的思想。

第二种是孟子自己独撰，持这个观点的有东汉赵岐《孟子章句》、宋代朱熹《孟子集注》、元人金履祥、明代郝敬、清代阎若璩等。如赵岐《孟子章句》说："于是（孟子）退而论集所与高第弟子公孙丑、万章之徒难疑答问，又自撰其法度之言，著书七篇。"（《孟子注疏·题辞解》）清人阎若璩《孟子生卒年月考》，更是在赵岐、朱熹等人的基础上详加考订认为：

> 七篇为孟子自作，止韩昌黎故乱其说，亦莫妙于朱子曰："观七篇
> 笔势，如熔铸而成，非缀辑可就。"余亦有一证：《论语》成于门人之
> 手，故记圣人容貌甚悉；七篇成于己手，故但记言语或出处耳。①

阎若璩赞同朱熹的观点，认为《孟子》一书的写作风格给人的
感觉是浑然一体，不像是很多人一起完成的，所以认为这部书是孟
子一个人写成的。另外，阎若璩还将这部书与《论语》相对照，他
认为，《论语》由众弟子一起完成，所以记载内容很丰富，尤其是多
有对孔子的描述。但是《孟子》这部书内容比较单一，多记孟子一
人的言行举止，所以，这也可以说明《孟子》一书是一个人完成的。

第三种是孟子死后，由门人弟子所编撰。主张此说的有唐代韩
愈、张籍、宋代晁公武、苏辙和清代崔述等人。如韩愈云："孟轲之
书，非轲自著。轲既殁，其徒万章、公孙丑相与记轲所言焉耳。"②
后来宋人晁公武补充说：

> 此书韩愈以为弟子所会集，非轲自作。今考于轲之书，则知愈
> 之言非安发也。其书载孟子所见诸侯皆称谥，如齐宣王、梁惠王、
> 梁襄王、滕定公、滕文公、鲁平公是也。夫死然后有谥，轲著书
> 时，所见诸侯不应皆死。且惠王元年至平公之卒，凡七十七年；孟
> 子见惠王，王目之曰叟，必已老矣，决不见平公之卒也。故予以愈
> 言为然。③

---

① 陈克明：《群经要义》，东方出版社，1996年，第284页。
② ［唐］韩愈：《答张籍书》，周绍良主编：《全唐文新编》卷五百五十一，吉林文史
出版社，2000年，第6362页。
③ ［宋］晁公武：《郡斋读书志》卷十《赵岐〈孟子〉十四卷》提要，上海古籍出版
社，1990年，第415页。

　　韩愈、晁公武认为，《孟子》一书是孟子去世以后编撰的，肯定不是孟子自撰的。为什么呢？晁公武认为，如果说这部书是孟子自撰，那么孟子在编撰这部书的时候，书中所说的齐宣王、梁惠王、梁襄王、滕定公、鲁平公这些人都还没有去世，既然没有去世，怎么都用的是谥号呢？言外之意是，《孟子》这部书不可能是孟子活着的时候编撰的，而是孟子去世之后，由他的弟子们编撰而成的。

　　以上三种说法，都有一定的道理。不过我们认为，据先秦文献记载，《史记》的说法更为客观真实，应当是正确的。至于《孟子》一书中，为什么齐宣王、梁惠王、梁襄王、滕定公、鲁平公等都称谥号（谥号是他们去世后才有，如果是孟子与弟子合撰的话，当时这些人还活着，所以就不会出现），正如我们之前所说《左传》《孝经》《尔雅》等书一样，它们都不是一次性成书，而是经过多人、多个时代的整理传承，最终才成为后世所看到的文本。《孟子》和其他经典一样，都经历了一个从原本到定本的阶段，即原本肯定是司马迁《史记》所言，是孟子和众弟子合撰，后来孟子的后传弟子在传承孟学和《孟子》这部书的时候，肯定对文字、内容作了一定的修饰和整理，将齐宣王、梁惠王这些人加上谥号也是理所当然的。然后经过秦汉，最终形成定本，也就是我们今天所见到的本子。

2.《孟子》文本

　　就《孟子》一书的内容来说，它比较详细地记载了孟子的生平事迹、思想学说，属于列入十三经的最晚一经。今本《孟子》共七篇，分别是《梁惠王》《公孙丑》《滕文公》《离娄》《万章》《告子》《尽心》，东汉赵岐作《孟子章句》，将每篇分上、下两部分，一共是七篇十四卷。

实际上在汉代，《孟子》一书流行两个版本，即七篇本与十一篇本。《史记·孟子荀卿列传》认为"《孟子》七篇"，而《汉书·艺文志》则著录为《孟子》十一篇，东汉末年应劭在《风俗通义》中说孟子"作书中、外十一篇"[①]，与应劭同时代的赵岐在《孟子章句》中说孟子"著书七篇"，又说：

> 又有外书四篇，《性善》《辩文》《说孝经》《为正》，其文不能弘深，不与内篇相似，似非《孟子》本真，后世依放而托之者也。（《孟子注疏·题辞解》）

赵岐认为，这多出来的四篇，在文章风格与思想内涵上，与《孟子》七篇不一致，有可能是后人的伪作，于是在作《孟子章句》的时候，他没有为这四篇作注，以至于后来这四篇就亡佚了。根据历史文献目录记载，这四篇大约是在宋代前后亡佚的。

二、《孟子》与中华传统文化

《孟子》一书之所以为后世尤其是为宋元明时期学者所关注，最重要的一点便是它继承和发挥了孔子仁学思想，以性善论为基础，建构新的仁学思想体系，并以此为理论基础，提出了以"仁政"为核心的王道政治理念。孟子学说的基本理路，就是希望每个人都从自身做起，发扬自己固有的善性，修身、齐家、治国、平天下。作为君主，要发扬自己的善心，实行以民为本的政策，最终建立以仁政为表现形式的王道理想社会。

---

① ［汉］应劭：《风俗通义》卷七《穷通》，山东画报出版社，2004年，第45页。

（一）孟子"性本善"与中国人性论

孟子作为战国中期儒学的继承者，他继承并发展了孔子的仁学思想。《孟子》一书中多处都在强调仁的重要性，比如"仁者，人心也"（《告子上》）。意思是，仁就是人心，因为人心在古人看来是人的言行的指挥中枢，所以，仁其实就是人心的本质特征。"仁也者，人也。合而言之，道也。"（《尽心下》）意思是说，只有仁爱的人才叫人，一个拥有仁爱的人，才是人存在的意义所在。"仁，人之安宅也。"（《离娄上》）意思是说，仁，是人心的归宿，人心离不开仁爱。

总的来说，在孟子看来，仁爱是人存在的根本，也是天下国家存在的根本，《孟子·离娄上》中说：

> 三代之得天下也以仁，其失天下也以不仁。国之所以废兴存亡者亦然。天子不仁，不保四海；诸侯不仁，不保社稷；卿大夫不仁，不保宗庙；士庶人不仁，不保四体。

孟子说，夏、商、周三代之所以得天下，是由于有仁德；但传到后来，之所以会失去天下，是由于失去仁德。可以说，是否实行仁政，关系到一个国家的兴衰存亡。作为天子没有仁德，便保不住他的天下；诸侯没有仁德，便保不住他的国家；卿、大夫没有仁德，便保不住他的宗庙；一般的老百姓没有仁德，便保不住自己的身体。由此可见，从天子到普通百姓，从治国安邦到日常言行，都离不开仁，仁是一切人物、事情存在的根本。

孟子为了说明仁的重要性和必要性，从人性的角度出发来论证，认为仁义礼智等道德都是一个人与生俱来的本性，这就是在中国古代影响深远的性善论。性善论是孟子道德学说、教育学说、仁政学说的哲学基础。

怎么理解性善论呢？首先，在孟子之前，尤其是孔子之前，支配人们思想的一般都是天、天命，有关人性的探讨较少。如孔子只说过"性相近也，习相远也"（《论语·阳货》），意思是说：人的性情本来是相近的，因为环境不同，养成的习惯便相距遥远了。但是到了孟子时代，有关人性问题的探讨越来越多，出现了各种人性学说。尤其是当时告子的人性学说对孟学有极大的冲击作用，孟子为了回应这种挑战，同时为了宣扬儒家学说，也从人性的角度出发来谈论仁学，并提出了人性善的理论。

其次，孟子的人性善理论主要是针对告子"生之谓性"而言的，"生之谓性"主要强调人的自然属性，而孟子认为，人的存在或人与禽兽的区别主要是人的社会属性，而不是自然属性。在孟子看来，人天生就具有仁、义、礼、智这四种道德理性或社会属性，如《孟子》中说：

> 恻隐之心，人皆有之；羞恶之心，人皆有之；恭敬之心，人皆有之；是非之心，人皆有之。恻隐之心，仁也；羞恶之心，义也；恭敬之心，礼也；是非之心，智也。仁、义、礼、智非由外铄我也，我固有之也。（《告子上》）

> 恻隐之心，仁之端也；羞恶之心，义之端也；辞让之心，礼之端也；是非之心，智之端也。人之有是四端也，犹其有四体也。有是四端，而自谓不能者，自贼者也；谓其君不能者，贼其君者也。凡有四端于我者，知皆扩而充之矣，若火之始然，泉之始达。苟能充之，足以保四海；苟不充之，不足以事父母。（《公孙丑上》）

在孟子看来，人与禽兽的不同在于，人一出生，上天就赋予他仁、义、礼、智四种道德理性，这四种道德理性体现在人的心中，通过四种人所具有的、基本的道德情感表现出来，即恻隐之心、羞恶之心、恭敬之心、是非之心，这就是孟子所说的"四端""四心"或"本心""良心"。这四端、四心，是仁、义、礼、智四种道德理性的火种与源泉，是先天的、潜在的情感意识，可以说是心善决定了性善，如徐复观所说："心善是性善的根据。"换句话说，情感是人性的基础，人拥有仁、义、礼、智四种道德理性，是由"四端"这样的道德感情决定的，这也是人和禽兽的真正的区别。在孟子看来，人只有扩充这四种固有的道德情感，才能成为一个真正的人。怎么将这四种作为根本或源泉的道德情感进行培育、扩充，最终转化为仁、义、礼、智四种普遍的道德理性，最终实现情与性合一，或者说是天人合一，这就是孟子所说的要"扩而充之"，也就是孟子性善论的内涵。

对于孟子性善论需要注意的是，一方面它是当时价值观念重建的重要体现，比如《孟子·告子上》中就记载了当时有性无善无恶论、性可善可恶论、性有善有恶论等多种人性学说，当时的学者都开始注重用善、恶两种观念作为人性的评价标准，这也可以看出当时价值观念呈现出多元发展的趋向；另一方面，性善论实际上是孔子仁学、礼学的融合体，孟子将仁和礼内化为人的本性，并将它们看成是一个人与生俱来的价值观念，这是从形而上的人性角度上对孔子儒家价值观念的继承和发展。孟子这里人性本善的"善"，不是善良的意思，而是一种价值体系，它是以仁、义、礼、智为价值判断的标准，也就是说，符合儒家所说的仁义礼智或具备仁义礼智的就是善的，相反就是恶的。孟子说人性本善，就是说人天生下来就具备或符合仁、义、礼、智这些道德要求。另外，孟子性善论，注重人的情感，将情感看成是人性的出发点与立足点，顺着这四种道

德情感进行扩充、发展就是仁义礼智之性，也就是实现了善。情是
具体的、现实的，而性是抽象的、形而上的，但情与性之间是统一
的，可以相互转化的，性中有情，情中有性，才是为善的能力，如
我们常说的才干、才能，它是情与性之间的桥梁。

　　孟子在将孔子儒家所说的仁、义、礼、智看成是人固有的道德
理性的同时，还发挥了孔子"孝悌为仁之本"的思想，将孔子、曾
子、子思的孝道结合起来，对人性善作了进一步的深化和分析。如
《孟子·离娄上》中说：

> 仁之实，事亲是也；义之实，从兄是也；智之实，知斯二者弗
> 去是也；礼之实，节文斯二者是也；乐之实，乐斯二者。乐则生
> 矣，生则恶可已也。恶可已，则不知足之蹈之手之舞之。

　　孟子强调仁、义是人天生具有的德性，在孟子看来，仁就是孝
敬父母，义就是顺从兄长，智、礼、乐是孝顺的辅助道德。而仁、
义、礼、智四者之中，仁又统摄四者，为最高的范畴。仁义礼智是
上天赋予的，他说："有天爵者，有人爵者。仁义忠信，乐善不倦，
此天爵也；公卿大夫，此人爵也。"（《告子上》）可以看出，孟子的
仁学是建立在宗法血缘基础之上的，这和孔子、曾子、子思一脉相
承。除了肯定仁为孝悌、爱人的基本内涵之外，孟子对"仁"的理
解还包括"爱物"，这个"物"包括世间存在的一切物质。可以说，
孟子对孔子的仁作了极大的扩充，这种"仁"已经超越了简单的亲
亲层面，拓展到了整个宇宙自然界。孟子主张扩充自己内在固有的
善性，将情转化为性，最终实现与天的合一，即天人合一。

　　总的来说，孟子的性善论强调仁义礼智是人天生就具有的道德
理性，这种德性的本质内涵是孝悌。孟子认为仁、义、礼、智虽然

是与生俱来的，但实际上它们并不完备，存在于内心的是仁义礼智的萌芽（或种子），即恻隐之心、羞恶之心、辞让之心、是非之心。人要不断培育、扩充这种萌芽，就像火种被点燃开始燃烧，泉源开始向外喷水，如果能够努力扩充这四端，就可以保有天下。要是不能扩充这四端，就连自己的父母也侍奉不了。孟子所说的这四端，其实就是四种潜在的道德素养与能力，就是孟子所说的"良知良能"（不经学习就能做的，就是良能；不经过思考便知道的，就是良知）。宋明理学家所说的"格物致知""致良知"都源于此。孟子希望每个人都积极扩充培育它们，或者说完善自己的良知良能，经过后天的自我提升，将先天已具有的善端进行扩充、培育，最终达到道德充实、完善的程度，即成为一个仁人，所以孟子说"人皆可以为尧舜"。这样进一步可以保有天下，退一步还可以侍奉父母。

（二）孟子的圣人之道

孟子提出性善论的目的，就是想让人们知道每一个人天生都具有仁、义、礼、智四种德性，当然只是具有仁义礼智四种道德萌芽，即恻隐之心、羞恶之心、辞让之心、是非之心。仁义礼智这四种德性是内在的，它们只能通过这四端体现出来。每个人只要充实、完善这些德性的萌芽就可以成为善人或圣人。如何扩充自己的"四端"以成为一个善人或圣人呢？或者说，如何实现本来的"善"呢？对此，孟子提出来一系列道德修养的方法，这些方法可以说是"成圣之学"或"求善之学"，即可以成为尧舜那样的圣人或具备仁义礼智的善人的学问。孟子的成圣之学有两个方面：一个是反求诸己，一个是博学反约。

1. 反求诸己

由于孟子的"成圣之学"主要是扩充内心固有的道德萌芽，所以他所提出来的道德修养的方法基本上都是从"心"上入手，不需要外求，所以可以说是"反求诸己"，实际上就是"反求诸心"。反求诸己意思是说，在道德心性的修养上，始终从自身做起，找出自身的不足，然后完善它，最终实现自我的完善。如孟子说：

> 夫仁，天之尊爵也，人之安宅也。莫之御而不仁，是不智也。不仁、不智、无礼、无义，人役也。人役而耻为役，由弓人而耻为弓，矢人而耻为矢也。如耻之，莫如为仁。仁者如射，射者正己而后发。发而不中，不怨胜己者，反求诸己而已矣。(《公孙丑上》)

> 孟子曰："爱人不亲，反其仁；治人不治，反其智；礼人不答，反其敬。行有不得者，皆反求诸己，其身正而天下归之。《诗》云：'永言配命，自求多福。'"(《离娄上》)

孟子认为，一个人能否成为仁人，关键在于自己的态度。这好比是射箭，能否射中靶子，关键在于射箭者自身，如果自己具备了相当的能力，自然可以射中；如果射不中靶子，就不能埋怨别人胜了自己，而要从自身出发，看看问题出在哪里了。所以，如果你还不能成为仁人，那就找找自己的原因。同样的道理，如果你的智、礼、义不能完善，也要从自身出发，找到完善自己的路径。自身端正了，天下就会服从你了，幸福也是这样得来的。

孟子"反求诸己"，强调一切从自身做起，自己是修身齐家治国平天下的根本所在，对于这一点孟子也曾说：

> 孟子曰："人有恒言，皆曰天下国家。天下之本在国，国之本在家，家之本在身。"(《离娄上》)

人们有句常说的话，都说天下国家。意思是天下的根本在于国，国的根本在于家，家的根本在于个人自身。孟子这句话进一步强调了反省自身的重要性。孟子所说的"反求诸己"，即反省自我，从自身做起，这其实也是对孔子、曾子、子思等人思想的继承和发展，孔子多次强调"修己以安人""修己以安百姓"（《论语·宪问》）；曾子《大学》也说"修身、齐家、治国、平天下"，"自天子以至于庶人，壹是皆以修身为本"；子思《中庸》也说"君子不可以不修身"。

找到了自身的问题所在，怎么继续完善自我呢？这就需要"诚"。这里的"诚"意思是说，当你发现自己有不足的时候，就真心诚意地去反省自己、完善自己，这是成就一个仁人的基本途径，如孟子说：

> 孟子曰："居下位而不获于上，民不可得而治也。获于上有道，不信于友，弗获于上矣；信于友有道……不明乎善，不诚其身矣。是故，诚者，天之道也；思诚者，人之道也。至诚而不动者，未之有也。不诚，未有能动者也。"（《离娄上》）

孟子认为，人要想获得君主的信任、朋友的亲近、父母的欢心，都必须做到真诚，真心诚意地去做自己应该做的事情。因为真诚是天地自然的基本法则，而反思自我去真诚做事是人的基本准则。做到了至诚而别人不被感动，是从来没有过的事情；如果不真诚，也没有办法感动他人。孟子在这段话中，极力强调"诚"是成就圣人道德的最重要的方法，这其实也是孟子对子思"诚"的思想的继承和发展。因为子思《中庸》中曾经说过同样的话："诚者，天之道也；诚之者，人之道也"，"诚者，物之终始，不诚无物"，等等。

孟子所说的"诚"，可以理解为"专一"，孟子为了说明这个道理，举了一个例子：弈秋是国内的下棋高手，他教了两个学生，其中一个专心致志地听弈秋讲课，另外一个虽然也在听，但心里在想着假如天鹅飞来了，自己怎么拿起弓箭把它射下来。孟子说，这两个人表面上看虽然都在学习，但是一个用心专一，一个用心不专一，学习的效果肯定不同。在孟子看来，既要专心、真诚，也要保持本心。怎么保持自己的本心呢？即要"寡欲"，孟子说："养心莫善于寡欲。"寡欲就是要减少色、声、香、味等各种诱惑，保持内心的专一与至诚。

在道德行为的具体实践上，孟子强调要判断何为正道，然后遵循正道去做事情，并培养自己的"浩然之气"，这就是孟子所说的"知言养气"。知言养气，就是要会思考判断什么符合道义，什么不符合道义，然后根据道义去做事、做人，积累久了，内心的"四端"或本心就会慢慢得到扩充，最终会具备浩然之气。需要强调的是，孟子这里的"知言"与"道义"，无非是希望人们遵循儒家的价值观，排斥杨朱、墨子等人的观点，以坚定的信念去贯彻、践履儒家的道德仁义，最终实现儒家的圣人境界。

2. 博学反约

孟子的成圣之学，除了强调从自身做起，不断反省、反思、完善自我之外，还强调通过外在的学习和积累，这一点可以说是对孔子思想的继承和发展，因为孔子强调学而不厌、敏而好学、博学于文、学而时习之等等，同时孔子自己兼通六艺、六经。可以说，孔子、孟子的道德修身注重从内外两个方面着手，用宋明理学家的话来说，就是尊德性与道问学并重。在学习的过程中，孟子强调要有选择和判断，而不是一味地拘泥于文字、文本，他说："尽信书，则不如无书。"（《尽心下》）可以看出，对于儒家的经典，孟子反对盲从，反对拘泥于书本内容，而是要领悟其中的微言大义。

具体应该怎么读书学习呢？孟子提出了对后世影响深远的"知人论世"与"以意逆志"说。知人论世，是说要想了解一本书的内容与思想，一定要考察、了解作者本人所处的时代、人生经历与心理历程等，只有这样才能更加客观、真实地了解作者创作这部书或作品的用意所在。"以意逆志"，这本来是孟子告诉弟子如何解读《诗经》的方法，原话是："说《诗》者，不以文害辞，不以辞害志，以意逆志，是为得之。"（《万章上》）大体意思是说，解读《诗经》的学者，不要拘泥于文辞，而误解了作者创作的本意，我们只有客观还原作者的本来意思，才算是真正理解了诗篇的思想。孟子所提出来的"知人论世""以意逆志"都是在强调不要受文本的字词、章句所束缚，要客观真实地探求作者的本来意愿。

孟子强调博学，但是更注重"反约"，如他说："博学而详说之，将以反说约也。"（《离娄下》）大体意思是说，通过广泛的学习，然后提炼出所学习内容的精神与精髓。反约之后怎么办呢？要"自得"，即通过对学习到的精神与精髓进行反复体悟，将它们转化为自己内在的价值观念或者用它们来扩充自己的本心，然后指导自己的言行举止。对此《离娄下》中又说："君子深造之以道，欲其自得之也。自得之，则居之安；居之安，则资之深；资之深，则取之左右逢其原。故君子欲其自得之也。"

总的来说，孟子的道德修养方法主要是"反求诸己"与"博学反约"，它们的最终目的都是使人成为善人或圣人。在孟子看来，在人格上、精神上，普通人和圣人是一致的、平等的，如：

夫道一而已矣。成覸谓齐景公曰："彼丈夫也，我丈夫也，吾何畏彼哉?"颜渊曰:"舜何人也? 予何人也? 有为者亦若是。"
(《滕文公上》)

储子曰:"王使人瞷夫子,果有以异于人乎?"孟子曰:"何以
异于人哉? 尧舜与人同耳。"(《离娄下》)

普通人和尧舜所具有的善性都是上天赋予的,所以他们之间是
平等的,圣贤具有的,一般人通过努力也可以做到,"人皆可以为尧
舜"(《告子下》)。只是在孟子看来,善人或圣人本身具备仁、义、
礼、智四种德性,这四种德性是上天所赋予的,上天是人的生命与
价值的源头,圣贤在道德境界上已经是人与天合一了。而普通人则
需要通过"反求诸己""博学反约"等道德修养的方法,完成生命的
提升,从而获得和圣人平等的人格,最终实现人与天的合一。这一
点正如孟子所说:

尽其心者,知其性也。知其性,则知天矣。存其心,养其性,
所以事天也。夭寿不贰,修身以俟之,所以立命也。(《尽心上》)

这里的"尽其心"的"尽",是完全扩充的意思;"知性",就是
获得自己的善性,"事天"就是从道德境界上完成人和天的合一,
"立命"指的是道德修养的终极归宿,也就是我们常说的安身立命,
或者说是活着的价值与意义。在实现天人合一的过程中,心是前后
存在的枢纽,它具备了上天赋予的仁义礼智的萌芽与源泉,为尽心、
存心提供了自我完善、实现天人合一的可能性与必要性。如何将尽
心、存心转化为知天、事天,这就需要上面所说的"反求诸己""博
学反约",这也就是孟子的成圣之学、求善之学或立命之学。

(三) 孟子与古代仁政学说

孟子的仁学思想强调仁爱、关爱,强调以民为本,他以民本为

基础提出了仁政的学说，期望最终实现上古三代的王道政治。孟子的这种思想体系既是对西周民本、仁政思想的继承和发展，也是对孔子"以德治国"王道政治理念的进一步深化。

1. 仁政思想的支点：民本

从上文分析我们可以看出，孟子仁政的立足点是以民为本，"仁政的其他内容差不多都是从民本思想引发出来的"[①]。民本的思想来源非常早，殷商时期的政治家就已经意识到"民惟邦本，本固邦宁"的道理了。到了西周时期，周文王、周武王、周公、周成王等人更加注重民本，所以《尚书》中就有他们所反复强调的"敬德""保民"之观念。到了春秋战国时期，民本思想越来越得到统治者与学者的关注，如老子、孔子、墨子等人都就民本思想作了进一步的论证，孟子作为儒家学派的重要继承人，在前人的基础上对上古以来的民本思想又作了进一步的发展，并将之贯彻到自己的仁政思想中。如孟子强调"民为贵"的思想，他说：

> 民为贵，社稷次之，君为轻。是故得乎丘民而为天子，得乎天子为诸侯，得乎诸侯为大夫。诸侯危社稷，则变置。牺牲既成，粢盛既絜，祭祀以时，然而旱干水溢，则变置社稷。（《尽心下》）

从以上可以看出，在孟子的"民本"思想中，他将人民放在第一位，国家为其次，君在最后。这是因为，有了人民，才需要建立国家；有了国家，才需要有个"君"。国家是为民众建立的，"君"的位置是为国家而设立的。这里，轻重主次的关系是很清楚的，国家政治，一切以民为本。孟子甚至认为整个国家的政治管理阶层都

---

① 董洪利：《孟子研究》，江苏古籍出版社，1997年，第45页。

要尊重民意，他说在人才的选取上要注重贤能，要听取百姓的意见，选择一个官吏的时候，"左右皆曰贤，未可也；诸大夫皆曰贤，未可也；国人皆曰贤，然后察之；见贤焉，然后用之"（《梁惠王下》）。意思是，一个官吏是否可以用，不是取决于国君身边的侍从、在朝的高官，而是取决于国人，即百姓的意见，当百姓认可后，再作考察，贤能的就用，不贤能的就舍弃。总的来说，孟子认为君主应以民为本，尊重民意，为政者要保障人民权利，从而维护社会政治秩序的稳定。

孟子甚至认为，如果君主不仁不义，不注重民生，就是仁义的祸害者，就是独夫民贼，人人可以得而诛之。如《孟子·梁惠王下》记载：

> 齐宣王问曰："汤放桀、武王伐纣，有诸？"孟子对曰："于传有之。"曰："臣弑其君，可乎？"曰："贼仁者谓之贼，贼义者谓之残，残贼之人谓之一夫。闻诛一夫纣矣，未闻弑君也。"

翻译过来就是说，齐宣王问孟子："成汤流放夏桀、武王讨伐商纣，有这回事吗？"孟子回答说："史书上有这样的记载。"宣王说："臣子谋害他的君主，可以吗？"言外之意是，这还有王法吗？孟子说："伤害仁的人叫作贼，伤害义的人叫作残，这样残贼的人叫独夫。我只是听说过诛杀独夫桀纣，没有听说过谋害君主。"孟子在这里其实是告诫齐宣王，君主如果不行仁义就是独夫民贼，人人可以得而诛之。从这里可以看出，孟子在孔子民本思想的基础上，进一步强化了百姓的权益，他不再像孔子那样维护君主绝对的地位。为什么这样说呢？在孔子的思想中，他宣扬君君、臣臣、父父、子子，主张"正名"，即正责任，每个人都应当遵守礼法，不可以逾越，否则就是非仁、非礼。即使是君主、父亲有错误，也要听从，可以劝解，但却不可以叛乱、甚至杀害君父。在《春秋》中，孔子讲将臣子杀君父的行为，全部用"弑"这个字来谴责杀父弑君大逆不道的行为，以此来维护父权君主制的绝对权威。

而在孟子的思想中，君臣之间的关系是互利的、互相平等的，没有之前孔子所宣扬的严格的等级观念，如《孟子·离娄下》中说：

> 君之视臣如手足，则臣视君如腹心；君之视臣如犬马，则臣视君如国人；君之视臣如土芥，则臣视君如寇雠。

在孟子看来，君主如果没有仁义，那么他就是仁义的迫害者，就是独夫民贼，就是老百姓的敌人。孟子甚至认为，作为一国之君，负责治理国家，但如果有过失而又不听臣下的劝谏，那么贵族阶层就应废除旧有的君主，另立新君；或者离开旧有的君主，弃暗投明。如孟子所说："君有大过则谏；反复之而不听，则易位。……君有过则谏，反复之而不听，则去。"（《万章下》）总的来说，君臣之间是合作的关系，而不是严格的隶属关系，更不是奴役的关系。

从以上孟子的思想中，我们可以看出，孟子极力强调以民为本，强调政治体系对君主的约束作用，他认为作为君主要与自己的臣子和睦相处，全身心地、无条件地服务于百姓，而不可以利用自己的权威迫害百姓、压制臣子。正是因为如此，当有人问孟子，舜做天子，皋陶是大法官，如果舜的父亲杀了人，怎么办呢？孟子说，逮捕舜的父亲就行了。别人又问，作为天子的舜，难道就不制止皋陶逮捕自己的父亲吗？孟子说，舜哪里有权力去禁止皋陶这样做呢？皋陶这样做是法律赋予他的权力。但是作为儿子的舜，又不能不解救自己的父亲，怎么办呢？唯一的办法就是，舜放弃天子的位子，偷偷地背着自己的父亲，逃到海边，享受天伦之乐。这就可以看出，孟子强调天子也要遵守自己制定的法律，而不能利用自己的职权徇私情，这表明天子要以民为本，要从属于政治体制，而不是操纵政治体制。

明代朱元璋看到孟子这些民贵君轻、对君主大不敬的言论，非常生气，说："这老头儿要是活到今天，非严办不可。"于是，孟子的配享孔子的牌位被他搬出了孔庙。后来他又命大学士将《孟子》一书删去八十五处，将其余一百七十多章重新注解，成《孟子节文》，读书和考试只用这个删节和被曲解的《孟子》。后来，朱元璋去世，《孟子》才又恢复了原状。

当然，我们需要清楚的是，孟子的这种民本思想，逻辑起点是民生，但是其最终归宿还是服务于王权体制。

2. 孟子思想的核心：仁政

仁政思想是孟子思想学说的根本所在，也是其思想的最终落脚点。正如董洪利先生所言："仁政是孟子政治思想的核心，也是他半生辛苦孜孜以求但最终仍未能实现的理想。孟子的许多观点，诸如性善论、道德修养论、教育学说等都是围绕着仁政而展开的。因此，仁政学说乃是孟子思想体系中最重要的范畴。"[1]

具体怎么实现民本、仁政呢？首先要"法先王"。

"法先王"就是要向尧舜等上古三代的帝王学习，实行仁政，这其实也是对孔子"祖述尧舜，宪章文武"思想的继承，孟子说：

> 尧舜之道，不以仁政，不能平治天下。今有仁心仁闻而民不被

① 董洪利：《孟子研究》，江苏古籍出版社，1997年，第39页。

其泽，不可法于后世者，不行先王之道也。故曰：徒善不足以为政，徒法不能以自行。《诗》云："不愆不忘，率由旧章。"遵先王之法而过者，未之有也。（《离娄上》）

规矩，方员之至也；圣人，人伦之至也。欲为君，尽君道；欲为臣，尽臣道。二者皆法尧、舜而已矣。不以舜之所以事尧事君，不敬其君者也；不以尧之所以治民治民，贼其民者也。孔子曰："道二，仁与不仁而已矣。"暴其民甚，则身弑国亡；不甚，则身危国削，名之曰"幽""厉"，虽孝子慈孙，百世不能改也。《诗》云："殷鉴不远，在夏后之世。"此之谓也。（《离娄上》）

桀纣之失天下也，失其民也；失其民者，失其心也。得天下有道，得其民，斯得天下矣；得其民有道，得其心，斯得民矣。得其心有道，所欲与之聚之，所恶勿施尔也。民之归仁也，犹水之就下、兽之走圹也。（《离娄上》）

第一段的意思是说，学习尧舜之道，不推行仁政，就不能治理好天下。现在有的诸侯有仁爱之心和仁爱之名，但是百姓却得不到他的任何恩泽，这主要是不实行古代圣王治国方略的缘故。所以说，只有善良的心不足以治国理政，只有治国方略它自己也运作不起来。《诗经》上说："不要偏差和遗忘，一切都按照旧有的章程来办。"即遵守先王的方法而犯错误的，是从来没有过的。孟子在第二段、第三段中，进一步论证了要效法尧舜治国之道，以民为本，实行仁政，便可获得人民的支持，得民心者得天下，否则就会导致像夏商的桀纣一样失去民心、失去天下。

总的来说，孟子游说各国诸侯，"言必称尧舜"，他自己也曾说"我非尧舜之道不敢陈于王前"，主张实行王道仁政，这自然和当时诸侯国所追求的霸道政治相背离。

其次，孟子强调以孝治天下。

由于孟子宣扬人性善，人性善的内涵就是仁义礼智，它们都是人与生俱来的本性。既然孝悌就是仁义的根本，孟子就希望人人能扩充这种善性，小的方面可以孝顺父母，大的方面可以实现仁政。正如他所说："苟能充之，足以保四海；苟不充之，不足以事父母。"（《公孙丑上》）孟子甚至将孝悌看成是治国安邦、实现仁政与王道理想最重要的手段，他说："老吾老，以及人之老；幼吾幼，以及人之幼。天下可运于掌。"（《梁惠王上》）"人人亲其亲，长其长，而天下平。"（《离娄上》）"入则孝，出则悌，守先王之道。"（《滕文公下》）"尧舜之道，孝悌而已矣。"（《告子下》）就是希望君主以爱人为基点，以孝治为根本路径，将这种关爱推广到社会各个层面，最终实现天下的大同，正如孟子所说：

> 孝子之至，莫大乎尊亲；尊亲之至，莫大乎以天下养。为天子父，尊之至也；以天下养，养之至也。（《万章上》）

> 老吾老，以及人之老；幼吾幼，以及人之幼，天下可运于掌。《诗》云："刑于寡妻，至于兄弟，以御于家邦。"言举斯心加诸彼而已。故推恩足以保四海，不推恩无以保妻子。古之人所以大过人者无他焉，善推其所为而已矣。（《梁惠王上》）

> 王如施仁政于民，省刑罚，薄税敛，深耕易耨，壮者以暇日修其孝悌忠信，入以事其父兄，出以事其长上，可使制梃以挞秦、楚之坚甲利兵矣。彼夺其民时，使不得耕耨以养其父母，父母冻饿，兄弟妻子离散。彼陷溺其民，王往而征之，夫谁与王敌？故曰："仁者无敌。"王请勿疑。（《梁惠王上》）

第一段主要讲的是舜以孝治天下，意思是说：孝子的极致，没有比尊敬父母更重大的了；尊敬父母的极致，没有比奉养整个天下更重大的了。成了天子的父亲，是尊敬的极致；奉养整个天下，是奉养的极致。所以在第二段、第三段中，孟子劝说梁惠王如果能够推广自己的孝道，即《孝经》所说的"天子之孝"，以孝治天下，让整个天下都得到天子的恩泽，那么实现王道政治就易如反掌。孟子的这种思路，基本上继承了上古以来以孝治天下的政治思想，并将自己的仁政理念融入其中。总而言之，孟子从人性的高度论证了孝与仁义都是人与生俱来的本性，是绝对合理的，然后极力强调孝悌是实现仁政为主体的王道政治最基本的手段。

再次，推行以井田制为核心的经济制度，以保证百姓有自己固定的产业。

之所以要如此，是因为在孟子看来，百姓只有有了自己固定的产业，安居乐业，才有恒心为善，社会才会稳定，他说：

> 夫仁政，必自经界始。经界不正，井地不均，谷禄不平，是故暴君污吏必慢其经界。经界既正，分田制禄可坐而定也。……请野九一而助，国中什一使自赋。卿以下必有圭田，圭田五十亩，余夫二十五亩。死徙无出乡，乡田同井，出入相友，守望相助，疾病相扶持，则百姓亲睦。方里而井，井九百亩，其中为公田，八家皆私百亩，同养公田。公事毕，然后敢治私事，所以别野人也。（《滕文公上》）

> 无恒产而有恒心者，惟士为能。若民，则无恒产，因无恒心。苟无恒心，放辟邪侈，无不为已。及陷于罪，然后从而刑之，是罔民也。焉有仁人在位，罔民而可为也？是故明君制民之产，必使仰足以事父母，俯足以畜妻子，乐岁终身饱，凶年免于死亡。然后驱而之善，故民之从之也轻。今也制民之产，仰不足以事父母，俯不足以畜妻子，乐岁终身苦，凶年不免于死亡。此惟救死而恐不赡，

奚暇治礼义哉？王欲行之，则盍反其本矣：五亩之宅，树之以桑，五十者可以衣帛矣。鸡豚狗彘之畜，无失其时，七十者可以食肉矣。百亩之田，勿夺其时，八口之家可以无饥矣。谨庠序之教，申之以孝悌之义，颁白者不负戴于道路矣。老者衣帛食肉，黎民不饥不寒，然而不王者，未之有也。（《梁惠王上》）

孟子提出了千古名言："夫仁政，必自经界始。"意思是，要想推行仁政，首先必须从划分土地界限开始，言外之意是要推行西周时期的井田制。当然，孟子不是照搬西周时期的经济制度，而是说要吸收西周土地制度的精神，让老百姓有自己的土地，以保证他们的生活来源。孟子为什么这样讲呢？孟子的这种经济思想与当时的经济结构与社会现状有直接的关系。因为在战国时期，社会经济依旧以农业为主，但这一时期土地兼并、横征暴敛盛行，加上战争不断，老百姓流离失所，没有丝毫的生活保障，为了生存，老百姓或者造反叛乱，或者作奸犯科，或者烧杀抢掠，无恶不作，这些无疑增加了社会的不安定。尽管当时的法家学者提倡严刑酷法，但是并不能从根本上解决这个社会政治问题。所以孟子强调，治理社会动乱一定要从源头出发，通过恢复井田制，让百姓拥有自己的土地，并且实行轻徭薄赋，这样一来老百姓不但可以种地养活自己，赡养父母，而且还能为公家种地增加赋税收入，一举两得。老百姓有了稳定的生活，朝廷再向他们推行道德教化，仁爱、忠信的思想就流行起来了，社会政治就稳定了。正如孟子所说："养生丧死无憾，王道之始也。"（《梁惠王上》）

最后，以圣君为核心的圣贤政治体制是推行仁政、实现王道社会的可靠保障。

在孟子看来，推行仁政的关键首先在君主自身，最重要的便是

君主要有仁德的心，然后将这种仁德之心推向全国，最终实现天下
稳定与和谐，如孟子所说："君仁，莫不仁；君义，莫不义；君正，
莫不正。一正君而国定矣。"（《离娄上》）另外，孟子希望君主选贤
用能，而且这些贤能要根据民意选取，从而保证推行仁政的都是君
子和贤人。在孟子看来，处于统治阶层的应当都是有仁德的贤能之
人，他说："惟仁者宜在高位。不仁而在高位，是播其恶于众也。"
（《离娄上》）孟子认为，只有道德高尚的仁人，才应该处于统治地
位。如果道德低下的不仁者处于统治地位，就会把他的罪恶传播给
众人。

孟子推崇圣贤政治，孟子在宣扬自己学说的时候"言必称尧
舜"。孟子的圣贤政治思想对后世政治学有深远的影响。后代学者在
谈及政治思想时，一般都极力强调个人道德境界的提升，然后由个
人到家庭、到家族、到国家，一步步向外推演，以德治国，最终实
现仁政。表现最明显的便是宋明儒家，在中国近世王权进一步加强
的情况下，他们在建构新的政治思想体系的时候，就将君主的道德
观念与行政能力看得非常重要，如程颐、胡宏、张栻、朱熹、陆九
渊等人都强调"格君心之非"，希望通过改变君主本人的道德、行政
状态，最终实现儒家的王道理想。

3. 孟学的最终目标：王道社会

孟子学说的最终目的就是想建立以仁政为核心的王道社会，这
个社会是一个充满了温情与关爱，凡事都以民为本，以仁义为核心
价值观念，天下一统，社会安定，没有战争，百姓安乐的理想社会。

孟子曾经说过："五霸者，三王之罪人也；今之诸侯，五霸之罪
人也；今之大夫，今之诸侯之罪人也。"（《告子下》）在孟子看来，
五霸的产生改变了夏商周三代所推行的王道政治，所以春秋五霸可

以说是王道政治社会的罪人。孟子所说的"今之诸侯，五霸之罪人"，言外之意是今之诸侯的做法比五霸更加过分。怎么理解呢？比如五霸之中最先称霸的是齐桓公，他曾经"九合诸侯，一匡天下"，召开盟会，盟约中还规定了诛杀不孝、表彰贤能、尊老爱幼等五种体现仁道的条约，这在一定程度上抑制了当时诸侯之间的暴行。但是战国时期即孟子所处时代的诸侯，已经不遵守春秋五霸所规定的仁道盟约，所以说"今之诸侯，五霸之罪人也"。不仅如此，各个诸侯国内的大夫也极力迎合诸侯的暴虐的想法，所以说"今之大夫，今之诸侯之罪人也"。

由于孟子宣扬仁政，最终目的是建立上古三代的王道社会，所以当梁惠王问他春秋五霸的事情的时候，他就说"仲尼之徒无道桓、文之事者"，言外之意是说，连孔子的弟子们都不谈齐桓、晋文等五霸的事情，作为孔子弟子的弟子的我，更不用说这个了。所以孟子接着对梁惠王说，您要是想谈社会政治，咱们谈谈王道社会怎么样呢？

（四）孟子与中国经学、儒学

对于六经，孟子最为关注的为《诗》《书》《礼》与《春秋》。赵岐《孟子题辞》中说孟子"师孔子之孙子思，治儒述之道，通五经，尤长于《诗》《书》"。在其与弟子共撰的《孟子》一书中，大量援引《诗》《书》中的文字，作为自己立说的理论依据，以此来传承孔子的学说。正如司马迁在《史记·孟子荀卿列传》中说孟子："退而与万章之徒序《诗》《书》，述仲尼之意，作《孟子》七篇。"这其实点明了《孟子》七篇所言都是《诗》《书》及孔子的儒学精神。

对于礼制，孟子也数次提到，并对之进行改造，作为其理论基础之一。尽管在《孟子》一书中没有一字提到《周易》，但是后代很多思想家认为孟子是精通《周易》的。如宋代理学奠基人二程就说："知《易》者，莫若孟子。"①"由《孟子》可以观《易》。"②清人焦循说："《孟子》全书，全是发明《周易》变通之义。""孟子深于《易》，悉于圣人通变神化之道。"③对于《春秋》，孟子特别予以关注，也正是因为如此，后人在孟子的基础上进一步发掘《春秋》的价值，并使之在后代发挥了不可估量的作用。

《孟子》一书中极力表彰孔子《春秋》。之所以推尊《春秋》学，乃是因为在孟子看来，孔子所作的《春秋》有巨大的历史意义，所谓"昔者禹抑洪水而天下平，周公兼夷狄驱猛兽而百姓宁，孔子成《春秋》而乱臣贼子惧"。孟子将孔子《春秋》学与大禹治水、周公兼夷狄相提并论，说明孔子《春秋》学在维护传统儒家礼制与社会政治秩序方面具有突出价值。孟子说："《春秋》，天子之事也。"（《滕文公下》）表明《春秋》已经不是一部简单的史书，而是代表着天子在匡扶社稷。正是孟子对孔子《春秋》思想的表彰与诠释，为后世继承并发展孔子《春秋》学提供了重要的思想渊源与理论依据，也为后世《春秋》学的发展奠定了坚实的基础。总的来看，孟子对六经的贡献，宣扬的侧重点主要在于《诗》《书》与《春秋》。他特别强调孔子作《春秋》的价值与意义，这其实是赋予了《春秋》在中国古代经学史上的崇高地位，随着司马迁《史记》重申这一观念，《春秋》之学随之得到朝野的高度重视，不仅如此，后来汉代董仲

---

① 《二程集·程氏遗书》卷二十五，中华书局，1981 年，第 327 页。
② 《二程集·程氏外书》卷三，第 366 页。
③ ［清］焦循撰，沈文倬点校：《孟子正义》卷十五《离娄上》，中华书局，2015 年，第 572、564 页。

舒，宋代二程、朱熹等人都极力推尊孟子的《春秋》学思想，可以说影响极为深远。

孟子在对经学的理解与解释上，也提出一些原则与方法，对后世影响非常深远，如"知人论世"与"以意逆志"的经典解释理论。其中"知人论世"强调，对于经典的解读，不能脱离作者所处的时代，毕竟作品是作者根据具体的社会政治、思想文化的需要而创作的，因此在解读作品时就应当将它放在特定的历史情境下来理解，这如同陈寅恪先生所言"了解之同情"，即"所谓真了解者，必神游冥想，与立说之古人，处于同一境界，而对于其持论所以不得不如是之苦心孤诣，表一种之同情，始能批评其学说之是非得失，而无隔阂肤廓之论"①。陈寅恪先生的这种历史理解与解释的观点其实与孟子"知人论世"的观点非常接近。钱穆先生在《中国历史名著》一书中也反复强调这个观点：了解一部史书，一定先要了解作者及其所处的时代。另外，孟子还提出了"以意逆志"的观点，即在《孟子·万章上》篇中说："说诗者，不以文害辞，不以辞害志。以意逆志，是为得之。"这是孟子针对如何理解《诗经》所提出的原则。孟子认为，评论诗，既不能根据诗的个别字句断章取义地曲解，也不能以词句的表面意思曲解诗的真实含义，而应该根据作品的全篇立意，来探索作者的心志。

孟子在经学思想史上的贡献不完全在于传承六经，提出经学解释理论，还在于继承了孔子、曾子、子思的儒学思想，以人性论为基础，将外在社会政治规范转化为人内心的自觉意识，进一步发展

---

① 陈寅恪：《审查报告一》，冯友兰：《中国哲学史》（下），商务印书馆，2011年，第603页。

出对后来儒家学说产生深远影响的"性善论""民本""仁政"等思想观念，极力宣扬王道政治。正如蔡元培先生在总结孟子的历史功绩时说：

> 孟子者，承孔子之后，而能为北方思想之继承者也。其于先圣学说益推阐之，以应世用。而亦有几许创见：（一）承子思性说而确言性善；（二）循仁之本义而配之以义，以为实行道德之作用；（三）以养气之说论究仁义之极致及效力，发前人所未发；（四）本仁义而言王道，以明经国之大法。

孟子重点发扬了孔子仁的学说，并将仁的学说建立在人性本善的基础上，以此为基点为人格道德的提升提出仁义、养气等方法，并将这种人伦道德作为社会政治理想的根基，即"本仁义而言王道"，孟子的这种伦理、政治理念在儒学史上具有开创作用。蔡元培还说："孟子承孔子、子思之学说而推阐之，其精深虽不及子思，而博大翔实则过之，其品格又足以相副，信不愧为儒家巨子。"[1] 对此陈荣捷先生也有相同的说法：

> 论及孔孟间最大的不同，乃在于他们的学说。虽然大体来说，孟子的主张源于孔子，然而，在儒家的中心思想，也就是人性问题上面，孟子却向前跨了一大步，此种新的理论连带地也波及到他其他方面的思想。孔子的观念中最多只蕴涵着：人性是善的，孟子却毅然宣称人性本善。而且，他还进而将整个哲学体系奠基在此一纲领上，这也是前无古人的。[2]

① 以上所引见蔡元培《中国伦理学史》，人民出版社，2008年，第19、22页。
② 陈荣捷编著，杨儒宾等译：《中国哲学文献选编》，江苏教育出版社，2006年，第66页。

　　陈荣捷先生肯定了孟子思想来源于孔子，但超越于孔子思想的历史功绩。而孟子以人性为基点来探讨人伦道德、社会政治，可以说，这种思维开启了后世以人性论为基础发展儒学的趋向。尽管孟子的思想在汉唐之际并没有受到足够的重视，但随着佛教之学在中古时期的传播与影响，最终使得中唐时期的韩愈、李翱等人也开始注重从人性论的角度探究治国安邦之术，而这与之后的宋明理学家们的学术思维基本一致，可以说孟子尤其是思孟学派是中国古代后期经学、儒学思想的基石。

三、古代《孟》学史略

　　孟子作为战国中期儒家学派的代表性人物，他的学说在其去世之后得到了弟子们的传承和宣扬，到了战国末期已经非常有影响，稍晚于孟子的荀子，作为战国末期的儒学集大成者，对思孟学派进行批判，这反过来也说明思孟学派在当时依旧有很大的影响。

　　秦始皇焚书坑儒时，孟子一派也遭到了迫害，但是《孟子》一书因为是子书，所以没有受到太大的影响。另外，需要关注的是，尽管秦代没有推行以仁政为核心的王道政治，但是孟子所宣扬的大一统理念，被秦始皇实现了，这为之后儒家学说的推行提供了重要的政治保障。

　　（一）汉唐之际

　　到了西汉文帝时期，《孟子》开始受到朝廷的重视，赵岐在《孟子题辞》中说："汉兴，除秦虐禁，开延道德，孝文皇帝欲广游学之路，《论语》《孝经》《孟子》《尔雅》皆置博士，后罢传记博士，独立五经而已。"传、记隶属于经书，辅助解读经书，所以《孟子》立博士，成为传记博士。传记在儒家经典中介于诸子与经书之间，所以要比它在战国时期的地位有所提高。但是，随着汉武帝实行"卓然罢黜百家，表章六经"（《汉书·武帝纪》赞）的政策之后，《孟子》的博士地位被取消，又回到了诸子的地位。

东汉时期，注解《孟子》只有五家，即程曾《孟子章句》、郑玄《孟子注》、高诱《孟子章句》、刘熙《孟子注》和赵岐《孟子章句》（后来的史书与目录一般称为《孟子注》）。之后，只有赵岐一家流传下来，其余都相继亡佚了。赵岐（108—201），字邠卿，东汉末年京兆人。赵岐所作的《孟子注》是至今保存最早的《孟子》注解本，也是我们研究汉代《孟》学唯一可靠的文献。清阮元《十三经注疏校刊记序》曾评论《孟子章句》说：

> 赵岐之学，以较马（融）、郑（玄）、许（慎）、服（虔）诸儒稍为固陋，然属书离辞，指事类情，于诂训无所戾，七篇之微言大义，藉是可推。（《孟子注疏·校勘记序》）

赵岐《孟子章句》主要是注解《孟子》一书，此书注重章句训诂，由于赵岐距离孟子时代最近，所以在解释上更能接近孟子的原意。如《孟子·梁惠王上》中有："为长者折枝，语人曰：'我不能'，是不为也，非不能也。"对于其中的"折枝"一词，本意是按摩、挠痒，消除人的肢体疲劳的意思，所以赵岐《孟子章句》就解释为："折枝，案摩折手节解罢枝也。"罢枝，指疲肢。可以看出，赵岐的解释非常正确。但是唐人陆善经《孟子注》解释为："折草木之枝。"明显是望文生义，尽管意思很明了，但是是错误的。不过，赵岐《孟子章句》对于孟子的思想很少进行深入解读，这是此书的不足之处。

到了魏晋南北朝时期，孟子及其著述《孟子》几乎为朝野所遗忘。据《隋书·经籍志》与《唐书·艺文志》记载，当时只有綦毋邃《孟子注》一部著述，此书后来也散佚了。

在唐代中前期，《孟子》依旧没有得到学者的关注。到了中唐之后，如杨绾、韩愈、李翱、皮日休等人开始尊崇孟子，如唐代宗宝应二年（763），礼部侍郎杨绾上书朝廷，建议将《孟子》与《论语》《孝经》并立为"兼经"，成为明经科的一部分，虽然朝廷没有应允，但却开启了唐宋之际《孟子》升格为经的先声。另外，韩愈对孟子地位的提升作出了突出的贡献。韩愈认为，思孟学派是儒家学说传承中的正宗，孟子是孔子之后最重要的儒家传人。他说："尧以是传之舜，舜以是传之禹，禹以是传之汤，汤以是传之文武周公，文武周公传之孔子，孔子传之孟轲，轲之死，不得其传焉。荀与扬也，择焉而不精，语焉而不详。"[①] 韩愈肯定了孟子的儒学正宗地位，而否定了汉唐时期儒者们所尊奉的荀子，这无疑提升了孟子的地位，也为孟子思想的宣传起到了重要的作用。后来宋代理学家受韩愈的影响，也将孟子视为孔子之后儒学的正宗嫡传，并借助人性论思想建构出新的儒学思想体系。但韩愈去世以后，孟子又渐渐为人们所忽略。终唐一代，研究《孟子》的著述，见于文献著录的只有五部，即陆善经《孟子注》、张镒《孟子音义》、丁公著《孟子手音》、刘轲《翼孟》、林慎思《续孟子》。这五部著述今天也早已亡佚了。

纵观汉唐时期《孟子》及其思想的研究状况，我们可以看出，

---

① ［唐］韩愈撰，马其昶校注：《韩昌黎文集校注》卷一《原道》，上海古籍出版社，1986年，第18页。

与其他经书相比，孟子及其思想在当时几乎没有得到学者应有的关注，对此情况，董洪利先生曾作总结说：

> 总的看，从汉至唐的近千年间，《孟子》研究虽然也有一定的发展，但其治学宗旨和研究方法却没有什么新的突破。自从汉武帝把儒家学说推到独尊的地位，并把《易》《诗》《书》《礼》《春秋》定为经典以后，儒学的研究就成了经学研究。经学之外的儒学大师并没有受到应有的重视。因此《孟子》《荀子》等儒家著作研究者寥若晨星。东汉时代出现的几部《孟子》研究著作，也不过是经学的补充。其研究方法仍然是东汉古文经学家研治经书的方法，即以典章制度、历史事实的考释和语词章句的训诂为主，而对《孟子》书中丰富的哲学思想则很少进行深入的研究。魏晋时代玄学，在经学领域产生了一定的影响，如王弼注《易》即以老、庄之义解之。但这种影响并未及于《孟子》。隋唐时代的《孟子》研究，基本上是沿着东汉形成的训诂辞章之学的老路走过来的。因此，尽管中唐以后有韩愈等人的极力推崇，使孟子的政治、学术地位有了较大的提高，但对《孟子》思想内容的研究没有取得新的进展。①

可以看出，汉唐之际孟学的研究处于一个低谷：（1）朝廷和学人对孟子及其学说并不重视；（2）孟学研究方法以训诂、考释为主，基本没什么新的突破；（3）《孟子》中丰富的哲理也没有得到深入的阐发；（4）中唐韩愈等人的尊孟，虽使得孟子地位有所提升，但对《孟子》思想的研究没有新进展。总的来看，汉唐之际孟学寂寥，学人对《孟子》的研究无论在数量上，还是质量上，都没有根本的变化。这种状态与其他经书的地位和受重视程度不可同日而语，不仅

---

① 董洪利：《孟子研究》，江苏古籍出版社，1997年，第192页。

如此,《隋书·经籍志》《旧唐书·经籍志》《新唐书·艺文志》《崇文总目》等,也都将《孟子》一书列入"子部"。当然,孟子受到忽视的状况除了与汉以后经学发展的式微有直接的关系之外,也与《孟子》本身的思想内容,诸如其"性善论""民本""仁政王道"等观点与时势不合有极大的关系。

(二) 两宋

宋代是孟学的大发展时期,这一时期孟子的地位得到急剧提升,受到朝野上下的一致关注,并最终从诸子升跃为经书,成为十三经之一。这个变化过程,经学史研究专家周予同称之为"孟子升格运动"[①]。宋代孟学非常兴盛,只清人朱彝尊《经义考》记载的宋人研究《孟子》的著述就有一百多部。

《孟子》一书升格为经书之前,宋朝初年孙奭曾经奉朝廷之命,校订赵岐《孟子注》,同时为它作疏,即《孟子注疏》,后来也称为《孟子正义》,但很多学者认为这部书是假托孙奭之名而作。尽管如此,后来阮元《十三经注疏》收入了赵岐《孟子注》与孙奭《孟子疏》。

宋朝中期孟子及其思想的被重视,和新儒学思想体系的重建有直接的关系。宋代新儒学的重建始于中唐韩愈、李翱,主要是为了应对佛老之学对社会经济、人伦道德的破坏,所以他们将注重"性与天道"的孟子视为孔子的嫡传。韩愈、李翱虽然没有完成新儒学的建构工作,但是他们为宋代学者建构新儒学提供给了重要的思路。所以,从北宋初始,如胡瑗、孙复、石介等人也都极力倡导孔孟学说,反对佛老之学,随着北宋中期诸多学者对孟子的提倡和宣扬,

---

① 朱维铮编:《周予同经学史论著选集》,上海人民出版社,1983年,第289页。

孟子及其思想越来越受到学者们的关注。

王安石作为北宋中后期最为重要的新儒学的推动者，他虽然没有建构出像周敦颐、张载、二程那样的理学体系来，但是他在经学解释的思想和方法上，对理学家启发很大。最为主要的是，王安石本人对孟子也非常尊崇，他除了借助孟子宣扬王道政治之外，在变法时期，还将《孟子》列为科举考试的必读书①，由此《孟子》跻身于经书的行列，正式成为儒家经典之一。王安石在当时影响很大，这对孟子地位的升格起到了直接的推动作用。

王安石以政治制度的形式提升并保证了孟子的至高地位，而理学奠基人二程则是从学术思想的角度真正确立了孟子及其学说的正统地位。二程时代，思孟学开始成为学者普遍关注的学说，这一时期的胡瑗、周敦颐、张载、士建中、司马光、王安石、苏轼等人都非常关注思孟学。但其间也夹杂有李觏、司马光、晁说之等人的诋孟思想。二程在时代思潮的影响下，为了建构自己的新儒学思想体系——理学，极力肯定子思、孟子在儒家学说史上的正统传道地位，并极力推尊和表彰思孟学说。首先，二程将孟子看成是孔子之后的儒家学说的正宗嫡传，这在二程著述中有大量的记载，如：

> 孔子没，曾子之道日益光大。孔子没，传孔子之道者，曾子而已。曾子传之子思，子思传之孟子，孟子死，不得其传，至孟子而圣人之道益尊。②
>
> 圣人之学，若非子思、孟子，则几乎息矣。③

---

① 《宋史》卷一百五十五《选举志》记载："于是改法：罢诗赋、帖经、墨义，士各占治《易》《诗》《书》《周礼》《礼记》一经，兼《论语》《孟子》。"
② 《程氏遗书》卷二十五，《二程集》，中华书局，1981年，第327页。
③ 《程氏遗书》卷十七，《二程集》，第176页。

二程把孟子视为孔子之后传道的功臣，是因为孟子发展了孔子的思想，其中包括仁义的思想、养气的观点，以及性善论等，由此二程提出了一个儒家学说传承谱系：孔子——曾子——子思——孟子，这个谱系其实是对韩愈道统观的重申，韩愈曾说："孟轲师子思，子思之学盖出曾子，自孔子没，群弟子莫不有书，独孟轲氏之传得其宗。"① 韩愈还说"轲之死，不得其传焉"②，并自谦地说"韩愈之贤不及孟子，孟子不能救之于未亡之前，而韩愈乃欲全之于已坏之后"③，韩愈俨然有继任孔孟道学的意思。二程对韩愈颇有微词④，他们并不满足于自己接续韩愈之后，而是将韩愈排除在儒学道统谱系之外，自己直承孔孟道学，"以兴起斯文为己任"⑤。

二程之所以大力表彰孟子及其学说，原因很多，其中主要原因在于看重孟子的心性学说。二程曾说，"论心术，无如孟子"⑥，"孟子所以独出诸儒者，以能明性也"⑦。二程希望以孟子的心性学说为资源建构儒家学说自己的心性理论，以应对佛老心性之学的挑战。二程借助天理的理论，将性善视为宇宙的本体，这无疑为其心性学说提供了一个重要的基点。二程认为，所谓的天命、理、性、心，

---

① 《韩昌黎文集校注》卷四《送王秀才序》，第261页。

② 《韩昌黎文集校注》卷一《原道》，第18页。

③ 《韩昌黎文集校注》卷三《与孟尚书书》，第215页。

④ 《程氏遗书》卷六："杨子之学实，韩子之学华，华则涉道浅。"（《二程集》，第88页）《程氏遗书》卷十八："退之晚年为文，所得处甚多。学本是修德，有德然后有言，退之却倒学了。"（《二程集》，第232页）

⑤ 《程氏文集》卷十一《明道先生行状》，《二程集》，第638页。程颢死后，程颐作墓表就说："周公没，圣人之道不行；孟轲死，圣人之学不传。……先生（程颢）生千四百年之后，得不传之学于遗经，志将以斯道觉斯民。"（《程氏文集》卷十一《明道先生墓表》，《二程集》，第640页）

⑥ 《程氏遗书》卷二上，《二程集》，第27页。

⑦ 《程氏遗书》卷十八，《二程集》，第204页。

仅仅是从不同角度而言，而在本质上却都是一致的：

> 在天为命，在义为理，在人为性，主于身为心，其实一也。①
>
> 心则性也，在天为命，在人为性，所主为心，实一道也。通乎
> 道，则何限量之有？必曰有限量，是性外有物乎？②
>
> 理也，性也，命也，三者未尝有异。穷理则尽性，尽性则知天
> 命矣。天命犹天道也，以其用而言之则谓之命，命者造化之谓也。③
>
> 称性之善谓之道，道与性一也。以性之善如此，故谓之性善。
> 性之本谓之命，性之自然者谓之天，自性之有形者谓之心，自性之
> 有动者谓之情，凡此数者皆一也。圣人因事以制名，故不同若此。④

这样一来，儒家的心性学说就有了一个本体依据，性善成为和
天理一样永恒和普遍的存在。这样就将外在超越的天理与内在人性
统一了起来。二程新人性理论，较先秦人性论思想有了思维水平上
的突破，尤其是以"理"论性，更为理学人性论的发展作出了创造
性贡献。朱熹赞美此说："伊川'性即理也'，自孔孟后，无人见得
到此。亦是从古无人敢如此道。"⑤ 又曰："如'性即理也'一语，直
自孔子后，惟是伊川说得尽。这一句便是千万世说性之根基。"⑥ 此
外，二程在人性论的基础上进一步发展了道德修养工夫与政治理
念⑦，不仅如此，还将《孟子》与《论语》《大学》《中庸》作为理学
诠释的核心著作加以表彰，成为后来的"四书"。总的来说，二程借

---

① 《程氏遗书》卷十八，《二程集》，第 204 页。
② 《程氏粹言》卷二《心性篇》，《二程集》，第 1252 页。
③ 《程氏遗书》卷二十一下，《二程集》，第 274 页。
④ 《程氏遗书》卷二十五，《二程集》，第 318 页。
⑤ 《朱子语类》卷五十九《孟子九·告子上》，岳麓书社，1997 年，第 1239 页。
⑥ 《朱子语类》卷九十三《孔孟周程张子》，第 2120 页。
⑦ 参见拙文《二程的尊孟及其孟学思想》，《孔子研究》，2008 年第 4 期。

助对《孟子》以及四书的诠释，建构了新儒学思想体系，这在经学史、儒学史上具有承上启下的重要意义。

二程作为宋代理学的奠基人，在他们的推动下，南宋时期的儒者多研究孟学，并形成了丰硕的《孟》学注解之作，其中影响最大的莫过于朱熹《孟子集注》。《孟子集注》是朱熹《四书章句集注》中的一部分，《四书章句集注》是朱熹集一生心血而成，代表了宋代《孟子》研究的最高水平。后来《四书章句集注》成为科举考试的必读经典之作，所以此书在元明清时期影响非常深远，这反过来也直接推动了近世以来《孟》学的发展与兴盛。

（三）元明清

元明时期的孟子研究，基本上继承了宋代的成绩，鲜有新的发明。注解《孟子》的著述，几乎都是继承或阐发朱熹等人的思想，而且很多研究《孟子》的著述也多是以《四书》学著述的形式出现。对于元明时期《四书》学的传承及发展情形，清人刘师培在其《经学教科书》中作了总结，他说：

> 元明以降，说《论语》者，咸以朱子为宗。……元明以降，说《孟子》者，咸以朱子为宗。……元明以来，说《学》《庸》者，多主朱子。……自程朱以《学》《庸》《论》《孟》为四书，而蔡模作《集疏》、赵顺孙作《纂疏》、吴真子作《集成》、陈栎作《发明》、倪士毅作《辑释》、詹道传作《纂笺》。明代《大全》（胡广等选）本之，宋学盛行而古说沦亡矣（以上用《四库全书提要》《经义考》《蛾术编》）。[①]

---

① 〔清〕刘师培著，陈居渊注：《经学教科书》，上海古籍出版社，2006 年，第 113 页。

从上面的总结，我们可以看出，元明时期的《四书》多是以朱熹《四书章句集注》为典范，或进行疏解，或进行补注，或进行考辨，等等。在某种意义上说，这也是元明时期孟学发展的基本内容。在元明清时，出现了很多具有代表性的孟学、《四书》学的著述，比如金履祥《孟子集注考证》、许谦《读四书丛说》、张存中《四书通证》、袁俊翁《四书疑节》、胡广等《四书大全》、蔡清《四书蒙引》、陈士元《孟子杂记》、管志道《孟义订测》、郝敬《孟子说解》等等。

总之，元明时期，孟子地位也得到了官方的进一步认同与重视，朝野上下对孟学颇为关注。更为重要的是，随着程朱理学成为官学，朱熹《四书章句集注》也成为元明时期读书、为学的典范，所以也直接影响了这一时期孟学的传承与发展。需要关注的是，在明代中期，王阳明基于心学对程朱孟学及《四书》学做了修正与完善，进一步推动了宋元以来孟学的传承与发展。

清代对孟子及其思想的研究，主要是总结前人的成绩，注重疏解前人尤其是汉代人的注释。如焦循《孟子正义》、宋翔凤《孟子赵注补正》、桂文灿《孟子赵注考证》等都是对汉代赵岐《孟子章句》所作的疏解，其中尤其是焦循的《孟子正义》，兼顾考据、义理，是古代孟子研究史上的集大成之作。另一方面，清人的研究也涉及孟子及其思想多个方面，如考证孟子生卒年的，有阎若璩《孟子生卒年月考》，周广业《孟子四考》；牛运震《孟子论文》对《孟子》一书的艺术成就，进行有史以来最为全面而细致的分析；此外，戴震作《孟子字义疏证》一书，重新解释孟子思想，以批判程朱等理学家对孟子的诠释，等等。

《孟子字义疏证》全书共三卷，是戴震最为看重的一部书，他曾说："仆生平著述最大者，为《孟子字义疏证》一书"①，《孟子字义疏证》的特点在于，通过训诂、考证的方法，对"理""天道""性""才""道""仁义礼智""诚""权"等概念、范畴进行梳理、诠释，以此来批判宋儒的理学思想体系，所以梁启超在《清代学术概论》一书中评价这部书，说"《疏证》一书，字字精粹"。

《孟子字义疏证》全书的内容分为序与上、中、下三卷。"序"指出了这部书的写作目的与内容。卷上重点对"理"进行梳理、阐发，重新解释了"理"的内涵及相关思想，尤其针对宋儒所强调的"存天理灭人欲"之说，戴震提出了"体民之情，遂人之欲"的主张。卷中对"天道""性"等宇宙论、本体论、心性论做了解释。卷下对"才""仁义礼智""诚""权"等做了注解。戴震《孟子字义疏证》成书之后，颇得世人好评，如焦循就曾说："循读东原戴氏之书，最心服其《孟子字义疏证》。"②

焦循《孟子正义》全书三十卷，这部书乃是焦循有感于《孟子注疏》"体例之蹐驳，征引之陋略乖舛，文义之冗蔓俚鄙"③，所以立志要重新为赵岐《孟子章句》作疏，此书兼顾考据和义理，可以说是孟子研究史上的集大成之作，也是乾嘉经学考据学的代表作。这部书在注解《孟子》方面颇有特色，如黄承吉（1771—1842）在《孟子正义·序》所言：

> 至《孟子正义》，无论邵武士人，即使孙氏（奭）手自疏明，恐亦无此殚洽。况古学渊微，至本朝而始发，如顾、毛、阎、万以

---

① ［清］戴震：《孟子字义疏证》，中华书局，1982年，第186页。

② ［清］焦循：《雕菰集》，焦循著，刘建臻点校：《焦循诗文集》，广陵书社，2009年，第115页。

③ ［清］焦循：《孟子正义》卷三十《孟子篇叙》注，中华书局，1987年，第1050页。

来，数十家之说，穷幽极奥，岂孙氏所及见耶？盖学识所系，亦时代使然。近时邵二云太史著《尔雅正义》，过于邢《疏》远甚，然犹墨守郭义，未能厘补漏缺。此书一出，实可为义疏、正义之准则。后之作者因其例，以发明礼、传诸经，当如百川趋海，汇为千古巨观！则里堂尤诸经之功臣。[①]

在黄承吉看来，焦循《孟子正义》兼采众长，推陈出新，不仅超越了孙奭《孟子注疏》，更是树立了乾嘉以来经学注疏之学的新典范。后来皮锡瑞《经学历史》对《孟子正义》颇为推崇，张之洞《书目答问》亦推荐《孟子正义》一书。

参考文献

（一）基础文献

［汉］赵岐注，孙奭疏：《孟子注疏》，《十三经注疏》本，北京：北京大学出版社，1999 年版。

［汉］应劭：《风俗通义》，济南：山东画报出版社，2004 年版。

［唐］韩愈撰，马其昶校注：《韩昌黎文集校注》，上海：上海古籍出版社，1986 年版。

［宋］朱熹：《四书章句集注》，北京：中华书局，2012 年版。

［宋］晁公武：《郡斋读书志》，上海：上海古籍出版社，1990 年版。

［清］戴震：《孟子字义疏证》，北京：中华书局，1982 年版。

［清］焦循：《雕菰集》，焦循著，刘建臻点校：《焦循诗文集》，扬州：广陵书社，2009 年版。

---

① 黄承吉：《梦陔堂文集》卷五，又载赖贵三《焦循年谱新编》，台北里仁书局，1994 年，第 443 页。

［清］焦循撰，沈文倬点校：《孟子正义》，北京：中华书局，1987 年版。

（二）研究论著

蔡元培：《中国伦理学史》，北京：人民出版社，2008 年版。

陈克明：《群经要义》，北京：东方出版社，1996 年版。

陈寅恪：《审查报告一》，冯友兰：《中国哲学史》（下），北京：商务印书馆，2011 年版。

陈荣捷编著，杨儒宾等译：《中国哲学文献选编》，苏州：江苏教育出版社，2006 年版。

董洪利：《孟子研究》，南京：江苏古籍出版社，1997 年版。

黄俊杰：《孟子》，北京：三联书店，2013 年版。

黄俊杰：《中国孟学诠释史论》，北京：社会科学文献出版社，2004 年版。

金良年：《孟子译注》，上海：上海古籍出版社，2004 年版。

梁涛：《郭店竹简与思孟学派》，北京：中国人民大学出版社，2008 年版。

梁涛：《孟子解读》，北京：中国人民大学出版社，2010 年版。

蒙培元：《蒙培元讲孟子》，北京：北京大学出版社，2006 年版。

徐洪兴：《〈孟子〉精读》，上海：复旦大学出版社，2010 年版。

杨国荣：《孟子的哲学思想》，上海：华东师范大学出版社，2009 年版。

杨泽波：《孟子评传》，南京：南京大学出版社，1998 年版。

杨泽波：《孟子性善论研究》（修订版），北京：中国人民大学出版社，2010 年版。

张奇伟：《亚圣精蕴：孟子哲学真谛》，北京：人民出版社，1997 年版。

周绍良主编：《全唐文新编》，长春：吉林文史出版社，2000 年版。

朱维铮编：《周予同经学史论著选集》，上海：上海人民出版社，1983 年版。

后　记

本书即将出版了，也在这里再一次表达一点自己的思想与感谢之情。这部书是自己长期从事儒家经典、经学研究的成果之一，也是"十三经导读"课程讲义不断积累、丰富与完善的结晶。与此同时，与该书稿相关的线上课程"十三经导读"也基本制作完成。这些成绩算是我学习十三经的阶段性成果。期待这部书的出版，能够与更多的同道中人，一起传承弘扬十三经及中华优秀传统文化。

中华文明源远流长，离不开作为其核心与精髓的儒家文化，更离不开儒家文化的基石——十三经及其思想。十三经的形成是一个漫长的过程，这不仅仅包括经典本身，更体现在基于经典解读所建构的不同思想体系。在五千年中华文明历史中，十三经的思想贯穿始终，它也是中华文明精神的荟萃与精髓所在。总之，不论是十三经本身，还是基于经典解释所形成的思想体系，都在中华文明发展史上扮演着不可或缺的重要角色。

近现代以来，虽然十三经及经学研究失去了在学术思想中的主导地位，但是作为中华传统文化的精髓与核心，它们依然具有十分重要的价值与意义，是我们了解中华文化、中华文明的钥匙与门径所在。即使在今天的社会发展中，十三经所承载的中华传统文化精髓，依然有十分重要的学术价值与现实价值，是我们建构中国特色社会主义文化的重要思想资源，也是推动社会文明进步不可或缺的精神财富。

十三经作为中华传统文化的核心经典，在当代也得到了越来越多的关注，很多高校也将十三经有关的经典导读、研读或研究等作为学生的选修课程。与此同时，也有越来越多的相关论著出版，也制作出很多网络课程或视频。不能不说，这些都是十三经及中华传统文化被日渐重视的集中体现。本人作为十三经的爱好者与研究者，也已经有二十多年了，从中受益匪浅，直到现在它们依然是我自己出处进退的重要思想指导。我讲授"十三经导读"也已经近十年了，有很多心得，又将上课的讲义及相关研究融入这部书中，用通俗易懂的语言，以期让更多的人了解十三经以及它们与中华传统文化之间的关联，从而为人们了解中华文化、中华文明提供一点指引。

这部书能够顺利出版也得到了学院领导的大力支持，在此特别感谢学院领导的高度关注与热情支持。同时，这部书也得到了华夏出版社杜晓宇主任的高度重视，虽然他中途生病，但也始终关注该书的出版工作。不能不说，这种对工作敬业的精神让人备受感动。在此，也特别感谢该书的责任编辑董秀娟女士，她非常尽心尽力、非常严谨，修订了文中很多错谬之处，让这部书精益求精、日臻完善。与此同时，特别感谢我的研究生桂晨昊、茹兆龙同学，他们对本书注释进行核对，由此减少了书中的一些错误。最后，特别感谢我的爱人蒲清老师，她对我的科研一如既往的支持，让我始终能够没有后顾之忧地研读书目，并完成了本书的撰述！

总之，十三经作为中华传统文化经典中的经典，自古以来备受关注，研究论著也是浩如烟海，想要深入浅出地将十三经的基本知识、思想及价值，作出介绍、总结，让更多的人了解，也并非易事。所以，尽我所能，将我所掌握的十三经知识与思想，用通俗易懂的语言，以抛砖引玉的方式，与爱好者、研究者分享，让更多的人了解并走进十三经及中华优秀传统文化，是本书撰述出版的初衷。由于十三经及其内容、思想博大精深，本人学养有限，多属一家之言，不妥之处或不当之处，还敬请各位方家海涵与雅正，以期尽善尽美、精益求精。此外，在研究过程中，对提供各种帮助的同仁，也一并表示感谢。尺短情长，言难尽意。故略述一二，以表此心。

姜海军

于金晖嘉园

2022 年 12 月